à la

eux

Mars 1999

LA FORCE DU DÉSIR

WILLY PASINI

LA FORCE
DU DÉSIR

Traduit de l'italien par
Jacqueline Henry

ÉDITIONS
ODILE JACOB

Ouvrage initialement paru en 1997 chez
Mondadori, Milan, sous le titre :
Desiderare il desiderio. Come accenderlo, come ritrovarlo.
© 1997 Arnoldo Mondadori Editore S.p.A., Milano

Pour la traduction française :
© Éditions Odile Jacob, février 1999
15, rue Soufflot, 75005 Paris
INTERNET : http://www.odilejacob.fr

ISBN 2-7381-0670-6

Introduction

Un bon discours (tout comme, d'ailleurs, une bonne introduction) ressemble à une minijupe. Il doit être suffisamment long pour couvrir le « sujet », mais assez court pour le rendre intéressant. Il en va de même du désir, qui devrait alterner entre les longues vagues et la brièveté des surprises quotidiennes. Or, aujourd'hui, le désir semble grippé ; il oscille entre le « libidogramme » plat de celui qui n'a plus d'envie et les excès compulsifs des harceleurs.

Le désir sexuel, qui devrait nous donner de l'élan et constituer notre sève, est comme assourdi par d'autres désirs concurrents : l'envie de faire carrière, d'avoir un enfant, d'acheter une nouvelle voiture ou des vêtements à la mode. On pourrait presque dire que toute notre société est désormais envahie par le désir, mais il s'agit toujours d'un désir de consommer, d'une envie d'objets – autrement dit, d'un besoin provoqué par l'extérieur. Et c'est aussi de l'extérieur que semble provenir, de plus en plus souvent, le désir sexuel, qui n'est plus une énergie liée aux émotions intimes, mais une marchandise, un objet de consommation. La publicité elle-même, en dépit de son pouvoir de condenser des messages importants en quelques images, a fini par appauvrir et salir l'éros. Pensons, par exemple, aux couvertures des hebdomadaires, avec leurs inévitables femmes nues, ou à la mode des images de plus en plus ambiguës, androgynes, à la limite de l'obscénité. Pensons aussi à l'absurdité qu'il y a à montrer un couple amoureusement enlacé pour faire la publicité d'une marque de café.

La société occidentale a fait de nous des consommateurs insatisfaits et les autres désirs ont fini par réduire au silence le plus élémentaire de tous, l'envie de se rapprocher d'autrui, de créer une intimité. Cette tendance gagne du terrain. Et l'on enregistre une augmentation croissante du nombre de personnes qui considèrent que le sexe engendre plus de complications que de satisfactions, et qu'il vaut donc mieux s'en passer.

Cette situation n'est pas l'apanage des seules personnes inhibées, malades ou se censurant pour des raisons religieuses. L'histoire de Marie est, à cet égard, emblématique, qui a renoncé très jeune à toute vie sexuelle pour préserver sa vie de famille et la sérénité de son couple. Le sexe a d'ailleurs été un véritable accident dans sa vie conjugale. Son mari, « coureur de jupons », lui a longtemps caché ses infidélités. Lorsqu'elle s'en est finalement aperçue, Marie a décidé d'accepter cette situation, notamment pour protéger ses enfants encore petits. Elle a accepté un mariage désexué, affranchi de toute préoccupation érotique et de tout motif de jalousie. Des années plus tard, en raison notamment d'une augmentation de libido assez fréquente en début de ménopause, Marie s'est comme réveillée. Elle a connu deux aventures qui lui ont apporté des satisfactions sur le plan sexuel, mais aussi bien des ennuis. Cela s'est toujours passé à l'étranger, avec des hommes qui parlaient d'amour mais ne cherchaient en réalité qu'une liaison brève et passionnée. Dès qu'elle a compris que ces histoires allaient interférer avec sa vie de couple, Marie a jugé qu'elle était incapable de faire face. Et pour la seconde fois de sa vie, elle a décidé de renoncer aux tentations de l'éros.

À l'autre extrême, il y a le monde des désirs irréguliers, incontrôlés et incontrôlables. Largement dénoncé, le harcèlement sexuel dont sont victimes les femmes sur leur lieu de travail est aujourd'hui passé au second plan. Actuellement, c'est l'enfant qui semble devenu l'objet privilégié des abus sexuels. Dans ces différents cas, on constate une distorsion du désir, qui se confond avec un simple besoin et ignore totalement l'autre, surtout si ce dernier est mineur et ne peut se défendre. On voit donc actuellement émerger avec force le phénomène autrefois caché de la pédophilie. Il faut encore mentionner les pulsions irrépressibles des violeurs, qu'il s'agisse d'individus isolés, marginaux, de personnes fortement perturbées sur le plan psychologique comme les sadiques psychopathes ou, plus simplement, d'hommes immatures pour qui l'autre est asservi à leurs besoins.

Toutefois, ces formes de harcèlement et de violence publique ne sont que la partie visible d'un phénomène plus complexe, souvent évoqué lors des consultations : une sorte de malaise diffus, lié à la difficulté de vivre en couple. Il est encore fréquent que des femmes se plaignent d'un partenaire peu attentif et soucieux uniquement de ses propres besoins et de ses rythmes. Dans l'intimité du couple, il semble que la démocratie soit encore à construire.

Dans le même temps, on remarque un usage de plus en plus égocentrique de la sexualité, masculine ou féminine. Si autrefois les mâles utilisaient leur phallus pour faire l'amour et procréer, ou pour honorer le corps féminin, aujourd'hui l'homme pense le monde narcissiquement. Le pénis est devenu une image sociale : c'est le sceptre du roi de l'Antiquité, un obélisque, un symbole qui ne sert à satisfaire que soi-même et ne joue presque plus aucun rôle dans la relation de couple. De même, il arrive que la femme cherche davantage à exalter sa propre image qu'à favoriser l'érotisme du couple et qu'elle n'éprouve de plaisir qu'à se plaire, oubliant son partenaire qui demande souvent à être rassuré. À l'opposé de ce narcissisme, dangereux pour la vie relationnelle, on trouve la capacité d'écoute, l'attention aux rythmes, aux comportements, aux besoins de l'autre. Rares sont ceux aujourd'hui qui savent « se mettre à la place » de leur partenaire, sans aller jusqu'à se perdre eux-mêmes ou à sacrifier leur propre individualité. On peut donc dire que le secret de la stabilité du couple consiste à être à la fois ferme et souple, en évitant aussi bien l'autoritarisme que la soumission.

Un voyage dans l'érotisme moderne ne peut néanmoins se limiter à explorer l'univers du couple. Entre l'absence de désir et le désir irrépressible, il y a les désirs satisfaits à la va-vite. Je veux parler de l'augmentation paradoxale du commerce de l'éros qui, en une période où la liberté sexuelle est acquise, peut sembler difficile à comprendre. La seule explication que je trouve à ce phénomène est que chez l'homme, la tendresse et l'érotisme ne font souvent pas bon ménage et doivent, de ce fait, être scindés et vécus séparément. D'ailleurs, on a l'impression que la vie à deux favorise une forme de désir pour « l'ailleurs ». Une étude portant sur les clients des *hot-lines* a ainsi montré que les adeptes n'en étaient pas seulement des personnes âgées, revivant leurs souvenirs des maisons closes, mais aussi des maris au-dessus de tout soupçon et, en apparence, satisfaits.

N'oublions cependant pas qu'il y a encore peu de temps, l'homme était l'unique protagoniste du désir. Cela ne fait pas très longtemps que la femme a pris conscience d'elle-même, de son droit au désir et au plaisir. Ces trente dernières années, les rôles se sont peu à peu inversés et le désir féminin, de plus en plus exprimé, a entraîné une crise masculine dont on n'a déjà que trop parlé. Toutefois, il me semble aujourd'hui que le problème n'est plus tant le désir que sa *coexistence* chez les deux partenaires. La lettre d'une jeune femme illustre ce changement social manifeste. Sylvie, dix-huit ans, est bien décidée à vivre une grande histoire d'amour et à s'épanouir sexuellement avec Gérard. Ce jeune homme inquiet et peu sûr de lui se juge inapte, sentiment qu'il impute exclusivement à la taille de son pénis (c'est d'ailleurs la raison pour laquelle Sylvie m'a écrit). En réalité, en arrière-plan, il y a un complexe d'infériorité plus profond qui ne se limite pas au domaine érotique et qu'il faudra résoudre pour construire une harmonie à deux.

Outre cette dichotomie entre le trop et le trop peu, une

autre tendance est à la dépréciation du désir, jugé dangereux et négatif, peut-être en raison d'une longue tradition judéochrétienne. L'attrait récemment exercé par l'Orient n'a pas changé grand-chose au problème, car les solutions offertes par les philosophies orientales prônent surtout la sérénité, l'ataraxie, par le renoncement au désir. On trouve actuellement de plus en plus d'hommes et de femmes qui souhaitent retrouver le chemin du désir, mais ne s'en donnent pas véritablement les moyens. Ce seraient sans doute les premiers acheteurs de la fausse « pilule de l'orgasme » dont on a tant parlé et dont on a attribué à tort la découverte à Barry Komisaruk et Barbara Whipple. Alors qu'ils étudiaient le fonctionnement du nerf vague, considéré comme le principal transmetteur des sensations de plaisir, ces deux chercheurs américains de Rutgers University ont vu, malgré eux, se propager dans les médias du monde entier la nouvelle selon laquelle ils auraient mis au point une pilule permettant, par voie chimique, d'atteindre l'orgasme (en évitant le parcours de l'excitation et du désir). Mécontents, ces deux chercheurs ont démenti l'information, et la commercialisation de cette pilule de l'orgasme ne s'est pas faite. Toutefois, l'intérêt qu'elle a suscité donne à réfléchir. Notre désir s'étiolerait-il au point que la seule chose que nous puissions encore désirer soit une pilule offrant un plaisir certain ?

Or, le désir est bien plus qu'une pilule de couleur ou un mécanisme résumable en une suite indigeste de formules mathématiques. C'est de la poésie, du rêve, de l'impalpable ; c'est le petit creux à la base du cou de la femme aimée qui devient l'essence même d'une folle passion. Dans une des scènes les plus poignantes d'un film qui a envoûté Hollywood et remporté neuf oscars, *Le Patient anglais*, le comte Almasy, joué par l'impénétrable Ralph Fiennes, est obsédé par cette partie du corps chez l'évanescente Katharine – la blonde et très raffinée Kristin Scott-Thomas. Pour lui, ces quelques centimètres de peau sont tout : l'amour et la mort ; le désir qui surprend et renaît sans cesse ; l'envie de posséder l'autre corps et âme, de ne plus jamais le laisser échapper.

S'interrogeant sur cette petite chose que Katharine est seule à posséder et que les autres ne voient pas, Almasy se demande avec insistance si ce creux minuscule porte un nom « scientifique », comme si sa découverte devait lui permettre de comprendre pourquoi il aime et désire Katharine...

Ce livre s'adresse précisément à tous ceux qui veulent découvrir les mystères du désir, qui souhaitent en retrouver la force et la magie. Cet univers, nous l'explorerons selon un modèle à trois dimensions regroupant des facteurs biologiques, psychologiques et relationnels. Après avoir défini, dans le premier chapitre, l'importance du désir en fonction de variables comme la religion, le sexe ou l'âge, nous nous efforcerons de découvrir en quoi consiste précisément l'alchimie de l'éros (et ceux qui pensent que tout n'est qu'une question de chimie risquent fort d'être déçus). Malheureusement, il est plus facile d'identifier les éléments inhibants – des effets secondaires de certains médicaments jusqu'aux ennemis naturels que constituent, par exemple, certaines odeurs – que de trouver la formule du miraculeux aphrodisiaque que l'humanité cherche encore.

Ensuite, nous essaierons de trouver le véritable « moteur » du désir afin de mieux comprendre comment il se déclenche. Nous aborderons le mystère de la séduction et de l'attirance, dont les racines sont enfouies dans l'inconscient et l'histoire personnelle de chacun. Nous tâcherons également d'analyser les « complices » du désir et, en particulier, l'évolution constante de notre imaginaire, sans négliger pour autant le poids de l'interdit et le sens des limites. Malheureusement, il nous faudra ensuite consacrer deux chapitres entiers aux ennemis du désir, tant extérieurs – le travail ou la naissance d'un enfant – qu'intérieurs – l'anxiété, la dépression, la colère, le complexe de performance ou la peur de l'intimité.

Nous verrons ensuite plus en détail ce qui se cache derrière l'excès et les perversions et, aussi, derrière l'absence de désir et le renoncement à toute vie sexuelle. Nous parlerons également des cycles naturels du désir – de sa naissance, de ses éclipses momentanées, de la façon dont on peut le réactiver – en accordant toujours une place importante aux possibilités thérapeutiques. Enfin, nous conclurons sur les stratégies permettant de faire durer le désir – par un travail sur soi-même et, aussi, par l'éducation de l'autre.

Nous espérons ainsi répondre aux interrogations des deux grandes catégories qui divisent l'humanité « désirante ». Pour les « néo-égoïstes », sûrs d'eux-mêmes et impulsifs, le mécanisme du désir part de soi, du corps ou de l'imagination, et le partenaire est tenu pour quantité négligeable, au mieux pour un personnage secondaire. Le problème que ces personnes risquent de devoir affronter concerne leur relation de couple et le manque probable d'harmonie. À l'autre extrême, on trouve les « altruistes », ceux qui ont terriblement besoin de rencontrer l'autre, parce que seules certaines circonstances ou certaines stimulations extérieures ont le pouvoir d'éveiller leur désir. L'objet du désir est donc au cœur de leur projet érotique et si leur relation a toutes les chances d'être stable, leur désir, en revanche, risque d'être vulnérable.

Je m'efforcerai donc de répondre aux questions qui me sont le plus souvent posées, à savoir comment faire renaître le désir, comment le pérenniser, mais aussi comment le susciter chez l'autre.

Quête du désir personnel, quête du désir de l'autre... L'un des emblèmes de ce besoin essentiel pourrait être une bouche rouge entrouverte, objet du désir dans l'imaginaire masculin mais aussi expression du nouveau droit des femmes au désir : des lèvres rouges, rouge vif, rouge sang, rouge passion, comme les rouges à lèvres qui attirent et séduisent, parce que cette couleur fait penser aux organes génitaux qui, chez certaines espèces animales, rougissent pour appeler à l'amour ; et aussi parce que cette partie du corps humain rappelle que, chez l'être humain, si le désir est instinct animal, il est également un langage, un échange d'émotions. À travers les lèvres, passent les cinq sens complices de la séduction : l'odorat (elles sont proches du nez); la vue (leur couleur attire le regard); le goût (la saveur des baisers); le toucher (le contact et la pression sur la peau); l'ouïe (les mots doux susurrés à l'oreille).

Au-delà des modes éphémères du *piercing* et des tatouages, symboles modernes de séduction, les lèvres et le regard restent les deux instruments éternels du désir avec, plus important encore, la force de l'imaginaire qui, nous le verrons, en est bien souvent le principal moteur.

Avant d'entamer notre voyage dans le mystérieux univers du désir, je voudrais encore insister sur un point capital. Il est absolument indispensable que le désir soit réévalué, qu'il retrouve un rôle essentiel et positif dans notre société. Même s'il engendre des souffrances, même s'il est parfois perverti, le désir s'identifie fondamentalement à la vie. Sans désir, la vie est comme le lit d'un fleuve qui s'est tari. C'est pourquoi il est si important de comprendre la force du désir.

CHAPITRE PREMIER

Petite histoire du désir

Le désir naît du cœur, parfois aussi de la tête, et très fréquemment du ventre (grâce aux secrets de la biochimie). Toutefois, l'homme moderne ferait preuve d'une grande prétention s'il croyait encore maîtriser son désir. En effet, la toute-puissante société de consommation a fini par détruire le droit de désirer ou, du moins, par l'étouffer en en faisant une sorte de devoir. La hâte et les rythmes frénétiques qui caractérisent les pays occidentaux ont également contribué à tuer le désir. On en vient ainsi de plus en plus à sauter les étapes de la cour amoureuse et à consommer l'acte sexuel à la va-vite, à la manière de films pornographiques où les scénarios sont réduits au minimum pour permettre à l'excitation d'atteindre d'emblée son objectif. C'est d'ailleurs la raison pour laquelle il existe dans les *sex-shops* des cabines où l'on peut faire défiler la bande en accéléré afin de se concentrer – sans perdre une minute – sur les situations les plus *hard*.

Aujourd'hui, on assiste à la fois à une commercialisation et à une dévaluation du désir. Paradoxalement, plus le couple est en crise et plus la société dans son ensemble semble abuser du désir. L'utilisation de l'éros à des fins publicitaires se retrouve même à de très hauts niveaux. Une récente exposition organisée au MOMA de New York a ainsi rassemblé plus d'une centaine de natures mortes ou *still lives* selon l'expression anglo-saxonne (littéralement : « vies immobiles »). À cette occasion, les œuvres des quelque soixante-dix artistes du xxᵉ siècle exposées ont perdu leur appellation générique : chargés de connotations érotiques, les fruits, les vases et les autres objets inanimés n'étaient plus des « natures mortes » mais des « objets de désir », conformément au nom donné à l'exposition.

À Londres, une autre exposition intitulée *Le Pouvoir du design érotique* était consacrée à l'influence de l'éros dans la culture moderne, de la publicité à la mode en passant par l'ameublement et la décoration d'intérieur. On pouvait notamment y voir deux objets-symboles, chargés de sensualité : le divan conçu, dans les années 1930, par Salvador Dalí, formé de deux énormes lèvres en caoutchouc-mousse inspirées par Mae West ; et le fauteuil à pétales rouges et veloutés, en forme de rose, dessiné par Masanori Umeda et abondamment photographié dans toutes les revues de décoration.

Alors que le désir a envahi notre société, on constate dans le même temps qu'il se fait de plus en plus rare, de plus en plus distant, qu'il devient presque virtuel. Avec l'avènement d'Internet et du cyberspace, nombreuses sont les amours, ou les amitiés, qui naissent sur écran. Des hommes et des femmes se rencontrent par hasard, sur une ligne de discussion, tantôt à la recherche d'une excitation érotique, tantôt dans un esprit plus romantique, en quête de l'âme sœur. Il n'est pas rare que ces personnes se découvrent ensuite en chair et en os et finissent par s'épouser.

Parfois, le désir virtuel est encore plus intangible. C'est ce qui se passe avec Kyoko, jeune Japonaise de dix-sept ans, aux cheveux noirs coiffés à la Jeanne d'Arc. Cette *pop-star* sort des disques classés au hit-parade, réalise tous les samedis une émission de radio et reçoit des milliers de courriers électroniques de ses fans. Et pourtant, Kyoko n'existe pas. C'est un *idoru*, ce qui signifie, en japonais, une « idole virtuelle ». Son corps a été créé sur écran par la Hor-Pro, une des plus grandes agences japonaises de mannequins, assistée d'une équipe de professionnels de différents secteurs (musique, télévision, mode) et des techniciens du Visual Science Laboratory, la première agence japonaise d'infographie. Ses créateurs lui ont inventé une biographie (des parents qui travaillent dans un sushi-bar) et des goûts cinématographiques et vestimentaires bien définis – on peut même lire une interview de Kyoko sur le site Internet qui lui est consacré. Bref, la *pop-star* bouge, chante, danse, elle a tourné un clip pour lancer son disque qui, paradoxalement, s'appelle *Love Communication*. En regardant ses photographies sur écran, il est facile de la prendre pour un être humain, alors qu'elle n'existe que sur ordinateur. Le plus déconcertant est que, tout en sachant qu'elle n'est qu'un ensemble d'impulsions électroniques, les adolescents japonais sont tombés amoureux d'elle [1].

Folie au pays du Soleil levant ? Peut-être, mais il est certain que l'ordinateur, le réseau électronique mondial et la télévision ont donné une nouvelle « dimension » au désir. Les solitaires qui naviguent sur Internet le savent bien, tout comme ceux qui participent aux émissions de télévision consacrées aux problèmes sentimentaux. J'ai ainsi reçu une lettre de Raphaëlle, m'exposant les difficultés que rencontrait son couple depuis leur passage à la télévision : « J'avais *un* problème, et voilà que maintenant j'en ai des millions... Il y a quelque temps, Frédéric et moi avons été invités à une émission. Mon ami trouvait alors que je le freinais dans son travail artistique, tellement j'étais jalouse de la propriétaire de la galerie où il exposait. Nous en avons donc parlé publiquement. Résultat ? Maintenant, je ne suis plus jalouse d'une personne en particulier, mais de tout le monde ! Lorsque nous sortons ensemble, que ce soit dans une pizzeria ou au supermarché, les jeunes femmes regardent longuement mon compagnon avant de s'exclamer : " Mais je vous connais... Attendez... Mais oui, je vous ai vu à la télévision ! " Elles enchaînent les compliments et les commentaires, en m'ignorant totalement ou, pire, en me réglant mon compte d'une formule assassine : " Ah oui ! Vous aussi vous étiez là... Mais vous étiez plus maquillée, non ? " C'est horrible. S'il suffit d'une simple apparition publique pour rendre un homme subitement si séduisant, j'imagine que l'avenir de l'amour, du couple, du sexe ne pourra être que virtuel et télématique. Peut-être même télécommandé... »

Cette soudaine gloire télévisuelle a donc renforcé la jalousie de Raphaëlle, incapable de faire la différence entre le « quart d'heure de célébrité » dont parlait Andy Warhol et qui provoque parfois des rencontres sans lendemain et des compliments sans profondeur, et l'authenticité du lien qui l'unit à Frédéric. Peut-être le problème de Raphaëlle vient-il au fond de ce qu'elle envie la réussite artistique (et, très provisoirement, télévisuelle) de son compagnon, dont elle devrait au contraire se sentir fière. Par-delà la question de la jalousie, cette lettre montre clairement que le désir est influencé et modifié par des éléments autrefois inconnus (la télévision, l'ordinateur) et dont nous ne mesurons peut-être pas encore pleinement la portée.

Le désir étant désormais sous l'influence des mass média, il faut sans doute donner raison à Denis de Rougemont qui, dans un livre intitulé *L'Amour et l'Occident* [2], affirmait que nous ne pouvions plus désormais nous dispenser d'une morale du désir, d'une sorte de garde-fou des valeurs et des rôles sociaux qui, tout en imposant des limites à des impulsions effrénées, canaliserait le désir et lui conférerait une continuité par-delà l'urgence des besoins.

LES FEMMES ET LE DROIT DE DÉSIRER

La dévaluation du désir dans notre société apparaît très clairement dès qu'on s'intéresse aux termes que nous employons pour en parler. Comme le souligne l'écrivain américain Naomi Wolf dans son livre *Promiscuities* [3], les mots que nous utilisons pour nommer les organes génitaux sont avilissants, presque humiliants. En Occident, ils renvoient presque toujours à des images de blessure ou de réceptacle. Dans le langage commun, ils ont même donné naissance à des insultes – pensons à des expressions telles que « con comme une bite » – qui font allusion négativement aux organes sexuels. Et pourtant, il n'en a pas toujours été ainsi : il suffit de feuilleter *Les Mots du sexe* [4] de Philippe Brenot pour voir que dans la culture populaire et paysanne, l'anatomie était utilisée pour des métaphores liées à la nature et au monde animal, assurément moins dégradantes que celles d'aujourd'hui.

Si nous remontons plus loin encore dans le temps, comme le suggère l'écrivain Sallie Tisdale dans un bel essai sur l'érotisme féminin [5], nous pouvons constater un contraste criant avec la culture millénaire de l'Orient qui use de termes poétiques pour désigner les parties génitales. Le vagin est ainsi appelé « vase accueillant », « fleur de lotus doré » ou « grille de vermeil », tandis que le clitoris est la « terrasse des joyaux », le « joyau du dharma » ou la « pierre précieuse ». La différence ne tient pas seulement au choix de termes valorisants, signes de la grande attention que porte la civilisation orientale au sexe, mais aussi, comme le souligne Sallie Tisdale, au fait que dans le langage parlé, les pays occidentaux n'ont donné aucun diminutif, aucun surnom au clitoris – qui nous est, en quelque sorte, sorti de l'esprit. Est-ce le simple fait du hasard ? Je ne crois pas. Il me semble qu'il faut plutôt y voir le symbole de l'oubli dans lequel est tombé le désir féminin. Aujourd'hui, selon Naomi Wolf et Sallie Tisdale, celui-ci demande droit de cité.

Aux objets trouvés...

Virginia Wolf a consacré un long paragraphe, ironiquement intitulé « Lost and found », à l'histoire du clitoris. Connue pour être le siège du plaisir féminin dans l'Antiquité, cette partie du corps féminin tombe ensuite plus ou moins dans l'oubli selon les époques. En dépit de l'obscurantisme médiéval, elle est encore bien identifiée au xvie siècle, tout du moins par les savants et les médecins. Une obstétricienne du xviie siècle, du nom de Jane Sharp, va même jusqu'à dire que le clitoris est l'égal du pénis masculin. Un peu plus tard, en 1740, lorsque la princesse Marie-Thérèse, infante d'Espagne, demande à son médecin particulier pourquoi elle ne parvient pas à mener de grossesse à terme, celui-ci lui aurait répondu avec sagesse : « Je pense que la vulve de Votre Majesté nécessiterait d'être titillée avant. » En ce temps-là, une grande valeur est encore accordée au plaisir féminin, car la jouissance de la femme passe pour un signe certain de conception – ce qui n'est d'ailleurs pas faux du point de vue médical, puisque les contractions du vagin font monter le sperme. C'est, finalement, surtout à partir du xixe siècle que les femmes, confinées chez elles, sont tenues à la chasteté et condamnées à la négation du désir et du plaisir sexuels.

On ne recommence à parler de l'importance de la sexualité féminine qu'au début de notre siècle. Dans un premier temps, celle-ci est considérée comme inférieure à la sexualité masculine, son évaluation reposant davantage sur des critères anatomiques que physiologiques. L'homme possède un pénis, c'est-à-dire un organe bien visible, surtout lorsqu'il désire, alors que la femme représente un manque, une blessure. Toute la théorie de la sexualité infantile repose sur cette interprétation anatomique : l' « envie de pénis » éprouvée par les femmes et la « peur de la castration » ressentie par les hommes. Freud distingue, en outre, l'orgasme vaginal « mûr », atteint à travers la pénétration, et l'orgasme clitoridien « immature », caractéristique de la masturbation. Reprise par de grandes psychanalystes comme Marie Bonaparte et Hélène Deutsch, cette thèse a profondément marqué la perception que les femmes ont d'elles-mêmes et de leur désir. Aujourd'hui encore, je reçois des lettres de femmes qui, préoccupées de n'atteindre l'orgasme que par la masturbation ou sous l'effet de caresses clitoridiennes pendant l'acte sexuel, me demandent si elles sont normales.

C'est seulement dans les années 1970 que William Masters et Virginia Johnson confirmeront que le clitoris est bien l'organe du plaisir féminin. En effet, les terminaisons nerveuses sont infiniment plus nombreuses dans cette zone que dans la partie externe du vagin. Peut-être est-ce la raison pour laquelle le clitoris a été considéré comme dangereux, puisqu'il n'a d'autre fonction que d'être le siège du plaisir. Pourtant, le véritable « danger » réside plus probablement dans la sexualité féminine elle-même qui, du point de vue physiologique, est nettement supérieure à celle des hommes. Il suffit de penser à l'absence de période réfractaire qui permet à la femme d'enchaîner immédiatement les rapports sexuels répétés et de multiplier les orgasmes. On peut donc lire la forte répression du désir féminin comme une tentative de la classe dominante mâle pour exercer un contrôle sur une sexualité de la femme qui, autrement, ne pourrait être satisfaite par aucun homme. Ce n'est d'ailleurs pas un hasard si, selon un proverbe musulman, « trois choses sont insatiables : le désert, la tombe et la vulve d'une femme ».

Sans doute l'homme a-t-il toujours eu l'intuition, même vague, du pouvoir de la sexualité féminine. Cela expliquerait que certaines cultures aient inventé des rites cruels pour la réduire à néant, comme l'excision et l'infibulation, c'est-à-dire la coupe des grandes et des petites lèvres, qui sont ensuite grossièrement recousues. Cette pratique est encore répandue dans vingt-huit pays, pour la plupart africains et, chaque année, deux millions de petites filles en sont victimes. Or cette mutilation rituelle entraîne, outre des risques d'infection et des séquelles douloureuses sur le plan médical, l'impossibilité d'éprouver du plaisir lors des rapports sexuels.

Voix interdites

Cette petite histoire du clitoris montre que la femme n'a pas toujours eu le droit de désirer. Si la gestion masculine de la libido est depuis toujours non négociable et indiscutable, le désir féminin, lui, a connu quelques heures de gloire mais surtout de longues périodes de répression rétrograde.

Dans l'histoire, les hommes ont eu le droit de choisir entre la femme qui deviendrait la mère de leurs enfants et la courtisane réservée aux plaisirs. Ils ont aussi eu la liberté de cultiver d'autres passions, comme la chasse, la guerre ou les réunions entre hommes. Pensons, par exemple, à Ulysse, l'un des héros les plus illustres du monde antique. Tandis qu'il explore le monde, découvre de nouvelles terres et connaît de nouvelles femmes, son épouse Pénélope l'attend patiemment à Ithaque, brodant sur son métier à tisser et tentant de résister, comme elle peut, aux désirs des prétendants. Le *fil rouge* de la gestion masculine du désir pourrait ainsi nous mener des hommes de l'Antiquité jusqu'à certains despotes tout à fait contemporains.

Il est terriblement difficile de savoir comment les femmes vivaient véritablement l'amour et le désir, car nos sources et nos informations nous viennent presque toujours des hommes. Comme l'a montré Georges Duby dans son livre *Mâle Moyen Âge. De l'amour et autres essais* [6], les terribles persécutions infligées aux créatures toutes entières vouées aux plaisirs et à la luxure sont attestées par des témoignages masculins, émanant de prélats, de confesseurs ou de prédicateurs, prisonniers de leurs préjugés et contraints par leur fonction d'éviter la redoutable présence des femmes.

Privée du droit de désirer, la femme a eu tout au plus le droit d'être désirée et, quand elle ne trouvait pas de mari, le couvent ou la rue lui était offert. Pour le reste, les filles d'Ève passaient pour détenir des pouvoirs diaboliques et nourrir des désirs démoniaques. Le *Malleus Maleficarum*, manuel utilisé par l'Église à la fin du xve siècle pour la chasse aux sorcières, allait même jusqu'à soutenir que les femmes étaient, par nature, plus charnelles et pécheresses que les hommes. Rien d'étonnant dès lors à ce que nombre d'entre elles aient été condamnées au bûcher ou à la torture pour des délits sexuels imaginaires, y compris celui d'accouplement avec le diable – preuve que le désir féminin était bien jugé excessif et dangereux, alors que celui de l'homme était tenu pour une preuve de virilité.

Dans un monde où seuls les hommes possédaient les mots pour exprimer leurs ardeurs, Sapho constitue une voix d'exception, tout comme, bien plus tard, la « scandaleuse » Anaïs Nin, dont les écrits érotiques ont été rassemblés dans *Venus Erotica*. Toutefois, depuis quelques années, il semble qu'on assiste, en France tout au moins, à l'émergence d'une écriture érotique féminine, comme en attestent les œuvres de Régine Deforges, Françoise Rey ou encore Alina Reyes [7], pour ne citer qu'elles.

Les chaînes de la passivité

La prédisposition physiologique des femmes à éprouver du désir et du plaisir s'est heurtée au fil des siècles à une répression masculine atavique. Aujourd'hui, toutes les études confirment que la sexualité féminine fonctionne bel et bien à un « régime » supérieur. Il ressort, par exemple, des recherches de Floyd Martinson [8] et d'autres spécialistes de la sexualité enfantine que la moitié des petites filles ont déjà connu un orgasme clitoridien avant dix ans – ce qui est physiologiquement impossible pour les garçons qui peuvent éprouver une forte excitation mais doivent attendre la puberté pour avoir une réponse orgasmique.

Si l'on considère l'autre pôle de la vie, les années de ménopause, on voit que la difficulté sexuelle rencontrée par les femmes de cinquante ans, mis à part un problème de sécheresse des muqueuses – auquel on peut facilement remédier à l'aide de crèmes aux œstrogènes –, consiste à trouver des partenaires en mesure de les satisfaire. Entre autres, parce que les hommes sont très préoccupés à cette période de leur vie par leurs érections et préfèrent batifoler auprès de femmes plus jeunes pour vérifier leurs capacités érotiques.

De l'enfance à l'âge mûr, le désir féminin est écartelé entre nature et culture. Reste à comprendre pourquoi sa répression a été aussi violente. Tout d'abord, il faut prendre en compte le fait que l'une des formes d'exercice du pouvoir consiste depuis toujours à imposer ses rythmes et sa façon de faire à l'autre. Le désir féminin s'est donc plié aux exigences masculines et la femme a été, d'une certaine façon, réduite en esclavage par la volonté de domination de l'homme. En second lieu, il y a l'idée, confortée par le poids de la tradition religieuse, que la femme doit assurer la légitimité de la descendance, qu'elle est la garante de l'honneur de la famille et que, par conséquent, sa fidélité est nécessaire au maintien de l'ordre social. Pour être fidèle, il convenait donc qu'elle ait un désir « inférieur » à celui, polymorphe et instable, de son époux, ou, en tout état de cause, qu'elle fasse comme si...

Aujourd'hui, la procréation est en grande partie une affaire de choix, contrôlable par le biais de la contraception. Libéré des risques de l'enfantement non souhaité et, partant, de la fidélité, le désir féminin a donc enfin retrouvé le droit d'exister pleinement. Grâce au féminisme et à la liberté conférée par la contraception, les femmes découvrent que l'*empowerment* (« la prise de pouvoir ») repose sur la possibilité de concevoir un « état différent ». Pour pouvoir désirer, il faut pouvoir imaginer autre chose vers quoi tendre. Et quand tout le monde, autour de soi, donne la même interprétation aux événements, il est plus difficile de penser qu'il existe d'autres options.

La littérature et la musique abondent en personnages féminins qui ont ainsi été privés du droit de désirer. Prenons l'exemple de Gilda, la fille de Rigoletto, bouffon à la Cour du duc de Mantoue. À l'église, elle fait la connaissance de Walter Maldè, un étudiant pauvre, transi d'amour. Son cœur s'enflamme à son tour, et c'est l'occasion d'un magnifique duo sur le *Caro nome*, le « nom bien-aimé ». Hélas, le nom est faux, et derrière l'étudiant miséreux se cache, en réalité, le puissant duc de Mantoue, redoutable libertin qui, quoique marié, séduit à tout va, convaincu que *La donna é mobile qual piuma al vento* (« Comme la plume au vent, souvent femme varie »). Enlevée dans le cadre d'une cruelle plaisanterie dirigée contre Rigoletto, Gilda finit dans le lit du duc et découvre la supercherie dont elle a été victime. Mais, au lieu de céder à la colère, la jeune fille demande pardon à son père, partageant avec lui la douleur d'avoir été trahie et l'amertume d'avoir perdu sa virginité. Furieux, Rigoletto décide de venger l'honneur de sa fille en recourant aux services d'un tueur à gages du nom de Sparafucile. Toujours amoureuse du scélérat, Gilda surprend le complot et, déguisée en mendiant, décide de se faire tuer à la place du duc, qui dort, ivre, après avoir séduit la sœur de Sparafucile. Dans l'opéra de Verdi, la jeune femme meurt donc pour sauver la vie de son bien-aimé, qui l'a pourtant trahie et abandonnée.

Ce modèle de femme vouée au sacrifice est très répandu. Dans les siècles passés, le rôle des femmes, qu'elles soient épouses ou courtisanes, était prédéterminé, et elles ne pouvaient guère laisser libre cours à leurs désirs dans un monde dominé par les hommes. Aujourd'hui encore, il existe de nombreuses Gilda, qui ne sont peut-être plus prêtes à mourir par amour mais qui restent décidées à se sacrifier pour celui qu'elles aiment. Peut-être est-ce dû à un sentiment de nullité personnelle, l'absence de droit au désir minant le droit d'exister, ou bien au fameux masochisme féminin qui n'aurait pas encore disparu, ou encore à quelque forme d'orgueil démesuré qui fait dire : « Avec les autres, c'est un scélérat, mais mon amour le rachètera et le sauvera. »

Il peut aussi arriver que le « non-droit » au désir débouche sur une forme de passivité profondément enracinée. Cette soumission à la volonté masculine se constate encore chez de nombreuses femmes appartenant à des cultures machistes, comme Irina. Âgée de vingt ans, cette jeune réfugiée vient consulter à la suite d'un accident de contraception – une rupture de préservatif. Elle m'explique qu'elle ne peut mener sa grossesse à terme, qu'elle n'est pas en mesure d'élever un enfant seule, que ses parents, toujours au pays, ne sauraient en aucun cas l'aider. En outre, elle est enceinte du meilleur ami de son frère, un jeune homme de vingt-huit ans avec lequel elle entretient depuis deux ans une relation clandestine. Récemment, son frère lui a bien présenté un autre garçon, mieux accepté par la famille mais, incapable de choisir, Irina a continué de voir en cachette son premier amant. Ce comportement de très grande passivité cache en vérité un fond dépressif. En ce sens, l'interruption de grossesse n'est qu'une solution d'urgence, qui rappelle les sacs de sable utilisés pour retenir l'eau après l'inondation par un fleuve – avant qu'un travail de reboisement en amont ne se révèle indispensable.

La triste histoire d'Irina permet de mettre en évidence les aspects négatifs et souvent destructeurs de la passivité. Certes, il existe une *passivité culturelle* due au poids de la tradition, la femme devant accepter la prédétermination des rôles et se contenter d'être choisie. Toutefois, il existe aussi une *passivité personnelle*, liée à des carences affectives ou intellectuelles. Certaines personnes sont en effet incapables d'anticiper les conséquences de leurs actes et de prévoir leur avenir; elles attendent que la société ou qu'un membre de leur famille décide à leur place. Chez d'autres, la passivité s'explique par des facteurs affectifs – la timidité ou quelque autre forme d'inhibition poussant à éviter toute prise de position. Dans d'autres cas encore, cette attitude résulte d'un état dépressif qui explique le manque de confiance et d'énergie de l'intéressé.

Une troisième forme de passivité est qualifiée en psychiatrie de *passive agressive*. Ceux qui en sont affectés se comportent comme des « poids morts ». Ils bloquent toute initiative de leur entourage et finissent par exercer un véritable pouvoir paralysant. Ce quasi-obstructionnisme se manifeste souvent dans la vie à deux, mais aussi en politique. Enfin, il y a la *psychasthénie*, qui pousse à vouloir faire une chose et, dans le même temps, à programmer son contraire. Cette tension crée une sorte de doute méthodique et systématique qui immobilise l'esprit, les affects et l'ensemble du comportement.

Dans le cas d'Irina, toutes ces formes de passivité se mêlent probablement à des degrés divers. Aux facteurs culturels, s'ajoute une incapacité personnelle et une ambivalence affective. Au lieu de choisir entre ses deux compagnons, Irina a décidé de ne pas choisir et sombré dans la dépression. Sa grossesse accidentelle la contraint à prendre, avec une précipitation dramatique, une décision à laquelle elle n'est pas encore préparée.

À la rencontre de deux désirs

À l'exception de certains cas comme celui d'Irina, on assiste ces dernières années à un retournement de tendance, à une tentative pour inverser les rôles en attribuant aux femmes des privilèges jusque-là réservés aux hommes. Toutefois, si les aspects les plus radicaux du féminisme ont libéré la femme d'héritages séculaires, ils ont aussi poussé nombre d'hommes tantôt à se venger, tantôt à exorciser leur peur à travers le harcèlement sexuel ou, inversement, l'abstinence. Sans en venir à de telles extrémités, de nombreux représentants du sexe masculin préfèrent aujourd'hui passer leurs vacances avec des amis ou assister entre hommes à des rencontres sportives plutôt que de se risquer aux périlleux affrontements du désir.

Aujourd'hui, d'ailleurs, les grandes raisons qui peuvent mettre le couple en crise sont au nombre de deux selon le sociologue Maurice Maschino [9]. La première est l'idéalisation du partenaire, qui n'est pas vu tel qu'il est, mais comme on voudrait qu'il soit. La mystification initiale de la réalité amène à des découvertes tardives et à une inévitable déception (parfois plusieurs années après le mariage). Le second motif de crise tient à l'infantilisme masculin. Il est rare qu'un homme investisse plus de dix pour cent de son énergie dans la vie conjugale. Bien souvent, l'objet de ses passions, de ses ambitions et donc aussi de ses désirs se trouve ailleurs, par exemple dans le travail ou le sport.

Depuis que la période d'euphorie liée à la naissance du mouvement féministe est révolue, on parle beaucoup d'hommes déboussolés et de femmes déprimées. Dans les années 1970, il y avait un ennemi à combattre, le mâle phallique et fallacieux. Existe-t-il encore ? Certaines le pensent mais, dans l'ensemble, ce radicalisme irritant est en grande partie dépassé, ne serait-ce que parce que les femmes ont compris que ces positions extrémistes menaient souvent à la solitude, à la dépression et à la souffrance.

Fondées sur des concessions mutuelles et sur l'abandon de positions radicales, les nouvelles stratégies inaugurées entre les sexes laissent espérer un rapprochement inédit. Actuellement, on assiste à une tentative aussi difficile qu'intéressante : l'instauration d'une véritable démocratie à deux, visant à dépasser la domination masculine séculaire et la récente rébellion des femmes. Mais cette démocratie est encore bien fragile et nécessite de constants efforts d'ajustement de part et d'autre, en raison de l'absence de modèles parentaux auxquels se référer.

Dès lors que la guerre entre les sexes n'est plus jugée inévitable mais tenue, à juste titre, pour la conséquence de la culture dominante, il existe des possibilités de changement. Tournons donc la page sur le règne du phallus, qui reposait sur un violent rapport entre dominant et dominé, et ouvrons un nouveau chapitre, celui d'une société fondée sur la tolérance et sur une sorte de partenariat, associant alliance et collaboration. Nombreuses sont les chercheuses américaines qui, telles Riane Eisler et Marilyn French, travaillent sur ce thème et opposent les pouvoirs de l'harmonie aux techniques de la toute-puissance. Selon elles, il conviendrait en effet de dépasser l'expression *connaître pour dominer* et réorienter la recherche scientifique et technique en lui donnant pour objectif l'harmonisation des rapports d'échange entre l'homme et la nature, ainsi qu'entre les sexes.

LE PLAISIR EST-IL SACRÉ ?

De l'emploi de métaphores courtoises, telles la goutte de rosée dans la rose, à la vision pornographique d'un homme introduisant un cran d'arrêt dans le vagin d'une femme en couverture de certaines revues comme *Hustler*, l'écart est saisissant entre la poésie du sexe et le mépris qu'il peut engendrer.

Étudiant l'évolution de la femme et de la non-violence au cours des siècles, Riane Eisler a bien montré combien les rapports avaient changé de façon radicale en deux mille ans : moment de communion entre deux êtres ou voie d'accès au sacré, le sexe est en effet devenu un objet d'échanges et un motif de conflit entre les hommes et les femmes. Dans son récent et volumineux ouvrage *Le Calice et l'Épée* [10], Riane Eisler rappelle notamment comment, dans l'histoire des religions, la sexualité n'a pas toujours été condamnée. Autrefois, elle était même vue comme un moyen d'atteindre l'extase ou d'entrer en communion avec une dimension supérieure et spirituelle. Naomi Wolf [11] souligne également combien le désir est valorisé dans différents livres sacrés. Le Coran accorde ainsi une grande importance au plaisir et au désir féminins dans le cadre du mariage, tandis que dans le Kāma-sūtra ou les tantra, faire l'amour est un moyen d'élévation spirituelle, une porte donnant accès à l'extase et à l'ascèse. Voie de la sagesse dans la Chine antique, le taoïsme accorde, lui aussi, une grande importance à l'acte sexuel, car il provoque la rencontre des deux principes de l'harmonie, le yang masculin et le yin féminin. Le Tao fournit même des indications pour savoir à quel moment une femme est excitée, et bon nombre d'hommes modernes feraient bien de réviser les dix conseils qu'il donne à ce sujet.

Dans des pays occidentaux comme l'Italie ou la France, fortement marqués par la religion catholique, le désir a été diabolisé, tandis qu'on exaltait la maîtrise civilisée des impulsions et, donc, la domination de l'esprit sur le corps, de la raison sur l'instinct. Cette conception a conduit à vivre le désir sexuel comme un danger et non comme une ressource. Bien évidemment, la condamnation était encore plus lourde pour les femmes jugées démoniaques et séductrices à l'instar de Marie-Madeleine. Elles devaient réduire au silence les « impulsions de la chair » pour se rapprocher autant que possible des chastes madones.

Les autorités ecclésiastiques ont souvent été sans pitié à l'égard des femmes adultères et de celles qui s'écartaient des prescriptions de la morale. Ce que nous appelons aujourd'hui les amours adolescentes pouvaient détruire à tout jamais la vie d'une jeune fille, car en perdant sa virginité, en devenant « pécheresse », celle-ci était définitivement rejetée aux marges de la société. Le message transmis par l'Église était celui de la stricte obéissance à un code moral rigide qui prévoyait, pour tout péché de chair et pour toute déviance sexuelle, un enfer épouvantable. Seules deux voies menaient au ciel : la chasteté et l'union hétérosexuelle monogame, dont le but était la procréation d'une nouvelle génération de croyants orthodoxes.

Peut-être est-ce la raison pour laquelle les veuves étaient à ce point redoutées. Soit relativement indépendantes – parce qu'elles avaient hérité des terres et de l'argent de leur défunt mari –, soit vivant dans la misère, sans personne pour les entretenir, ces femmes seules étaient toutes potentiellement des femmes « libres », comme le souligne l'historienne anglaise Olwen Hufton qui leur consacre un chapitre entier dans son histoire des femmes en Europe de 1500 à 1800 [12]. On leur recommandait une chasteté absolue, car, comme l'écrit Olwen Hufton, les théologiens de l'époque considéraient qu'il fallait être d'autant plus vigilant que les veuves avaient eu des expériences sexuelles et que leur libido déjà en éveil pouvait constituer un danger en l'absence de mari.

Plusieurs siècles plus tard, on peut encore sentir l'influence négative de la religion catholique sur la sexualité, notamment dans le conditionnement qu'elle a imposé à l'accès au désir. Voici, par exemple, la lettre dramatique que m'a écrite Corinne, divorcée depuis vingt-cinq ans : « Je n'ai pas à proprement parler de problème de couple, mais un problème qui me concerne moi, personnellement... À l'âge d'environ cinq ans, j'avais l'habitude de " jouer à la dame " avec mes petites camarades dans un escalier qui menait au grenier. Dans le même immeuble habitait aussi un jeune homme d'une trentaine d'années, au regard fuyant et torve, qui nous faisait un peu peur. Un jour, il nous a invitées à venir dans le grenier pour voir un petit chat qui marchait sur le toit. Nous nous sommes précipitées, avec l'enthousiasme dont sont capables les enfants. Alors, à tour de rôle, il nous a prises dans ses bras et nous a frottées contre lui... J'ai commencé à me débattre et à pleurer ; les autres petites filles aussi pleuraient. Craignant que nos mères ne montent, attirées par nos cris, l'homme est enfin parti.

« Ce fut un bel esclandre. Informées entre deux sanglots, les mères ont informé les pères qui, rouges de fureur, se sont aussitôt rendus chez l'homme. S'il n'y avait pas eu sa vieille mère pour implorer leur pitié, je crois bien qu'ils l'auraient étranglé... Mais ce n'était pas fini. Toutes les petites filles durent ensuite s'agenouiller devant les images saintes et raconter mille fois ce qui s'était passé. Après quoi, on nous emmena chez le médecin, qui ne put que constater qu'il ne s'était rien passé d'irréparable.

« J'ai grandi, je suis devenue une belle jeune fille, puis une femme non dénuée de charme. Mais cet événement a été le moment clé, le point nodal de ma vie, car en cinquante années, je n'ai jamais désiré faire l'amour. Je me suis mariée, j'ai aimé étreindre mon mari, l'embrasser, être contre lui, mais à chaque fois qu'il me demandait de faire l'amour, la pénétration était un sacrifice... Depuis plusieurs années, je vis seule et je trouve l'apaisement dans la masturbation. J'imagine combien il doit être bon d'éprouver ces sensations avec un partenaire, mais ce n'est pas possible. Je serais si heureuse de rencontrer un homme qui me gâte et me cajole sans me demander de le toucher. Ou sans me pénétrer. Ma vie a passé ainsi, il est peut-être trop tard pour y remédier, mais je me demande si la faute en revient entièrement à ce traumatisme. »

Corinne a cinquante ans, mais le souvenir de cet après-midi dans le grenier est encore vif et précis dans sa mémoire. Cet épisode a constitué un choc qui a fortement marqué sa vie et affecté sa capacité à aimer. Je pense néanmoins que cette agression, quoique grave, aurait pu être relativisée par des parents soucieux d'atténuer la peur ressentie par la petite fille qu'elle était. Car la mise à genoux devant un tableau religieux s'est gravée dans l'esprit de la fillette, unissant à jamais la sexualité masculine à l'idée de malpropreté et de péché.

L'histoire de Françoise est encore plus spéciale. Cette infirmière de trente-trois ans a épousé un commerçant divorcé et père d'un jeune adolescent. Le couple a besoin d'aide parce que Françoise ne veut plus avoir de rapports sexuels. Elle dit qu'elle s'efforce de donner une dimension plus spirituelle à sa vie et qu'elle ne supporte plus la pénétration. Il y a deux ans, elle a traversé une période de mortification et de jeûne au cours de laquelle elle a perdu vingt kilos. Maintenant, elle voudrait progressivement bannir le sexe de sa vie de couple et faire de Pierre une sorte de confident et de grand frère. Nul n'y trouverait à redire si Françoise partait vivre dans un couvent, mais elle refuse de divorcer. Elle me demande même d'intervenir pour convaincre son mari.

Françoise a un passé terrible. Elle a subi de graves abus sexuels dans sa famille. D'abord de la part de son oncle, qui l'obligeait à le masturber, puis de son cousin, qui la violait avec un parapluie, parce que c'était « un péché » de le faire avec son organe génital. Désespérée, elle s'est confiée à sa mère après deux ans de silence, mais celle-ci ne l'a pas crue et l'a traitée de mythomane. Françoise a alors commencé à souffrir d'anorexie et d'aménorrhée. À dix-huit ans, ces symptômes ont disparu mais la jeune femme est toujours déprimée et ne peut vivre sans neuroleptiques. C'est sur les encouragements d'une personnalité religieuse qui l'assiste et la conseille que Françoise a décidé d'accorder une plus large place à la spiritualité au détriment éventuel de sa sexualité.

Face à des personnes qui suivent déjà une thérapie, nous devons nous limiter à un objectif minimal pour redéfinir les règles du couple. Peut-être le tantrisme pourrait-il aider ce couple à trouver un compromis entre sexualité et spiritualité. L'idéal serait cependant que Françoise entreprenne une véritable thérapie psychanalytique, qui lui permette de faire le lien entre son refus actuel du sexe et les abus dont elle a été victime dans le passé. En effet, la solution hors norme qu'elle a choisie maintient et renforce ses défenses, contribuant à reléguer le sexe au rang de péché au lieu d'enclencher un véritable mécanisme de changement.

L'AUBE DU DÉSIR

Le désir n'a pas d'âge, il naît dès l'aube de la vie. Lorsqu'on observe les nouveau-nés, on peut déjà repérer ceux qui, endormis ou passifs, subissent la tétée et ceux qui s'emparent avec énergie du sein tant désiré. Comme je l'ai montré dans mon livre *Éloge de l'intimité* [13], le désir naît du corps, d'un bien-être fondamental qui remonte à la relation mère-nourrisson. D'où l'importance de la manière dont le bébé est pris dans les bras et de la nécessité de respecter ses rythmes et ses besoins fondamentaux sans qu'il devienne l'esclave des désirs et de l'emploi du temps de sa mère . Ce que Daniel Stern nomme l'*attunement*, l'harmonisation affective des besoins de la mère qui « écoute » et des besoins de l'enfant, est sans nul doute le véritable prototype du droit de désirer [14].

Par la suite, cet apprentissage s'élargit du corps à l'esprit. Au cours de cette phase, les parents jouent encore un rôle important, car ils doivent donner à leur enfant l'envie d'être curieux. En effet, le désir et la curiosité sont en rapport direct. L'existence de stimulations suffisantes et la possibilité de satisfaire ses désirs par un effort optimal qui permet à la fois d'éviter les objectifs inaccessibles et les assouvissements trop rapides sont essentielles à ce second stade de développement du désir. Durant cette période, une éventuelle dépression de la mère représente un réel danger. De nombreuses études sur des femmes déprimées ont en effet confirmé l'importance d'une attitude maternelle pleine d'entrain pour induire, chez l'enfant, le droit de désirer. Cette thèse est également soutenue par le psychiatre suisse Bertrand Cramer [15] qui a montré à quel point les relations précoces entre mère et fille étaient déterminantes.

Les amours maternelles

Le désir s'enracine à tous les âges de la vie. Dans la prime enfance, il émerge à travers l'expression corporelle. Au cours de la période qui mène à la puberté, il se manifeste et croît, non pas dans le rapport aux autres mais à travers le développement de la curiosité à l'égard des sensations de son propre corps.

C'est aussi à cette époque que naissent, comme l'a analysé Francesco Alberoni [16], les premiers élans sentimentaux, véritables toquades et coups de foudre, qui peuvent exister, quoique plus rarement, dès l'âge de l'école maternelle. Ils deviennent évidents à cinq, six ou sept ans, lorsque l'enfant commence à aller à l'école primaire.

Ces coups de foudre enfantins sont fondés, comme les toquades, sur une illusion (alors que le fait de tomber amoureux repose, lui, sur une idéalisation) et constituent un rodage des émotions, tout comme il y a un rodage de la mémoire et de l'intelligence. Leurs objets changent souvent et facilement, et les mêmes mots d'amour peuvent être dits au papa, à la maman ou à la maîtresse, avant d'être oubliés. En même temps, ces phénomènes sentimentaux ont une égale intensité à sept ou à soixante-dix-sept ans.

Les tourments de l'adolescence

Le désir est ensuite clairement renforcé par l'« inondation » hormonale de la puberté. C'est une période faite de hauts et de bas, un incroyable va-et-vient des émotions. Le corps change subitement, de même que l'humeur. Les adolescents peuvent se sentir euphoriques et, un instant plus tard, extrêmement tristes. Des moments d'indifférence sexuelle alternent avec des moments d'« explosion ». Les jeunes ressentent aussi un immense besoin de tester leurs limites. Dans le sport, l'adolescent éprouve ses capacités physiques ; dans le domaine psychologique, il expérimente les limites de ses droits et devoirs vis-à-vis de l'autorité familiale ou sociale ; dans le domaine sexuel, il vérifie l'efficacité de son tout nouveau pouvoir de séduction. Les désirs des jeunes de seize ans sont si forts qu'ils peuvent souvent faire peur ; ce n'est pas un hasard si c'est justement pendant l'adolescence que beaucoup de jeunes filles deviennent anorexiques, ce qui est un moyen de nier leur corps, de mortifier leurs courbes, d'anéantir leur féminité.

Parfois, aussi, les adolescents n'ont qu'un seul désir, infini et intense : celui d'aimer, d'être aimés, d'éprouver eux-mêmes des émotions rêvées ou vues au cinéma. C'est ce que me raconte une jeune fille de dix-sept ans dans une lettre signée « L'Incertaine ». J'en reproduis ici la partie qui me semble témoigner du bouillonnement d'émotions et de sentiments typique à cet âge : « Je n'ai jamais été avec un garçon, bien que j'en aie eu plusieurs fois l'occasion. Aujourd'hui, j'éprouve un besoin désespéré de me sentir aimée et désirée ; d'enlacer, d'embrasser, de toucher. Presque toutes les filles de mon âge ont un petit ami. Moi, cela fait un an que je ne vais pratiquement plus à aucune fête, parce que je souffre en voyant mes amies dans les bras de leurs copains. Je me demande si je rencontrerai jamais un garçon. Et puis, quand j'en aurai rencontré un, est-ce qu'il faudra que je m'en contente ou que j'attende le bon ? »

À l'inverse, il peut arriver que la pression sociale suscite des désirs chez des adolescents qui ne sont pas assez mûrs. C'est le cas d'Élise, treize ans (mais qui en paraît seize). Cette adolescente vient de découvrir le *petting* avec son petit ami de dix-sept ans. Elle se rend au centre de planning familial avec une amie pour demander si les rapports sexuels complets sont « risqués », car elle se sent relativement prête... Faisant preuve d'une avidité très caractéristique de l'adolescence, les deux jeunes filles sont curieuses de tout, posent une foule de questions sur les ovaires, l'hymen, l'orgasme féminin, l'éjaculation masculine. Nous leur demandons de dessiner les organes génitaux. Et, paradoxalement, Élise, qui semble si éveillée, trace un vagin sans utérus, avec des ovaires suspendus dans le ventre. L'information sexuelle devient alors un prétexte pour amorcer une éducation socio-affective. Depuis, les deux jeunes filles sont revenues plusieurs fois et la discussion s'est déplacée vers le sentiment d'être prête et la capacité à dire non. Ce sont là des sujets délicats, qui auraient dû être abordés en famille, mais qui ne l'ont jamais été. Quand Élise a eu ses règles pour la première fois, il y a un an, personne ne lui a rien expliqué.

Il reste à comprendre pourquoi cette jeune fille veut avoir des rapports sexuels à treize ans. Geste d'amour? Maturité précoce? Désir de se prouver ou de prouver aux autres qu'elle est devenue grande? Élise nous pose des questions sur ce qui est « normal » sur le plan anatomique et statistique, alors que nous voulons l'aider à trouver sa propre norme subjective.

Le couple dans la tempête

Il est clair que l'on pourrait poursuivre ainsi et continuer d'utiliser le désir comme fil conducteur de l'évolution humaine. Toutefois, autour de vingt ans, d'autres variables entrent en jeu. En effet, c'est à cet âge que l'on commence à établir de vraies relations avec une autre personne, à construire un projet à deux. On voit alors émerger tous les problèmes liés au couple, au désir qui naît, meurt, resurgit. Nous en reparlerons dans le chapitre consacré à l'alchimie du couple, mais je voudrais souligner dès à présent que le premier et principal problème est celui de la gestion du désir, de la découverte des moyens de le faire durer. C'est sur ce point que l'on me pose le plus de questions, que l'on exprime le plus de doutes, que l'on me fait le plus de confidences.

Je reproduirai ici une des lettres les plus significatives que j'ai reçues : « Si j'ai décidé de vous écrire, me dit cette femme, c'est parce que j'ai besoin de sortir de la confusion dans laquelle je me débats... depuis plusieurs années déjà. J'ai quarante ans. Peut-être mon histoire est-elle finalement assez banale. J'ai vécu une enfance triste, sans grande affection. Mes parents se sont séparés et, à dix-huit ans seulement, j'ai décidé, peut-être inconsidérément, d'épouser un homme que je croyais pouvoir aimer " pour toujours " et qui me donnait un sentiment de sécurité. Sur le plan financier, je suis indépendante ; j'ai repris mes études après mon mariage, et à la suite de la naissance de ma fille, j'ai trouvé un travail qui me plaît et m'apporte de nombreuses satisfactions. Ma profession m'a longtemps tenue hors de chez moi (je travaillais dans une autre ville). Peut-être est-ce pour cette raison (ou pour cette raison aussi) que mon mariage me pèse terriblement depuis que je suis sédentaire. Mon mari est presque devenu un étranger pour moi. Nous n'avons plus aucun rapport de quelque genre que ce soit. Je mène ma vie comme je l'entends, dans une liberté totale, mais je le paie au prix fort de l'indifférence. Mon époux me laisse faire et ne dit rien. J'ai essayé de parler, de le provoquer, mais il se dérobe. J'ai tenté mille fois de le quitter, mais je suis toujours là. Pourtant, je ne désire pas sauver notre couple à tout prix, car je n'ai plus rien à dire ou à apporter à mon conjoint. Mais je crois qu'il souffre de cette situation et que je me sens coupable de cet état de fait. Je voudrais le quitter définitivement, mais j'ai peur de lui faire encore plus de mal. Dans le même temps, je me fais beaucoup de mal à moi aussi. J'ai eu des aventures sans importance, d'autres plus intenses, mais toujours avec des hommes engagés qui prétendaient m'aimer. Ce n'est pas ce genre d'amour que je voudrais. Chaque fois qu'une aventure se termine, je recolle les morceaux et je me dis : " C'est fini, ça ne se passera plus comme ça. " Et puis, le destin me fait rencontrer une autre personne qui parvient à m'émouvoir et, de nouveau, à me faire souffrir. Je me sens lâche, parce que je n'arrive pas à rompre mon mariage, et malhonnête, à cause de mes amours clandestines. Ce n'est pas la vie que je souhaite, mais je ne sais pas comment en changer, je n'en ai pas la force. »

L'histoire de cette femme, en apparence forte et déterminée, est un entrelacs de désirs contradictoires : le désir éteint d'un amour de toujours ; le désir frustré de « raccommoder » un couple ; le désir étouffé de dire que ça suffit ; le désir coupable des amours cachées. Le tout est vécu dans l'indifférence ou, du moins, dans le silence d'un mariage atone. C'est précisément cela qui tue l'énergie vitale.

Aimer au-delà de la cinquantaine

Il n'est cependant pas systématique qu'au sein d'un couple, le désir décline avec les années. C'est ce que montre, par exemple, cette lettre écrite par une femme de soixante-dix ans : « Mon mari a quatre-vingts ans ; c'est un ancien cadre qui vit une retraite heureuse. Moi, j'aime à me décrire comme " une ménagère alerte ", parce que je jouis pleinement des plaisirs de la vie. Je voyage chaque fois que je le peux (dans quelques jours, je pars en Chine), j'ai beaucoup d'amis, j'aime les gens et je suis payée de retour. Mon mari, plus réservé, n'a que moi. Du temps où je travaillais, il était toujours nerveux. Maintenant, il est plus tranquille et il est même devenu spirituel. Dernièrement, il m'a avoué qu'il avait le sentiment de vivre dans une zone de tremblements sismiques. C'est vrai que j'ai toujours été habituée à agir vite, alors que lui est plutôt du genre à s'attarder sur le moindre détail. Après de longues années de rodage, nous sommes parvenus à une belle cohabitation, tant morale que physique. Nous avons des relations sexuelles que je qualifierais de " joyeuses ". Après chaque rapport, notre satisfaction mutuelle s'exprime par un éclat de rire et divers commentaires sur les nouveautés que nous avons découvertes. Le troisième âge, c'est super ! »

Une sexualité heureuse, au-delà de la balise des cinquante ans, n'est pas un mythe. Cela nous est d'ailleurs confirmé par le professeur Carlo Vergani, spécialiste de gériatrie à Milan [17]. L'éros au troisième âge semble encore aujourd'hui un thème proscrit, un sujet tabou, comme si la vieillesse était nécessairement une période asexuée de la vie. Contestant cette vision des choses, Carlo Vergani cite l'étude qu'il a effectuée sur un échantillon de cinq cents hommes de plus de soixante ans. Il en ressort que le désir subsiste, même en l'absence d'une vie sexuelle active. Une fois que la glace est rompue, les personnes interrogées parlent même de leur sexualité avec une certaine désinvolture. Vergani a ainsi découvert que la fréquence moyenne des rapports sexuels était d'une fois par semaine. Ce chercheur a aussi constaté un lien direct entre le niveau culturel et la vivacité de la vie affective.

Les témoignages qui vont dans ce sens ne manquent d'ailleurs pas, dès qu'on se donne la peine d'en chercher. Dans son Journal, Victor Hugo raconte ainsi ses dernières conquêtes quelques jours avant sa mort et on sait que Goethe tomba amoureux et voulut se marier à l'âge de soixante-douze ans. S'il est vrai que 60 à 80 % des hommes de plus de soixante-quinze ans ont des problèmes d'érection – entre vingt et soixante-cinq ans, le chiffre oscille entre 5 et 20 % –, leur désir, atténué, mêlé de fantasmes et de souvenirs, ne s'éteint pourtant pas.

Devenue célèbre grâce à son livre sur *Le Complexe de Cendrillon*, Colette Dowling nous parle en des termes assez voisins du désir féminin. Cette chercheuse s'est intéressée au cas des femmes aux cheveux gris et, notamment, à leur libido [18]. Ses conclusions sont claires : la pulsion sexuelle diminue certainement avec l'âge, et si l'homme peut avoir besoin de caresses génitales plus directes, il faut à la femme des préliminaires plus longs pour assurer une bonne lubrification. La réponse sexuelle peut donc être plus lente. L'important, écrit Colette Dowling, est de ne pas attribuer à un manque de désir la lenteur de la lubrification ou le temps nécessaire à l'érection masculine, qui résulte d'une cause physiologique et non d'une baissé de libido. Si la sexualité change, le désir, en se modifiant, ne disparaît donc pas. Les femmes interrogées par Colette Dowling parlent de la découverte d'un autre type de relation, moins impétueuse, et d'un désir sexuel vif et intense.

Un indice social du léger effritement du tabou relatif à la

sexualité qui entoure les années « vermeilles » peut être trouvé au cinéma. Deux acteurs de plus de soixante-dix ans, très appréciés du public, Walter Matthau et Jack Lemmon, ont récemment interprété deux films qui parlent justement de séduction, de sentiments et de sexualité au troisième âge [19]. Ce sont les aventures de deux « irrésistibles râleurs » dans une petite ville américaine. Avec un grand sens de l'humour, les réalisateurs ont montré combien il serait regrettable de renoncer à l'éros lorsqu'on n'est plus tout jeune. Les protagonistes tombent donc amoureux dans un style « politiquement correct » et s'éprennent de femmes qui ont elles aussi des rides.

LE SYNDROME DE CASABLANCA

« Une des principales raisons pour lesquelles j'aime le Maroc et ne pourrais vivre ou écrire nulle part ailleurs, c'est qu'à Casablanca, les hommes me considèrent comme une éclatante beauté et ne manquent pas de le faire remarquer à chaque fois que je me promène dans les rues de la Médina. J'ai cinquante-sept ans et de belles hanches bien larges... Dommage que mon mystérieux *sex-appeal* ne fonctionne qu'à Casablanca. Dans les autres villes marocaines, nul ne paraît se rendre compte de mon existence, ni à Rabat où je vis, ni à l'étranger. Si je me promène dans les rues de Paris, personne ne m'accorde la moindre attention, à moins que je n'aie les mains couvertes de tatouages rouge feu [20]... »

Ainsi, pour la spirituelle Fatima Mernissi, écrivain marocain connue en France pour son livre *Rêves de femme*, le désir comporte une « variable géographique ». À Rabat, où elle vit et travaille, personne ne la remarque ; en revanche, à Casablanca, lieu de détente et de vacances, les hommes se retournent sur son passage. Quand Fatima Mernissi interroge les passants sur les raisons de ces sourires et de ces regards insistants, ils lui répondent qu'ils sourient à la vie...

Le « syndrome de Casablanca », l'idée qu'il existe un ailleurs, un lieu ou une personne toujours capable d'éveiller le désir, a nourri un grand nombre de mythes et légendes, depuis le *latin lover*, meilleur séducteur que le Nordique trop froid, jusqu'aux irrésistibles masseuses thaïlandaises. Mais si les lieux communs abondent, la science, elle, se tait. La seule certitude est que dans les pays du Sud, des symptômes comme l'éjaculation précoce sont jugés physiologiques ou même signe d'une exceptionnelle virilité. En remontant vers le nord, on constate au contraire que le désir est plus inhibé et qu'il demande parfois les stimulations violentes de l'alcool pour permettre le passage à l'acte. Il serait intéressant, à cet égard, de savoir si, en France, le désir est plus fort à Marseille qu'à Strasbourg...

Nombre d'idées reçues demanderaient d'ailleurs à être réexaminées, comme « les hommes aiment les blondes mais épousent les brunes », ou « qui se ressemble s'assemble ». L'attirance et le désir surgissent-ils pour un être proche de notre monde, ou bien ont-ils tendance à se focaliser de plus en plus sur des objets de transgression et des sujets exotiques ? Sans doute les deux tendances coexistent-elles, mais les sociologues semblent néanmoins accorder l'avantage à la première. En dépit des fantasmes romantiques, ils considèrent en effet que nous tombons amoureux dans 80 % des cas d'une personne de notre milieu professionnel ou de notre quartier. Les princes épouseraient donc des princesses et les paysans des paysannes. L'histoire de Cendrillon, qui continue de nourrir l'imaginaire, ne deviendrait que très rarement réalité. Remarquons, toutefois, que les mass média, Internet ou les vacances à l'étranger permettent d'élargir l'horizon, de multiplier les choix et, donc, de réduire cette tendance au « désir de proximité ».

Parmi les légendes géographiques, il y a aussi des cas étranges de désir ne surgissant que sur le sol natal. En tant qu'ancien médecin du consulat italien à Genève, j'ai souvent eu affaire à des émigrants qui ne s'étaient pas adaptés à la culture et au climat suisses. Entre autres symptômes, ils présentaient une forte baisse de libido, expression de leur

« dépression de déracinement ». Ces personnes n'étaient pas en mesure d'identifier la cause psychologique de leur malaise et, par une pensée de type magique, l'attribuaient au déplaisant climat de Genève. La preuve en était, selon eux, que chaque fois qu'ils retournaient en vacances dans leur village d'origine (en général au sud), leur désir revenait tandis que disparaissaient leur fréquent mal de dos et les autres symptômes de leur maladie invalidante. Voilà qui montre bien que le désir mêle inextricablement des facteurs d'ordre psychologique, social, biologique et, aussi, géographique...

CHAPITRE II

La chimie du désir

Victor a soixante ans. Chaque fois qu'il me rencontre sur un terrain de golf, il se montre particulièrement aimable. Plus tard, sous la douche, qu'il ait gagné ou perdu, il me demande de lui prescrire du Viagra pour améliorer ses performances érotiques. C'est un grand amateur de sexe qui, devant l'impossibilité d'avoir l'énergie de ses vingt ans, cherche des aides chimiques. Il n'a jamais songé que sa quête obsessionnelle du sexe inhibe sa libido. Victor s'imagine que le désir naît de la biologie ou de la chimie et qu'il peut donc être déclenché par un médicament ou quelque aliment aphrodisiaque, mais il ne pense pas à sa tête. Il voudrait qu'on lui prescrive une pilule magique, une « désirine » qui n'existe pas.

Pourtant, Victor a en partie raison : le désir est sans nul doute lié à la biologie et à la chimie, même si l'érotisme, nous le verrons, transcende les explications purement scientifiques. Il nous faut cependant aussi rappeler la thèse des pères de la sociobiologie, pour qui nous ne sommes guère éloignés de nos ancêtres préhistoriques, notamment en ce qui concerne nos pulsions : nous ne serions finalement rien d'autre que des « singes nus », selon l'expression de Desmond Morris [1]. Et puis, il y a aussi les scientifiques qui considèrent que notre désir est « animal », fortement déterminé par des facteurs organiques et, donc, limité à des périodes spécifiques. Chez un grand nombre de mammifères, en effet, la période de l'œstrus (qui accompagne l'ovulation) correspond au moment où les femelles, prêtes pour l'accouplement, produisent des hormones et émettent des signaux particuliers pour attirer les mâles. Si ce phénomène se rencontre encore aujourd'hui chez certaines femmes, nous assistons néanmoins à un recul progressif du retour cyclique de l'œstrus à finalité reproductive, grâce notamment au recours de plus en plus fréquent de la contraception.

En raison de cette évolution, le désir humain est devenu en partie culturel, et ses objectifs ne sont plus simplement la survie de l'espèce. Reste à préciser la part exacte du biologique chez l'être humain. Existe-t-il des individus dotés d'une réactivité de type « animal », alors que d'autres, libérés de cette base phylogénétique, accorderaient plus d'importance à l'imagination et aux sentiments ? Pour répondre à cette question, commençons par établir une hiérarchie des sens.

Selon l'éthologue Isabella Lattes Coifmann [2], l'odorat est le plus « ancien » des cinq sens du point de vue évolutif. C'est d'ailleurs de lui que dépendent, chez les animaux, la sexualité et le contrôle du territoire. « En flairant une femelle, un chien sait si elle est réceptive ou non ; celle-ci lui fait en effet savoir qu'elle est prête pour l'accouplement en diffusant des phéromones. Le même phénomène se constate chez les femelles des tamarins, ces gracieux petits singes d'Amérique du Sud, qui se frottent la queue contre leurs parties génitales et [...] l'agitent ensuite en l'air comme un drapeau au vent. » Même les papillons de nuit, poursuit Isabella Lattes Coifmann, ont d'incroyables capacités liées à l'odorat : « Les femelles émettent des phéromones extrêmement puissantes, qui portent à des kilomètres. Les mâles perçoivent leur appel irrésistible au moyen des milliers de petits poils présents sur leurs antennes. Impatients de s'unir, ils retrouvent alors l'origine de cet effluve en suivant la longue piste odorante. »

Si, en comparaison, nos propres capacités sensorielles paraissent plus limitées, il peut arriver qu'un parfum réveille, comme par magie, le souvenir d'un événement lointain ou même entraîne, chez certains, la naissance du désir. Un couple d'amis m'a ainsi révélé un de leurs petits secrets conjugaux. Lorsque la femme a envie de faire l'amour, elle met un parfum particulier, et elle est sûre que dans la demi-heure qui suit, son mari passera à l'acte. Leur seul souci est que le fabricant de cosmétiques continue de produire cette fragrance miraculeuse dont, par correction, nous ne citerons pas le nom. De toute façon, il n'est pas dit que ce signal secret produise le même effet érotique sur d'autres couples, car il s'agit très probablement d'une sorte d'« anticipation positive » devenue plus importante que l'odeur elle-même...

Cette histoire semble confirmer la thèse des sociologues J. H. Gagnon et W. Simon [3], selon laquelle une personne peut avoir un désir fort ou faible sans que cette capacité ait grand-chose à voir avec certaines prédispositions biologiques. L'intensité de l'activité érotique dépendrait plutôt des « scénarios sexuels » que la société nous pousse à accepter. Les expériences antérieures, qu'elles soient sociales ou individuelles, et le rôle de l'anticipation seraient ainsi de toute première importance. D'autres chercheurs [4] ont souligné, à l'inverse, le rôle essentiel d'un substrat biologique interne, nécessaire à l'accomplissement correct de la fonction sexuelle, qui commencerait par le désir et se poursuivrait avec l'excitation et la réalisation du plaisir. À n'en pas douter, il existe une base anatomique cérébrale, sur laquelle se fonde ensuite tout le substrat neurophysiologique constitué par les hormones et les neurotransmetteurs.

La biologie est donc le tremplin du désir. Cette structure chimico-biologique peut d'ailleurs être perturbée par des médicaments, des produits toxiques ou certaines maladies. Il nous faut malheureusement commencer par là, car il est plus facile d'identifier ces facteurs ennemis que de déterminer les aphrodisiaques chimiques ou alimentaires ayant une influence positive sur la sexualité.

QUAND LA MALADIE BLOQUE LE DÉSIR

Il arrive que la perte du désir ait une origine organique. En effet, certains troubles [5] agissent négativement sur la libido, qu'ils font chuter considérablement. Voici la liste, non exhaustive, des principales maladies qui peuvent affecter la fonction érotique ou sexuelle.

Les principaux troubles

L'altération de l'axe hypothalamo-hypophysaire est la première cause possible de dérèglements. Les adénomes hypophysaires peuvent en effet entraîner une moindre production de testostérone ou une plus grande production de prolactine. Il arrive aussi que des anomalies d'origine chromosomique (comme le syndrome de Klinefelter) ou des atrophies testiculaires dues à des troubles vasculaires provoquent une chute du désir. Les maladies endocriniennes responsables du dysfonctionnement des glandes surrénales (maladie d'Addison ; syndrome de Cushing) et les troubles de la thyroïde (notamment dans les cas d'hypothyroïdie) peuvent pareillement causer une baisse de libido, parfois précédée d'un sentiment de fatigue.

Parmi les maladies responsables de dérèglements, il convient de citer la cirrhose ou les pathologies du foie qui, chez le sujet masculin, peut provoquer une gynécomastie – un foie qui fonctionne mal ne réussit en effet plus à métaboliser la testostérone, qu'il transforme en œstrogène. La jalousie qu'éprouvent de nombreux alcooliques s'explique ainsi en partie par le fait que ces hommes, atteints dans leur virilité, se sentent plus vulnérables face à d'éventuels rivaux. Figurent dans cette même catégorie les cas d'insuffisance rénale chronique, mais l'hémodialyse, surtout si elle est associée à la prise d'oligo-éléments et de zinc, parvient souvent à améliorer la libido des sujets concernés.

La sclérose en plaques est une grave maladie neurologique provoquant des troubles totalement imprévisibles, qui peuvent agir sur le désir, la fonction sexuelle ou seulement sur la fonction urinaire.

Dans les cas de traumatismes cérébraux et d'épilepsie, la présence d'une lésion organique mais aussi la crainte d'éprouver des sensations orgasmiques trop fortes et donc proches de l'expérience épileptique, peuvent entraîner une altération du désir sexuel.

Les troubles cardiaques et coronariens provoquent une baisse du désir de manière indirecte, par la peur du « coït fatal ». En revanche, la prescription de médicaments antihypertenseurs ou d'anticoagulants a un effet négatif chez certains patients.

Les maladies chroniques oncologiques ou les maladies infectieuses débilitantes, comme le typhus, « orientent » clairement la vie du patient vers la recherche de la survie, et non du désir sexuel.

Les problèmes gynécologiques (infections locales, herpès génital, mycoses vaginales, manque de lubrification) finissent par altérer le désir en raison des douleurs qui accompagnent l'activité sexuelle. De même, les suites d'accouchement, et notamment la cicatrisation de l'épisiotomie, peuvent provoquer une baisse de libido.

L'effet des médicaments

Les médicaments ont pour principal effet de sauver des vies humaines ou d'amener à la guérison. Malheureusement, il n'est pas rare qu'ils aient aussi une incidence négative sur la sexualité et, en particulier, sur le désir. C'est pourquoi il ne faut pas hésiter à parler franchement à son médecin de tout problème d'ordre sexuel. Celui-ci pourra bien souvent, en cas de baisse de libido due à un médicament, modifier le traitement de façon à éliminer ou à réduire les troubles. Voici, à titre informatif, la liste des principaux groupes de produits pharmaceutiques susceptibles d'affecter la fonction érotique.

Les antihypertenseurs sont les premiers médicaments qui « tuent le désir », notamment quand ils sont à base de réserpine. Les dérivés de la méthyldopa, de la clonidine ou de la spirolactone sont également nocifs.

Les substances qui bloquent les récepteurs adrénergiques, comme les bêtabloquants, constituent un autre groupe de produits « indésirables ». Toutefois, on a pu constater un effet paradoxal sur la réaction érotique et le désir. Mis sous bêtabloquants, certains hommes angoissés réussissent à « fonctionner » normalement, voire à améliorer leurs performances sexuelles. Quand ils ne prennent rien, ils sont la proie d'une anxiété incontrôlable qui déclenche une production excessive d'adrénaline et compromet leur sexualité.

De nombreux neuroleptiques, surtout à base de phénothiazine, de thioridazine, de chloropromazine, et les dérivés du sulpiride, augmentent la production de prolactine et produisent indirectement une diminution du désir. Parmi les antidépresseurs, mentionnons aussi les tricycliques et les inhibiteurs de la monoamine-oxydase (IMAO). Il arrive également que le carbonate de lithium ait un effet analogue. En revanche, d'autres antidépresseurs ont des conséquences parfois surprenantes. Ainsi, le trazodone a-t-il été considéré pendant un certain temps comme un aphrodisiaque. Parmi les médicaments de la dernière génération, le fameux Prozac a, lui, été accusé de provoquer une baisse de libido en dépit de ses indéniables effets positifs sur l'humeur.

La lettre de Sylvie, cinquante ans passés, témoigne de l'envie de vivre que peuvent redonner les antidépresseurs, bien qu'ils n'agissent pas sur le désir. « Mon problème ne cesse d'augmenter, écrit cette femme. Je n'éprouve plus de désir pour mon ami, même si j'en suis très amoureuse. Pendant les préliminaires, quand il s'efforce avec patience de provoquer chez moi un orgasme clitoridien, j'essaie d'imaginer toutes sortes de choses, comme celles qui m'aident les rares fois où je me masturbe. Cela n'y fait rien. J'ai une longue histoire derrière moi...

« Je suis issue d'une famille attachée aux principes religieux. Pour satisfaire mon père, j'ai fait des études, brillantes. Très jeune encore, j'ai eu un premier accès de dépression. J'ai commencé à sortir avec des garçons, et j'ai cru avoir trouvé le grand amour. Mais au moment de passer du rêve à la réalité, tout s'est envolé. Nouvelle dépression, nouveaux médicaments. J'ai récupéré, mais craignant de souffrir de nouveau, j'ai décidé de ne plus avoir de relation amoureuse. Ma vie s'est écoulée de la sorte, peut-être un peu monotone, mais tranquille, et dépourvue de désir. Pourtant, à cinquante-quatre ans, en pleine ménopause, j'ai tout à coup éprouvé un violent désir, que j'ai assouvi (avec un sentiment de culpabilité). Les images qui me menaient à l'orgasme, quand je me masturbais, étaient toujours de nature transgressive. Je me voyais avec des femmes, des enfants, des animaux. La normalité ne m'excitait pas ; je me dégoûtais.

« C'est alors que mon père est mort. Re-dépression, plus forte. Pour la première fois, je suis allée voir un neurologue, dont le traitement a été efficace. J'ai rapidement commencé à voir la vie en rose. Je me suis faite à ces pilules, qui me rendent calme, sereine, sympathique, vivante. Mais sans le moindre désir. J'ai essayé d'arrêter. Je tiens pendant trois mois, et puis je redeviens très nerveuse et je dois recommencer.

« Entre-temps, j'ai rencontré l'homme avec qui je vis aujourd'hui depuis six ans et que j'aime énormément. Avec lui, j'ai découvert le sexe à deux, mais toujours pas le bonheur sexuel. Depuis une dizaine d'années, je suis suivie par l'un des meilleurs psychothérapeutes de ma ville. Ensemble, nous avons examiné ma vie à la loupe et compris beaucoup de choses, mais sans pouvoir encore résoudre ce problème, qui m'angoisse maintenant par-dessus tout. »

Je dois dire que l'antidépresseur que prend Sylvia (et dont je préfère taire le nom) lui a été fort justement prescrit à toutes petites doses, presque « pédiatriques », qui ne devraient pas modifier son désir. La sortie du tunnel, pour cette femme qui a derrière elle une vie tourmentée et qui a déjà essayé les traitements classiques, tant pharmacologiques que psychothérapeutiques, réside peut-être dans les médecines alternatives, dont nous parlerons à la fin de ce chapitre.

Les narcotiques, pour en revenir à notre liste, ont le plus souvent un effet négatif, en particulier les opiacés ou opioïdes qui, en provoquant une augmentation des bêtaendorphines, inhibent rapidement la sexualité, y compris la libido. Qu'il s'agisse d'héroïne, de morphine ou de méthadone, le résultat est le même : la drogue annule le désir. Preuve en est que l'absorption de médicaments antagonistes des endorphines, comme la naloxone ou la naltrexone, fait parfois renaître la libido.

Les neurotransmetteurs, enfin, et notamment le système sérotoninergique semblent influer négativement sur le comportement sexuel. Chez les animaux, par exemple, la parachlorophénylalanine (Pcpa), qui inhibe la sérotonine, stimule la copulation, tandis que le 5-hydroxytryptophane, précurseur direct de la sérotonine, l'inhibe. Malheureusement, l'incidence aphrodisiaque de la Pcpa, qui engendre de grandes douleurs osseuses, ne peut être utilisée chez l'homme en raison de ses importants effets secondaires.

Nous pourrions allonger encore la liste des maladies et des médicaments préjudiciables, mais je préfère passer à ce qui peut avoir un effet aphrodisiaque ou, tout au moins, stimulant sur la vie érotique.

LES APHRODISIAQUES CHIMIQUES

La clé, pour comprendre les aphrodisiaques chimiques, est la testostérone, hormone qui fait partie des androgènes naturellement produits par notre corps (les autres hormones sexuelles étant les œstrogènes et la progestérone). C'est à elle que l'on doit l'apparition des pulsions sexuelles chez les adolescents des deux sexes. C'est donc le moteur du désir.

Avant le développement des traitements locaux, comme les injections de prostaglandine, les thérapies hormonales à partir d'hormones synthétisées en laboratoire étaient le seul aphrodisiaque approuvé par les médecins pour soigner l'impuissance. Or, bien souvent, les quantités prescrites étaient trop importantes ou le traitement mal adapté.

Nombreux étaient ainsi les hommes qui allaient chez leur médecin demander un « coup de fouet », persuadés que la sexualité à cinquante ans est la même qu'à vingt. Très souvent, au lieu d'approfondir les causes de l'angoisse que cachaient ces demandes, on leur prescrivait des androgènes, et notamment de la testostérone. Or l'administration d'androgènes n'est utile que si l'homme présente une réelle carence – par exemple, en cas d'hypogonadisme. Autrement, elle est inutile, voire dangereuse. L'Organisation mondiale de la santé (OMS) a d'ailleurs confirmé que la prescription d'androgènes en cas de faible désir sexuel est plus nocive que bénéfique si certaines précautions ne sont pas respectées.

Récemment, le docteur Jean Belaïsch a bien montré le rôle de la testostérone dans l'activité sexuelle [6]. Durant la puberté, la production de testostérone crée une sorte d'érotisation du système nerveux ; au-delà de cette période, elle est sans doute capable de favoriser les fantasmes érotiques ou les érections nocturnes pendant le sommeil paradoxal (ou REM). Précisons, toutefois, que ce mécanisme a été clairement constaté chez les personnes souffrant de carence hormonale, alors que la réaction enregistrée était moins nette chez les sujets « normaux ».

À l'inverse, les anti-androgènes, comme l'acétate de cyprotérone, réduisent l'activité et l'intérêt sexuels des individus hyperactifs. Ce produit, qui a même été administré aux auteurs de graves délits sexuels, n'a cependant pas un effet constant sur la libido. En tout état de cause, les effets de cette substance doivent être contrôlés de près. En effet, certains sujets connaissent une diminution de toute activité sexuelle et le supportent mal ; pour d'autres, seul le dysfonctionnement pathologique disparaît et le reste de l'activité est préservé.

Chez l'homme, la testostérone est donc indispensable à la libido, car elle maintient l'activité inconsciente, les fantasmes sexuels et les réactions nocturnes. On pourrait, métaphoriquement, comparer les androgènes à des « garagistes » chargés d'assurer l'entretien de la machine sexuelle. Pour ce qui est de l'activité érotique, en revanche, la présence d'un partenaire réel, la vision d'un film ou le recours à l'imagination sont bien souvent capables de remplacer la stimulation hormonale.

Chez la femme, la testostérone est plus dangereuse et, en même temps, plus stimulante. En effet, si de nombreuses recherches ont prouvé qu'elle favorisait la libido féminine, son dosage, en général prévu pour la période de ménopause, n'est pas encore bien codifié. Des posologies excessives, surtout chez les sujets particulièrement sensibles, peuvent provoquer des effets indésirables, comme des troubles du cycle, l'apparition de duvet sur le visage ou encore l'assourdissement de la voix.

Les androgènes faibles, comme les dérivés de la 19-nortestostérone, ont une action directe sur le système nerveux. Chez les femmes, ils ont surtout pour effet d'augmenter la libido à travers une plus grande sensibilité clitoridienne. Cette possibilité fait encore l'objet de discussions. Ainsi, au récent congrès de Montréal, la Fédération internationale de gynécologie et d'obstétrique (FIGO) a longuement débattu de l'hypothèse de Greenblatt proposant de traiter la baisse de libido au moment de la ménopause au moyen d'hormones mâles associées à la traditionnelle combinaison œstrogènes-œstroprogestatifs. Si, aux États-Unis et au Canada, on prescrit volontiers aux femmes ménopausées des androgènes compensateurs, beaucoup de collègues européens hésitent encore. Pour ma part, j'ai conseillé l'usage de pommades vulvaires qui ont produit de bons résultats. Quant aux patientes qui prenaient de petites doses d'androgènes, elles m'ont signalé une augmentation sensible de leur libido.

Du point de vue strictement clinique, je suis convaincu que pour certaines femmes, la testostérone est un véritable aphrodisiaque et qu'elles attendent impatiemment, comme un grand nombre de leurs consœurs de plus de cinquante ans, que les endocrinologues et les gynécologues proposent un emploi systématique de cette hormone pour traiter le manque de libido féminine.

Il y a également une controverse scientifique au sujet de l'influence de la pilule sur la libido féminine. Pour certains, la contraception orale provoquerait une baisse du désir, alors que pour d'autres, elle n'aurait aucune incidence. En fait, il faut surtout tenir compte des attentes psychologiques des femmes à ce sujet. La pilule peut indéniablement avoir un effet aphrodisiaque sur celles qui craignent d'être enceintes et qui, avec la pilule, découvrent une liberté érotique totale.

Cette situation complexe est bien illustrée par l'histoire de Catherine, qui se plaint d'une forte diminution de désir due, selon elle, à la prise de ce contraceptif oral. Après une séparation pour mésentente conjugale, son ex-mari est revenu vivre à la maison pour des raisons financières. Catherine a alors recommencé d'avoir des rapports sexuels, mais ne désirant pas d'enfants, elle a pris la pilule pendant plusieurs mois. Voilà maintenant deux ans qu'elle a cessé, mais son désir ne s'est pas réveillé pour autant. Ce phénomène curieux m'a amené à m'interroger lors de différents colloques sur le contexte affectif dans lequel ce contraceptif était utilisé. Dans le cas de Catherine, il semble que la chute de libido soit davantage liée à des problèmes psychologiques sous-jacents et à un mariage encore incertain qu'à une cause hormonale.

Dans le domaine des aphrodisiaques chimiques, les endocrinologues et les pharmacologues nous promettent régulièrement, à partir d'expériences effectuées sur les animaux, l'avènement d'un médicament miracle. Nous avons déjà rappelé l'effet stimulant de la Pcpa, qui est cependant trop toxique pour être utilisée chez l'homme. En revanche, la dopamine semble bel et bien favoriser la sexualité. Certains parkinsoniens traités par ce médicament ont ainsi connu un regain d'activité sexuelle inespéré. Il est toutefois difficile de savoir s'il s'agit d'un effet pharmacologique direct ou si les patients ainsi traités ont simplement recouvré une plus grande liberté et vu leur inhibition diminuer d'autant. Toujours est-il que ce produit a acquis une certaine célébrité en dehors du milieu médical. Pendant un certain temps, la lévodope a été régulièrement administrée aux acteurs de films pornographiques américains, à tel point qu'un film X a justement été intitulé *Levodopa* [7].

Par souci de correction scientifique, précisons que les seuls véritables aphrodisiaques sont les amphétamines et la cocaïne, parce qu'elles annulent toute sensation de fatigue et accroissent les performances physiques et sexuelles en provoquant une grande euphorie chez leur utilisateur, homme ou femme. L'embellie est cependant de courte durée. Leur toxicité rend ces substances extrêmement dangereuses. Rappelons que le Viagra tant décrié n'a aucun effet sur le désir, tout en étant un excellent tuteur de l'érection. Pour toutes ces raisons, on en revient à la conclusion que l'aphrodisiaque numéro un est celui qui se trouve entre nos deux oreilles : le cerveau !

TABLES ET ÉLIXIRS D'AMOUR

La liste des aphrodisiaques alimentaires est incroyablement longue et variée : pêches, abricots, bananes, goyaves, avocats ou durians de Malaisie et d'Indonésie ; aliments recherchés et coûteux comme les huîtres, le caviar ou la langouste ; légumes aussi communs que l'asperge, le poireau, le céleri ou le concombre ; produits rares et, pour nous, franchement répugnants, comme la corne de rhinocéros, le pénis de tigre ou la vésicule biliaire d'ours... Cette liste semble inclure quasiment tous les mets que l'on peut trouver sur la table d'un gourmet d'aujourd'hui ou qui figuraient déjà au menu des banquets de l'Antiquité [8].

Recettes de bonnes femmes ? Mensonges de sorciers ? Contes et légendes d'autrefois ? Non. La recherche scientifique a bien souvent confirmé que les aliments préconisés par les croyances populaires sont les « bons », c'est-à-dire qu'ils contiennent des principes actifs susceptibles d'augmenter la puissance sexuelle et de favoriser le désir. Il est cependant tout aussi évident qu'il ne suffit pas de manger un avocat (ou de l'offrir à la personne aimée) pour se retrouver, comme par magie, d'humeur à faire l'amour. Disons qu'il s'agit d'un plus. Un repas savoureux, spécial, préparé avec cœur, peut sûrement favoriser l'érotisme. Pour composer un menu idéal, on peut donc recourir sans crainte à la longue liste des aphrodisiaques, tout en s'aidant de certains livres bien documentés [9].

Rien que pour lui

Les aphrodisiaques ont presque toujours été destinés aux hommes. Il est rare en effet que l'on ait préconisé des ingrédients particuliers pour stimuler l'excitation féminine. À l'exception de Caterina Sforza et Caterina da Forli, qui vantait les mérites de la poudre de verge d'âne, les femmes se voyaient d'ordinaire prescrire des calmants, comme les extraits de nymphéa, également conseillés aux prêtres. Les poissons étaient également choisis avec soin : les poissons d'eau de mer, excitants, étaient réservés aux hommes tandis que ceux d'eau douce étaient recommandés aux femmes en raison de leurs effets apaisants. Cette préoccupation masculine traverse tous les siècles. Elle est liée à la difficulté des hommes de s'assurer une sexualité à la hauteur de leurs espérances et à la répression continuelle dont a été victime le plaisir féminin.

Question de formes

De nombreux aliments « aphrodisiaques » ont été choisis pour leur forme qui rappelle celle des organes génitaux. Ainsi l'avocat, que nous trouvons aujourd'hui dans tous les supermarchés, était-il appelé « testicule » chez les Aztèques ; pendant la récolte, les jeunes filles devaient impérativement rester cloîtrées chez elles. Dans les cultures populaires d'Asie, d'Afrique et des Philippines, c'est la banane qui se voit attribuer des propriétés aphrodisiaques, et elle contient en effet du potassium. En ce qui concerne le céleri, le concombre, la rhubarbe et l'épi de maïs, leur forme phallique est évidente. L'huître, en revanche, renvoie aux parties génitales de la femme ; riche en zinc, elle a un incontestable pouvoir stimulant.

La figue, la grenade, et même la tomate ou « pomme d'amour » ont toujours eu la réputation d'être des aphrodisiaques en raison de la fécondité que ces fruits évoquent. La même puissance symbolique explique sans doute l'envie de consommer les testicules de certains animaux : le taureau ou l'agneau en Méditerranée, le lion en Afrique ou le tigre à Taiwan où l'on en fait une soupe. Sans parler des cornes de rhinocéros ou de renne et des ailerons de requin...

Les secrets de la recette

Il ne suffit toutefois pas de choisir les aliments adéquats. Dans le cas des aphrodisiaques alimentaires, les prescriptions sont secrètes, les recettes compliquées et les doses extrêmement précises, comme si le rituel, quasiment alchimique, se substituait à la valeur chimique réelle. La valeur érotique réside donc en grande partie dans une préparation pleine d'amour et d'attention.

À ces trois caractéristiques, j'en ajouterais une autre, peut-être plus importante de nos jours : la puissance de l'évocation et du souvenir. En effet, les mets les plus érotiques sont ceux que nous associons à une idée de luxe et de sensualité (caviar, huîtres) ou bien qui provoquent la réminiscence de plaisirs goûtés en compagnie de la personne aimée (tel menu épicé nous rappellera tel voyage en Inde, etc.). Il arrive aussi qu'un aliment réveille des désirs endormis.

C'est ce qui arrive à Leonor, une des protagonistes du *best-seller* de l'écrivain mexicain Angeles Mastretta, *L'Histoire très ordinaire de la générale Ascensio* [10]. Mariée en toute hâte à un notaire méticuleux et riche, alors qu'elle est amoureuse de son cousin Sergio, Leonor continue, fidèle à un rite solitaire, de se rendre chaque dimanche matin au marché. Un jour, elle achète des nèfles. La bouche pleine de noyaux glissants et de peaux veloutées, ses dix ans lui reviennent tout à coup en mémoire, ainsi que le désir oublié de Sergio grimpé dans l'arbre, qui lui fait des clins d'œil. Inutile de préciser que Leonor cédera à ce « rappel » des sens (et du cœur) et retrouvera l'amour de Sergio, ainsi réveillé par une nèfle.

L'aphrodisiaque le plus immédiat semble cependant être l'alcool, et en particulier le vin, entre autres parce que c'est un « solvant » du surmoi. Ayant une enzyme en moins, les femmes métabolisent plus difficilement l'éthanol et sont, pour cette raison, plus facilement saoules. En revanche, elles sont moins sujettes aux inconvénients de l'alcool sur la sexualité puisqu'elles n'ont pas à se soucier du problème du maintien de l'érection. Le vin, en juste quantité, fait donc davantage de bien à la femme qu'à l'homme. Il faut aussi préciser que les boissons ayant un faible degré alcoolique, comme le champagne, ont un effet plus positif que les alcools forts, qui provoquent rapidement des réactions violentes, ou le sommeil...

Pour ce qui est du chocolat, il a bel et bien une action aphrodisiaque, due à la présence de phényléthylamine, mais c'est sans doute son effet antidépresseur qui l'emporte. Il suffit de penser au nombre de femmes qui se consolent avec une boîte de chocolats. Ainsi, dans un film récent, une jeune fille désespérée par une déception amoureuse sanglote dans un supermarché parce qu'elle ne trouve plus ce parfum de glace dont elle raffole. Ce sont des larmes d'amour, certes, mais aussi de détresse parce qu'il lui manque tout à coup cet anti-dépresseur dont elle a tant envie [11].

Un menu érotique idéal

Sans doute n'existe-t-il pas de véritables aphrodi-siaques, mais seulement des conditions préalables qui rendent un aliment plus efficace, selon ce que l'on entend faire « après ». Aussi convient-il, lorsque l'on prépare un repas pour deux, de commencer par éviter les mets nocifs ou, du moins, les mauvais dosages. Ainsi, un énorme plat de lasagnes ou un gros gâteau au chocolat peuvent, au bout de trois quarts d'heure, provoquer une réaction insulinique qui rend plus somnolent qu'excité. Mieux vaut donc donner la priorité à des aliments ayant une valeur énergétique éle-vée, servis en quantités raisonnables. Et s'il vient s'ajouter une valeur symbolique à la valeur nutritive, c'est encore mieux !

Voici donc un menu érotique possible – que je prescris avec le sourire et sans oublier que l'instrument le plus effi-cace de la séduction reste... la conversation. Pour commen-cer, une coupe de champagne, accompagnée d'huîtres, pour leur symbolisme érotique – elles proviennent de la mer, comme Aphrodite, et contiennent du zinc et divers autres ingrédients favorables à l'éros. Ensuite, je recommande du vin rouge, qui a un effet modérément vasodilatateur, et un plat d'inspiration lombarde, la polenta aux grenouilles. La polenta ne contient pas de 5HT, précurseur de la sérotonine, qui inhibe le désir, et on a constaté que son ingrédient princi-pal, le maïs, provoquait des copulations frénétiques chez les souris après une cure de cinq jours [12]. Pour ce qui est des ver-tus de la grenouille, le docteur Jean-Marie Bourre en propose une explication mi-sérieuse mi-humoristique [13]. Depuis des siècles, la cantharide est considérée comme un aphrodisiaque efficace – il s'agit d'un principe actif extrait de la mouche espagnole (et plus précisément de ses ailes, séchées et réduites en poudre). Déjà découverte par le marquis de Sade, cette substance entraîne une irritation des voies urinaires et, par un effet de proximité anatomique, une sorte d'érection chez l'homme et une excitation vulvaire et clitoridienne chez la femme. À haute dose, elle peut même être toxique en provoquant un blocage des reins. Toutefois, comme on n'en trouve plus dans le commerce, il ne reste qu'une solution, sans grand danger : manger les grenouilles qui se nourrissent de ces insectes... Comme dessert, je suggère des abricots et des pêches riches en arginine, et, évidemment, du chocolat !

Je suis bien conscient que c'est là un menu bizarre, qui risque de heurter les goûts d'aujourd'hui. Nous serions certainement davantage tentés par les recettes du grand chef italien Gianfranco Bolognesi, qui a expérimenté quelques « recettes de l'amour [14] ». J'ai sélectionné le plat qui me paraissait le plus simple à réaliser : les spaghetti au caviar.

Ingrédients : 150 grammes de spaghetti ; 28 grammes de caviar sevruga ; 50 grammes de beurre ; 2 échalotes ; un demi-verre de vodka ; 2 blancs d'œufs durs ; quelques brins de ciboulette. On retrouve, bien sûr, quelques aliments aphrodisiaques traditionnels. Le caviar, tout d'abord – il paraît que les empereurs romains faisaient venir des esturgeons vivants de la mer Caspienne afin de pouvoir déguster du caviar frais à leurs banquets. Et puis les œufs, qui ont chez presque tous les peuples une grande signification symbolique – les Athéniens préféraient les œufs de paon ; aux Philippines, les œufs de cane fécondés sont encore extrêmement recherchés, alors que chez les Chinois, ce sont les œufs de cent ans. Enfin, un peu d'alcool pour lever les inhibitions, et le tour est joué !

Préparation : Dans une poêle, faire revenir les échalotes hachées dans du beurre, puis ajouter la vodka. Bien remuer. Ajouter ensuite les spaghetti cuits al dente et égouttés. Verser le tout dans des assiettes chaudes et déposer au milieu de chacune d'elles une petite cuiller de caviar avec, tout autour, le blanc d'œuf découpé en fines lamelles. Décorer avec quelques brins de ciboulette.

DES FLEURS DE BACH AUX POTIONS D'AMOUR

Tandis que les pharmacologues recherchent le produit miracle et que les gastronomes s'intéressent à la saveur des aliments, les sexologues, eux, ne peuvent que déplorer l'écart persistant entre le rêve et la réalité en matière d'érotisme. Aussi, en attendant que la science officielle se donne de nouveaux objectifs, il vaut peut-être mieux se tourner vers des solutions comme l'homéopathie et les autres médecines douces. C'est là un univers très féminin, bien décrit par Cynthia Mervis Watson [15]. Tout en reconquérant leur droit au désir, les femmes commencent également à expérimenter, à l'aide des médecines dites alternatives, des stratégies permettant de favoriser et d'activer le désir.

Prenons, par exemple, le cas des fleurs de Bach, thérapie étudiée au début de ce siècle par le médecin anglais Edward Bach et fondée sur l'emploi des essences de fleurs. Il s'agit d'une manière délicate et très féminine de se soigner. Dans son livre, Cynthia Mervis Watson raconte l'expérience de la Flower Essence Society, association californienne qui a suivi et développé les principes de base de Bach, réussissant même à guérir quelques cas de disparition totale du désir. Correctement traité, le fuchsia renforce ainsi l'énergie dans la partie inférieure du corps et peut aider à libérer des sentiments réprimés qui gênent l'orgasme. Les pétales séchés et parfumés de fleurs d'hibiscus font, eux, renaître le désir pour l'autre sexe et aident à s'abandonner pendant l'amour.

Pour sa part, l'aromathérapie conseille le recours aux huiles essentielles en inhalations ou en applications locales. Parmi les plus aphrodisiaques, citons l'huile de rose, de jasmin, de gingembre ou encore de bois de cèdre, qui peuvent

aussi servir à parfumer agréablement la maison. Les herbo-
risteries spécialisées préparent souvent des mélanges inté-
ressants.

Enfin, l'homéopathie a prévu des remèdes spécifiques
pour faire renaître le désir. Nous en citerons quelques-uns,
en précisant bien que les indications et les dosages varient
considérablement d'une personne à l'autre et qu'ils doivent
donc être prescrits par un médecin homéopathe. Parmi les
produits efficaces, on trouve l'agnus-castus (pour les
hommes), la damiane (qui réveille la libido dans les cas
d'anxiété et de dépression), le lycopode (pour les hyper-
sensibles, qui craignent autant la solitude que l'intimité) et la
yohimbine (recommandée pour les problèmes d'érection).
Extraite de l'écorce du *Pausinystalia yohimbe*, cette dernière
substance est très utilisée sur le continent africain pour son
action contre l'impuissance. L'analyse pharmacologique a
permis d'en synthétiser le principe actif qui a un effet
vasodilatateur.

Si rien de tout cela ne fonctionne, on peut toujours
recourir aux potions d'amour, issues d'une très ancienne sor-
cellerie. Certaines requièrent des ingrédients révulsifs (cra-
pauds et lézards verts); d'autres sont faites d'ingrédients
considérés depuis l'aube des temps comme des aphrodisiaques (cumin, cannelle, piments). Toutefois, l'essentiel
réside dans la préparation de la mixture, qui doit respecter
des rituels précis et magiques d'après les manuels qui réper-
torient ces vieilles recettes [16]. Parmi les plus simples (et les
moins répugnantes), j'ai choisi les deux préparations
suivantes.

Les recettes à base de cresson. Le cresson peut être utilisé
en salade ou en soupe, avec des pommes de terre. Pour raviver l'appétit sexuel, on peut aussi l'essayer en boisson.
Mélangez alors du jus de cresson (centrifugé), avec du jus de
carotte, de céleri, de tomate et de citron. Servir frais avec de
l'angusture et du poivre blanc tout juste moulu.

La recette à base d'orange. Il ne s'agit pas de la manger,
mais de s'en servir comme d'un objet magique. Choisir une

grosse orange et y graver les initiales du prénom de l'être aimé. Prendre neuf clous de girofle et les piquer dans l'écorce. Ensuite, attacher un ruban rouge autour de l'orange, tout en pensant intensément à l'autre. Dans les neuf jours qui suivent ou, au pire, les neuf semaines, la personne en question sera mue par un désir irrésistible et vous demandera en mariage.

À la différence des aphrodisiaques, les philtres d'amour sont utilisés principalement par les femmes, dans le but de provoquer le désir d'un homme qui ne se rend compte de rien ou reste indifférent. Encore très répandus aujourd'hui dans certaines cultures, et en particulier dans la magie blanche des Caraïbes, ils sont préparés et administrés à l'insu de l'autre, pour qu'il s'éprenne follement de celle qu'il négligeait injustement. Il existe cependant une autre possibilité, qui m'a été rappelée lors de la représentation de *L'Élixir d'amour*.

Dans l'opéra de Donizetti, le plébéien Nemorino aime la belle Adina. Pour tenir à l'écart ce prétendant fougueux et un peu étouffant, celle-ci fait semblant de se fiancer avec un militaire rival. Désespéré, Nemorino dépense alors tout l'argent qu'il possède pour se procurer un philtre d'amour qui doit le rendre séduisant, sans se douter que le docteur Dulcamara, un escroc, lui a vendu un mauvais bordeaux en guise d'élixir. Renonçant à sa liberté, Nemorino s'engage ensuite dans l'armée, comptant avec sa solde acheter une nouvelle dose de philtre. L'histoire se termine bien, sans que la boisson y soit pour rien. En mourant, l'oncle de Nemorino laisse un gros héritage, qui rend Nemorino plus désirable que n'aurait pu le faire aucun produit du docteur Dulcamara.

J'ai été surpris de constater que dans cette histoire, l'élixir d'amour était absorbé par celui qui désire, et non pas administré à l'objet du désir. Ce remède fait penser à la chirurgie esthétique moderne, qui permet d'améliorer son image pour plaire à autrui. Et je suis prêt à parier que si Donizetti récrivait aujourd'hui son opéra, il y ajouterait deux ingrédients : le collagène et le silicone.

CHAPITRE III

Au cœur du réacteur

Dans la gestion du désir s'entremêlent inévitablement des facteurs psychologiques et culturels. Les années 1960 et 1970 ont ainsi été dominées par la passion du politique, de la littérature, du sexe et, aussi, de la psychanalyse. Les années 1990, elles, voient le triomphe du « désamour », de la tiédeur, y compris dans les rapports de couple, où les sentiments mélangent tendresse, apathie et égoïsme.

Pour définir notre époque, le mot clé pourrait être celui d'égocentrisme. Nous vivons dans une société narcissique, où chacun est plus soucieux de lui-même et de ses réalisations personnelles que du désir partagé ou partageable. L'envie d'être libre et de s'accomplir entre en conflit, sur le plan privé, avec l'exigence, tout aussi pressante, d'une relation durable et gratifiante. Freud avait déjà expliqué que l'instinct primaire, chez l'homme, est celui de la survie de l'espèce ; aujourd'hui, il semble que cet instinct glisse dangereusement vers la survie de l'individu. Un nombre croissant de personnes considère désormais qu'une relation amoureuse est inévitablement une source de tracas. Comme nous le verrons plus en détail dans le chapitre consacré à l'absence de désir, ces personnes finissent par opter pour une vie chaste, non pas comme une condition préalable à l'ascèse, mais comme un moindre mal.

De plus en plus souvent, le désir est ainsi remplacé par la

peur, avec laquelle il entretient un rapport étroit. En effet, lorsque le désir s'accompagne d'une sécurité personnelle, qui donne la possibilité de maîtriser ses émotions, il a droit de cité comme une prérogative implicite de l'individu. Dans le cas contraire, c'est la peur de désirer qui l'emporte.

Il arrive aussi que le désir soit « légitime », mais que son objectif soit « étrange », ou très difficile à atteindre. Freud, encore, a montré que nombre d'inhibitions sexuelles, notamment dans la symptomatologie de l'hystérie et des phobies, cachent des énergies positives que nous appelons désir. Ainsi, derrière la crainte du Petit Chaperon rouge, il y a une vive attirance pour le grand méchant loup ; ce n'est donc pas un hasard si l'héroïne de ce conte désobéit en changeant d'itinéraire au milieu du bois. Les personnes qui ont peur du vide au point de souffrir de vertiges éprouvent, par ailleurs, une irrésistible attirance pour l'espace. Lorsqu'elles réussissent à surmonter leur sentiment de panique, elles deviennent parfois de bons alpinistes, parce qu'elles satisfont leur fascination primaire et, dans le même temps, triomphent de leur peur. Ces individus ont donc un désir double, qui sous-tend certaines passions en apparence inexplicables. J'ai ainsi connu un champion automobile qui, dans son enfance, avait souffert de somnambulisme. En réussissant à contrôler le monde dangereux auquel il était confronté dans ces situations duelles de sommeil et de veille, il a réussi à acquérir les capacités nécessaires pour faire face aux risques des grands prix et pour gagner.

Trop souvent, dans les méandres du désir, s'insinue la peur d'aimer, qui émerge à travers de multiples manifestations : la peur d'être trop généreux dans ses émotions, au risque de se retrouver ensuite seul et perdant ; la peur de demander et d'être repoussé ; mais aussi la peur de devoir renoncer à une autre relation quand la vie sentimentale est un grand supermarché où l'on peut choisir le produit le plus « pratique ». Et puis, il y a l'appréhension de la vie à deux. Il s'agit parfois de la crainte de dévoiler ce que l'on a de plus profondément caché en soi et que l'on peut, en revanche, dissimuler lors d'aventures occasionnelles. Ou encore, dans d'autres cas, c'est la peur de devoir partager des habitudes, des rythmes et des situations d'intimité alors que l'on est accoutumé à vivre seul depuis si longtemps. Le désir reste alors dans le camp de l'autonomie, et la peur investit le territoire de la cohabitation.

D'autres encore redoutent de tomber amoureux, de perdre la tête. Incapables de gérer leur désir, ils adoptent à l'égard de leurs pulsions érotiques un véritable comportement de « sabotage » dont ils deviennent ensuite esclaves. Ainsi Jeanne, jeune femme de vingt ans souffrant de boulimie, a déplacé ses besoins vers la nourriture, qu'elle s'oblige ensuite à vomir. Bien entendu, au lieu de lui apporter des satisfactions, ce comportement ne fait que dégrader l'image qu'elle a d'elle-même. En outre, ce qui la préoccupe, c'est que bien qu'elle ne réussisse pas à atteindre le plaisir, seule ou avec un homme, elle ressent d' « étranges » excitations lorsqu'elle fait du sport dans un club de gymnastique. L'explication est pourtant simple : son corps étant sain, Jeanne a des réactions naturelles et réagit à certaines stimulations physiques fortuites. Dès qu'elle tente, en revanche, d'associer corps et esprit, comme lorsqu'elle se masturbe ou fait l'amour, tout se bloque. C'est donc bien de la tête qu'il faut partir pour trouver la solution de ses problèmes, peut-être anciens. L'histoire de Jeanne comporte sans doute un « accident sexuel » qui a renforcé aussi bien l'excitation que la répression ; et c'est ce qui l'empêche de donner au désir un « rythme de croisière » normal. Fragile et vulnérable, le désir doit donc être protégé, comme certaines espèces animales en voie de disparition. Tâchons à présent d'en définir les différentes facettes.

LES VISAGES DU DÉSIR

Le désir sexuel est un état psychoaffectif particulier qui se focalise sur un pôle d'attraction spécifique [1]. Contrairement à l'intérêt érotique, le désir est orienté et finalisé. C'est un préalable à l'excitation, qui se manifeste par une accumulation de tension émotionnelle, en général vécue comme agréable. Cette définition établit une distinction assez nette entre l'intérêt érotique, le désir et l'excitation. Que se passe-t-il donc précisément quand le désir fait défaut ?

Chez certains, le problème est avant tout un manque de désir vital. Comme si les muscles d'un athlète ou le cerveau d'un scientifique étaient privés des aminoacides qui sont nécessaires à leur fonctionnement. Un grand nombre de patients consultent ainsi parce qu'ils pensent qu'un manque de désir sexuel est à l'origine de leur problème relationnel et qu'ils se sentent anormaux dans une société de consommation comme la nôtre, qui valorise les performances sexuelles en tout genre. En réalité, ces hommes et ces femmes doivent bien souvent être soignés pour un trouble physique, ou pour une dépression masquée : avant même de retrouver le désir sexuel, il leur faut retrouver le désir de vivre.

Chez d'autres, en revanche, le problème se situe simplement sur le plan érotique. Il existe en effet des individus qui font normalement l'amour mais chez qui le désir est faible, car les « fonctions non sexuelles du désir [2] » permettent de conserver une activité sexuelle sans envie. Un rapport sexuel n'implique pas forcément le désir, et cela n'est pas vrai seulement dans des cas de harcèlement ou d'abus. Parfois, on fait l'amour par habitude, par hygiène ou pour faire plaisir à l'autre (ce dernier mécanisme étant typiquement féminin [3]). La difficulté consiste alors à raviver le désir.

L'insuffisance de désir a été comparée à un défaut de carburant. Pendant des années, des hommes « en panne » sont allés trouver leur médecin pour qu'il leur prescrive des hormones mâles ou des aphrodisiaques plus ou moins miraculeux. De leur côté, les autorités religieuses ont presque toujours vu dans le désir une dimension dangereuse et animale de l'âme humaine, susceptible de détourner l'esprit d'activités plus vertueuses et plus nobles : le diable était dans la « marmite », pleine de désir, et Dieu devait maintenir le couvercle fermé. Aujourd'hui, au vu des nombreux couples en crise qui viennent consulter en raison d'une hypoactivité érotique, il apparaît clairement que l'absence de désir découle d'un excès de répression.

Du point de vue psychologique, le diable a donc changé de place : il n'est plus dans la marmite, mais sur le couvercle, devenu si lourd qu'il en a presque étouffé l'expression naturelle du désir. Les femmes qui sollicitent notre aide pour un problème de frigidité nourrissent, elles aussi, le secret espoir que le médecin leur redonne une nouvelle énergie vitale. Le vrai problème dont elles souffrent, pourtant, est presque toujours contraire aux apparences, car ces femmes prétendument frigides sont très souvent des hypersexuelles inhibées. Cela ressort bien de l'histoire de Fabrice et Sylvie.

Ce couple de trentenaires vit ensemble depuis plusieurs années. Obsédé par les refus continuels de sa compagne, Fabrice en est venu à vouloir la caresser et l'exciter constamment, jusque dans son bureau. Sylvie supporte de moins en moins ces avances et menace de partir. En thérapie, il apparaît que cette jeune femme est en fait mue par une pulsion sexuelle très intense, ambiguë et difficile à gérer. Elle ne parvient pas à diriger cette énergie vers des comportements érotiques compatibles avec les demandes de son ami. Fabrice, qui se plaignait d'avoir une compagne frigide, est donc très étonné, et même flatté, d'apprendre qu'il vit aux côtés d'un véritable « volcan ». Il n'avait simplement pas compris que ce volcan était difficile à contrôler et que c'était précisément pour cette raison qu'il avait été, métaphoriquement parlant, « éteint ».

Seul un long travail de psychothérapie et d'expression corporelle a permis à Sylvie de retrouver les sensations physiques qui précèdent l'excitation plus directement génitale. Le blocage du libre flux de son désir érotique remontait à l'enfance. À neuf ans, en effet, elle avait subi des attouchements sexuels qui avaient provoqué en elle une grande colère, qu'elle avait toujours réprimée, et un profond sentiment de culpabilité.

Le désir illimité est proche de l'instinct animal et difficile à gérer, mais chez l'être humain, et contrairement aux autres espèces, il existe un sentiment de pudeur, qui naît très tôt, en général autour de la troisième année, et se développe avec les processus de socialisation. La pudeur est davantage liée au contrôle des fonctions intestinales qu'à celui des fonctions érotiques; plus que de la culpabilité, elle peut engendrer de la honte. L'enfant apprend que l'on satisfait ses besoins physiques dans certains lieux bien précis et à certains moments bien précis. Il apprend aussi que certaines expressions de sa sexualité, comme la masturbation et l'exhibitionnisme, ne doivent pas outrepasser l'espace privé ou les innocents « jeux de docteur », sous peine d'être punies par les adultes. Pour ma part, je tiens le sentiment de pudeur pour un mécanisme positif, qui confère une dimension humaine et civilisée à certains de nos comportements privés. Tout comme le désir, la pudeur peut se présenter sous des formes variées. Totalement absente dans la pornographie, elle est excessivement présente dans le puritanisme. En tout état de cause, la pudeur ne doit pas demeurer un phénomène extérieur et formel. Elle doit être intériorisée et repensée par celui qui veut en faire une caractéristique personnelle. Les personnes de « bon goût » ne sont nullement des personnes dépourvues d'inhibition ou de pudeur : elles ne suivent pas la mode, mais une conviction profonde.

RETOUR AUX ORIGINES

L'histoire de la nature du désir balance entre des explications éthologiques, anthropologiques et phylogénétiques et les hypothèses psychologiques et psychanalytiques. Dans les deux cas, cependant, l'origine du désir doit être recherchée dans le passé.

Les gorilles et nous

Chez les animaux, la disponibilité érotique obéit à des rituels précis [4], d'autant plus univoques et rigides que l'on descend l'« échelle biologique ». Chez l'homme, en revanche, le message sexuel suit un code élastique et multiple qui n'est pas toujours facile à détecter. La marge d'incertitude est donc importante dans le décodage du désir comme dans la communication érotique. En effet, il n'y a pas seulement des signaux chimiques, liés à l'odorat par exemple, mais des vecteurs de différent type : un mot, un regard, un geste, mais aussi une intonation, une posture du corps ou un vêtement peuvent avoir une signification érotique. En outre, les différences individuelles à l'intérieur de l'espèce humaine sont grandes. Ainsi, certains ne sont attentifs qu'à leur propre désir ; d'autres se méfient du désir, qu'ils voient comme une dangereuse tentation ; d'autres encore, un peu naïfs, finissent par croire à des désirs qui n'existent que dans leur imagination.

En raison de la multiplicité et de l'ambiguïté de ces signaux, la communication érotique reste en grande partie inconsciente aussi bien pour l'émetteur que pour le récepteur. Toutefois, avant de parler de l'inconscient individuel, arrêtons-nous un instant sur l'inconscient collectif, qui pourrait même l'emporter selon certains sociobiologistes. Ainsi, pour P. D. Mc Lean [5], le cerveau présente au moins trois niveaux de développement différents. Il y a le cerveau le plus ancien, proche de l'encéphale du reptile, siège des fonctions les plus primitives, comme l'attaque et la fuite. Dans la deuxième zone, semblable au cerveau des mammifères, ce sont des fonctions plus élaborées qui prévalent, comme l'instinct sexuel et la reproduction. Enfin, le cortex cérébral est le siège de la mémoire, de la logique et de la créativité.

Dans cette perspective psychobiologique, les critères pour lesquels les hommes et les femmes se choisissent ont leur origine dans la deuxième zone et ne sont donc guère différents de ceux qui régissaient le comportement de nos ancêtres. Les paramètres du désir et de l'attirance seraient par conséquent liés à de menus indices de fécondité. Ainsi, la vision d'une belle paire de jambes serait attirante pour des raisons esthétiques, mais aussi parce qu'elle n'évoque pas, comme le spectacle de membres tordus, la difficulté de mettre au monde des enfants. De même, un sein provocant ferait naître l'image de la femme qui allaite, tandis qu'un postérieur ferme et « plein » serait le signe d'une bonne alimentation. Il est peut-être un peu attristant, mais certainement plus scientifique, d'admettre qu'on apprécie la vue de deux jambes nerveuses ou d'un décolleté généreux en raison d'un code inconscient visant à déterminer si une femme est « apte » à garantir la poursuite de l'évolution de l'espèce !

Cette thèse a également été reprise par le psychologue néodarwinien David M. Buss [6], qui n'hésite pas à comparer le comportement de l'espèce humaine à celui des lions de mer ou des mouches, reléguant toute préoccupation affective à l'arrière-plan. Pour ce chercheur, les objectifs féminins sont depuis toujours la sécurité et la stabilité – ce qui expliquerait que les femmes soient attirées par des homme riches, puissants et ambitieux, c'est-à-dire en mesure de garantir au mieux leur avenir et celui de leur éventuelle progéniture. C'est sans doute ce qui se passait déjà dans les temps préhistoriques, quand nos aïeules s'accouplaient avec les mâles les plus forts et les plus robustes pour rapporter le gibier dans la caverne. De leur côté, les représentants du sexe « fort » recherchaient une partenaire jeune et belle, pouvant leur donner des descendants en bonne santé. En outre, dans le cercle de la tribu, une compagne présentant ces qualités pouvait être exhibée comme une prestigieuse « femme-trophée ». Selon Buss, la seule différence entre les deux sexes résiderait dans le fait que le mâle ne se contentait pas d'une relation unique, mais cherchait toujours de nouvelles conquêtes.

Si l'on en croit ces interprétations, nous serions donc les descendants de femmes qui ont, fort justement, élu des mâles puissants et courageux et d'hommes qui ont fait le bon choix au sein de la tribu. Vue sous cet angle, la biologie semble réduire à néant les interprétations psychanalytiques, le romantisme et la révolution qui a mené à l'émancipation des femmes.

La référence à nos ancêtres à quatre ou à deux pattes revêt aux États-Unis une grande importance. Suivant la tendance de ce pays à tout classifier sans crainte du ridicule, les chercheurs du groupe Human Own ont identifié chez les gorilles sept étapes de séduction qui vaudraient également pour notre espèce [7].

1. *Le regard.* Il faut regarder son partenaire potentiel droit dans les yeux, puis détourner le regard en penchant la tête d'abord sur le côté et ensuite en arrière. C'est ce que font les gorilles femelles lors d'une cour extrêmement efficace durant laquelle elles répètent plusieurs fois ce coup d'œil, ce détachement et cette torsion du cou. Avec l'espoir de finir la soirée par une étreinte plutôt qu'avec un torticolis...

2. *Fixer des yeux.* Plus question, comme autrefois, de garder les yeux baissés avec pudeur, ou d'avoir le regard trop hautain ou trop pénétrant : les gorilles fixent l'autre intensément pendant trois à cinq secondes – il semble que ce soit le laps de temps optimal pour se faire remarquer sans trop s'imposer.

3. *Battre des cils.* Cet automatisme de poupée Barbie a pour fonction de confirmer l'intérêt suscité par l'autre.

4. *Renverser la tête.* Montrer son cou est apparemment un signe non seulement de désir, mais aussi d'acceptation, parce que ce geste met en évidence les veines jugulaires, partie vulnérable du corps. Le message est donc : « Tu ne me fais pas peur ; qui plus est, tu m'attires. »

5. *Branler du chef.* Secouer sa chevelure, en faisant éventuellement semblant de se recoiffer, devrait détourner tout gorille ou tout homme de n'importe quel autre événement, aussi intéressant soit-il.

6. *Se maquiller*. Une fois que l'on a suscité l'intérêt de l'autre, un trait de rouge à lèvres, même d'un air distrait, est un signal érotique clair. Bien entendu, les gorilles femelles ne se maquillent pas, mais elles présentent un rougissement de certaines parties de leur corps et en particulier de leurs organes génitaux. Appel au sexe évident...

7. *Lever le bras*. Lever le bras avec grâce, en montrer la face interne, avec sa peau plus claire et plus sensible, est un autre message d'attirance, de confiance (surtout ne pas y voir un signe d'hostilité ou de défense).

Nous bornerions-nous donc à « singer » le comportement séducteur des gorilles ? Peut-être. Pour élargir et enrichir cette thèse trop « animaliste », je voudrais citer la réminiscence amoureuse du poète turc Nazim Hikmet [8] qui écrit :

> *Que fait-elle maintenant*
> *Maintenant, en ce moment ?*
> *Est-elle chez elle ? Dans la rue ?*
> *Au travail ? Debout ? Étendue ?*
> *Peut-être lève-t-elle le bras ?*
> *Mon amour*
> *Comme ce mouvement fait apparaître*
> *Son poignet blanc et rond !*

Naissance d'Éros

Le désir est à l'origine de la vie ; il pourrait même avoir un fondement prénatal. Nous naissons tous avec le désir d'être protégés, nourris et guidés dans nos comportements. De la rencontre entre cette pulsion et la réalité dérivent des fantasmes et des affects qui forgent la personnalité de l'enfant et conditionnent ensuite sa vie d'adulte. Comme l'a montré Freud, le désir sexuel, en particulier, est un des grands moteurs de la maturation affective de l'enfant. En effet, c'est dans l'écart entre le désir impérieux et la réalité que l'on apprend à tolérer les inévitables échecs. Nul doute qu'il existe une base biologique qui cause les transformations de notre corps et prépare à la rencontre sexuelle, mais l'orientation et les choix induits par le désir dépendent des dynamiques affectives de l'enfance. Ainsi, la façon dont une mère s'est occupée de son petit et, plus tard, la résolution du conflit œdipien par celui-ci constituent le véritable substrat de la « flèche de Cupidon ». Le désir et le sentiment amoureux ne tombent pas du ciel, mais s'ancrent dans une histoire personnelle et familiale. Sans réexaminer toutes les hypothèses de la psychanalyse sur le développement de l'enfant, bornons-nous à rappeler les grandes distinctions.

Désir archaïque et désir œdipien. Certaines personnes restent figées au stade de développement que nous appelons « prégénital », manifestant une personnalité tantôt abandonnique, tantôt fusionnelle. Dans le premier cas, le désir demeure lié à un insatiable besoin d'être aimé et « rempli » ; ceux qui relèvent de cette catégorie sont, comme le dit le thérapeute jungien Schellenbaum [9], un puits sans fond qu'aucun amour ne réussit jamais à combler, parce qu'ils demeurent nostalgiques et prisonniers du besoin passé de lait maternel. Les autres, en revanche, ont une oralité plus agressive, de type vorace, et leur désir est mêlé d'envie de détruire. Tout comme un rapace tue sa proie en la capturant, ces personnes, lorsqu'elles satisfont leur désir, détruisent en même temps l'objet de leur amour; elles ont sans cesse affaire, simultanément, à Éros et à Thanatos.

Ce sont là des situations où le besoin l'emporte principalement. Il existe cependant un autre espace érotique qui peut être favorisé ou inhibé selon la façon dont est vécu le complexe d'Œdipe. Si dans la relation prégénitale, le rapport avec l'adulte est de type totalitaire, avec un seul personnage à la fois gentil et méchant, lorsque l'on accède à un développement affectif plus évolué, de type œdipien, le désir et son interdiction deviennent gérables suivant une modalité triangulaire. Le petit garçon désire épouser sa mère et voit son père comme un obstacle. Plus tard, le phénomène s'inversera, parce qu'il s'identifiera à cette figure masculine. Ce sera alors la mère, face à cette alliance « homosexuelle », qui deviendra un obstacle. Le même phénomène se produit, en inversant les rôles parentaux, chez la petite fille. L'origine du désir érotique dépend donc aussi de la manière dont le conflit œdipien a été neutralisé ou surmonté.

Hyperstimulation ou dépression familiale. Certaines familles favorisent le développement naturel de la curiosité et, donc, l'expérimentation du droit de désirer, alors que d'autres, péchant par insuffisance ou par excès, entravent ce processus. Dans ce dernier cas, le milieu familial est peu stimulant et tend à inhiber le désir, pour des raisons culturelles ou psychologiques. Récemment, de nombreuses recherches, comme celles qu'ont menées Papazian, Manzano et Palacio à Genève [10], ont confirmé l'effet néfaste de la dépression maternelle sur le sentiment de confiance en soi de l'enfant. Une mère déprimée n'est guère encourageante et son expression rarement enjouée est ressentie par l'enfant comme un manque d'intérêt à son égard.

L'enfant se sent responsable de cette attitude hypoactive et s'en trouve perturbé. Il perd alors son droit naturel d'être alerte, gai et d'éprouver des désirs. C'est ce qui est arrivé à Hervé. Sa mère, dépressive, passait le plus clair de ses journées au lit, attitude qu'il a interprétée de façon très négative. Il en a vite déduit : 1. qu'il ne fallait pas la déranger ; 2. qu'il n'était pas assez intéressant pour susciter son attention. Hervé s'est senti responsable de ces hypostimulations maternelles et, aujourd'hui encore, à chaque fois que sa femme n'a pas envie de faire l'amour au même moment que lui, il se sent rejeté. Ce désaccord réveille en lui le syndrome du refus maternel. Il commence seulement à comprendre, grâce à une psychothérapie, qu'en réalité, il n'est pas « mauvais » et inutile, mais seulement le fils d'une mère dépressive.

À l'opposé des familles hypoactives, il y a celles dont a parlé Racamier [11] et qui sont dites « incestuelles ». Bien que personne n'y ait réellement de comportement incestueux, il se crée une situation d'excitation ambiguë et difficile à gérer.

Lorsque la mère, négligée par le père, rejette ses frustrations sur son fils, on voit émerger le phénomène du « petit prince ». L'enfant devient le confident et le gardien de l'épouse déçue, mais son rêve œdipien se brise ensuite du fait qu'il n'est qu'un enfant, que son père rentre à la maison et que ses parents vont dormir ensemble. Jouet de l'insatisfaction maternelle, le petit garçon balance entre les marques de séduction et les moments d'abandon.

Il existe d'autres situations dangereuses dans lesquelles ce n'est plus la mère qui crée des excitations ambiguës, mais le père qui contrôle mal son besoin de séduire. Celui-ci joue auprès de sa fille un rôle stimulant mais aussi équivoque, la traite comme une « petite princesse », quitte ensuite à la frustrer puisqu'il ne peut l'« épouser ». En grandissant, certaines de ces petites filles connaissent avec des amis de leur père des pulsions transversales qui semblent liées au comportement inadéquat de l'adulte. C'est le cas de Karine, très proche de son père éthologue. Petite fille, elle l'accompagnait quand il partait explorer le monde animal, dormant avec lui sous une tente. Elle a ensuite transféré la fascination qu'elle éprouvait pour son père sur un de ses collègues, qui prit l'habitude de l'emmener dans les bois pour de toutes autres raisons. Ayant établi avec elle un rapport en apparence fondé sur la douceur et la confiance, comme le font nombre de pédophiles non agressifs, l'homme a obtenu d'elle caresses et fellations. Karine est restée très marquée par cette expérience. Par la suite, sa sexualité n'a pas été particulièrement inhibée, mais très éclatée. À l'âge adulte, elle s'est accordée, en plus de son mari, un amant avec lequel, au moment de l'orgasme, elle entrait dans une sorte de transe hypnotique, parlant dans la même langue étrangère que le collègue de son père.

On pourrait donner bien d'autres exemples, mais ce que je voudrais mettre en avant ici, c'est le rôle des modèles familiaux, car ce sont eux qui jettent les fondements de ce que seront plus tard les désirs adultes. Ainsi, certaines personnes sont-elles inhibées dans leur gestion du plaisir, ressenti comme dangereux et contraire à la valeur « fortifiante » de la souffrance. En général, elles sont issues de familles sévères, souvent croyantes, où le véritable ennemi n'est pas le sexe mais le plaisir. Il peut aussi arriver que seul le plaisir physique soit « bloqué », alors que la satisfaction procurée par les activités intellectuelles est, elle, valorisée. Les enfants qui ont grandi dans ce genre de famille évoluent plus tard avec une certaine aisance dans les milieux intellectuels, mais continuent de considérer leur corps comme une source de maux.

Dans d'autres cas, l'aversion spécifique éprouvé pour le sexe s'accompagne de l'abandon aux plaisirs du corps à travers l'activité sportive, les massages ou les soins esthétiques. Il convient alors de comprendre pourquoi l'érotisme est resté lié à des fantasmes inconscients qui le rendent inaccessible de façon naturelle. Enfin, il nous faut mentionner les personnes dont le désir est inhibé parce qu'elles ont vécu un plaisir particulier et « anachronique », soumis à une censure qui s'est ensuite étendue à toutes les autres formes de plaisir sexuel. Le plus important consiste dans ce dernier cas à bien identifier la pulsion partielle en cause (qui peut être de type sadomasochiste, voyeuriste ou exhibitionniste) afin qu'elle cesse de « contaminer » le reste de la sexualité, inhibée à tort. Un de mes patients m'a ainsi raconté en thérapie que pendant des années, il s'était excité avec le fantasme infantile du lavement. À l'adolescence, il est progressivement passé à l'acte en s'infligeant lavement sur lavement. Pendant un certain temps, cette pratique secrète et honteuse s'est substituée à tout rapport sexuel. Ce n'est que lors de son analyse que cet homme a pu commencer à remplacer le fantasme du lavement par un lien plus charnel l'unissant à une autre personne. Il a fallu néanmoins cinq ans de thérapie pour parvenir à modifier totalement son désir. Aujourd'hui, mon patient vit une relation hétérosexuelle satisfaisante.

LE RÔLE DE LA PULSION

Tous les individus ne sont évidemment pas mus de la même façon par le désir qui est une force de vie, une énergie qui vient de loin. On peut distinguer au moins deux grandes catégories.

Type a (animal). Le désir pulsionnel domine. Les besoins suivent des rythmes intérieurs, qui partent de l'imaginaire ou de sensations physiques, sans que les événements extérieurs soient déterminants. Ces hommes et ces femmes sont proches de la nature, de la dimension animale du désir, qui n'est guère éloigné du besoin. Leurs pôles d'attraction sont relativement interchangeables, ils sont moins monogames que d'autres et supportent plus facilement les séparations et les abandons. Le dicton « Un de perdu, dix de retrouvés » leur conviendrait assez bien.

Type b (amoureux). Le désir reste souvent silencieux et l'abstinence sexuelle tolérée. Très souvent monogames, ces hommes et ces femmes peuvent vivre des passions intenses à condition que l'objet de leur amour les stimule de façon adéquate. Ce genre de comportement, plus culturel et moins biologique que le précédent, a été valorisé par la culture judéo-chrétienne qui voit dans l'objet de l'amour la seule possibilité de justification de l'érotisme.

Par-delà ces deux catégories, il importe cependant de mieux analyser le rôle de la pulsion ou de l'objet d'amour. En effet, le désir peut être inhibé, excessif, anachronique, comme nous allons le voir à travers quelques cas.

L'inhibé

Après trente ans de mariage, Marie a été abandonnée par son mari, qui est tombé amoureux d'une autre femme et a totalement changé de vie. Inconsolable, elle ne parvient pas à surmonter le choc. La situation a été aggravée par le comportement de cet homme qui n'a pas eu le courage de prendre clairement position et lui a déclaré qu'il était encore amoureux d'elle : sa nouvelle compagne, lui a-t-il expliqué, lui apportait de fortes stimulations érotiques, mais pas la confiance tranquille qu'il trouvait dans sa relation conjugale.

Marie a dû « décrocher » sa pulsion de l'objet de son amour, qui n'est désormais plus là. Maintenant, elle a retrouvé son énergie. Elle se sent de nouveau en droit de désirer et peut commencer à réorienter son désir vers un nouvel objet d'amour. Après une psychothérapie de six mois, elle est prête pour de nouvelles expériences. Ne trouvant pas de personnes « intéressantes » dans son entourage, elle a répondu à quelques annonces matrimoniales. J'ai découvert, en même temps qu'elle, l'éventail typologique des personnes qui cherchent un partenaire par l'intermédiaire d'un journal. Les quatre premiers candidats furent : une personnalité religieuse, un hypertimide qui lui parlait au téléphone mais n'osait pas la rencontrer, et deux hommes mariés qui cherchaient des aventures pour pallier une sexualité conjugale malheureuse.

Marie vit cette nouvelle phase de sa vie avec dynamisme. Elle a compris que si elle restait timide et inhibée, elle ne permettait pas au destin de lui offrir une deuxième chance. Elle doit donc apprendre à prendre l'initiative. Je suis prêt à parier que d'ici quelques mois, elle aura retrouvé le bonheur. Elle a acquis le droit de désirer et son désir est là. Il ne manque plus que l'occasion voulue.

L'excessif

Emmanuelle, seize ans, m'écrit une longue lettre, pendant un cours. Elle se juge trop sujette à l'auto-érotisme. Pour s'exciter, me dit-elle, elle n'a même pas besoin de se toucher ; il lui suffit de mettre un pantalon serré. Cela l'inquiète beaucoup. Pour ma part, à moins que cela ne tourne à l'obsession et ne l'empêche d'étudier ou de vivre normalement, je ne lui trouve pas de raisons d'être préoccupée. Pour commencer, je remplacerais sa logique du « ou/ou » par celle du « et/et ». Ainsi, Emmanuelle écrit : « Ou bien j'arrête de me masturber, ou bien j'entame ma capacité à éprouver du plaisir, plus tard, avec un homme. » Dans cette situation comme, d'ailleurs, dans de nombreuses autres au cours de la vie, il vaut mieux recourir à un « et/et » cumulatif et dire : « Je continuerai de me masturber et je découvrirai aussi la sexualité avec un homme. » En temps voulu, lorsqu'elle se sentira prête pour une relation, Emmanuelle découvrira que le plaisir solitaire peut parfois coexister avec une sexualité de couple tout à fait heureuse.

L'anachronique

Louise, jeune divorcée de trente-cinq ans, a rencontré depuis peu Charles, un quadragénaire avec lequel elle ne parvient pas à gérer le temps et la distance nécessaires à la cour amoureuse et au sexe. En effet, quand Charles dispose d'un certain « espace de jeu », il se montre excellent amant ; en revanche, dès que les occasions érotiques lui sont offertes sur un plateau d'argent ou que sa partenaire le sollicite avec insistance, il se déclare fatigué et se défile. Or Louise, femme fougueuse et sensuelle, lui saute littéralement dessus dès qu'elle est en sa compagnie, au lieu de chercher stratégiquement à gagner du temps. Charles a peur de ses avances sexuelles répétées et, peut-être aussi pour cette raison, repousse la décision de l'épouser. On peut constater dans cette histoire un manque de synchronisation entre le cœur et le corps, jadis réservé aux hommes dont la sexualité explosait avant même qu'un lien sentimental ait été noué. Aujourd'hui, reflet des changements de mœurs, le cas de Louise est devenu emblématique, et l'urgence des besoins sexuels a fini par créer davantage de problèmes aux femmes qu'aux hommes. Or, quand le désir s'exprime surtout de façon pulsionnelle, il amène à commettre des erreurs. Tous les grands séducteurs (et les grandes séductrices) le savent, le désir doit être modulé en fonction des besoins de l'autre.

La situation de Jessica n'est qu'en apparence fort différente. Cette femme d'affaires de quarante ans ne réussit pas à trouver de mari. Après avoir goûté les plaisirs d'une vie sociale intense et d'une réussite professionnelle enviable, elle souhaiterait aujourd'hui pouvoir s'assurer d'un lien affectif stable, mais elle n'y parvient pas. Quand je lui demande de me raconter ses dernières « aventures », Jessica me fait le récit d'erreurs stratégiques évidentes.

Jessica a tendance à se montrer directive jusque dans ses rapports amoureux. Soit elle désire intensément un homme et se lance à corps perdu dans l'aventure ; soit elle refuse catégoriquement si elle n'est pas sûre à cent pour cent d'en avoir vraiment envie. Ce faisant, elle passe pour une « dame de fer », dirigiste, au point que les hommes qui la rencontrent finissent par se replier sur des femmes peut-être moins intéressantes, mais plus disponibles. Jessica a beaucoup souffert du dénouement de sa dernière histoire : l'homme l'a laissée tomber au bout d'un mois, lui préférant sa secrétaire, plus accommodante.

En fait, cette énergique quadragénaire ne sait pas gérer les lenteurs de la séduction. Or, toute nouvelle rencontre se caractérise par une alternance de moments rapides et de temps lents. Le manuel du parfait séducteur (ou de la parfaite séductrice) prévoit une première phase brève, pour identifier l'éventuelle proie, puis une deuxième phase plus longue qui permet d'engager le processus de séduction et, enfin, une dernière phase rapide pour conclure de façon implacable.

Pour des raisons liées à son histoire personnelle, Jessica est très habile dans les phases rapides, mais elle se comporte, en revanche, comme une véritable handicapée dans les moments qui exigent de la lenteur. Elle est, par exemple, tout à fait incapable d'adopter une attitude allusive. Sa façon de s'habiller est d'ailleurs caractéristique : elle ne sait pas faire deviner, mais doit toujours montrer. En somme, soit elle est habillée de pied en cap, soit elle est parfaitement nue – alors que la séduction exige précisément de jouer sur l'ambiguïté. Cette femme intelligente a bien conscience de cette erreur fondamentale. Elle commet d'ailleurs la même au travail : si elle excelle lorsqu'il s'agit de planifier, c'est en revanche une très mauvaise vendeuse, car elle ne sait pas être attentive aux temps et aux besoins de ses clients.

Sa difficulté à gérer les phases intermédiaires dans les opérations de séduction remonte à son enfance. Quand elle était petite, on lui a enseigné que jouer, c'était perdre son temps, et qu'il valait mieux accorder la priorité aux choses importantes, en faisant d'abord ses devoirs. Maintenant encore, en amour, elle a relégué au second plan sa capacité de jeu qui, pourtant, est le moment le plus fascinant de la séduction. Un de mes amis, habile séducteur, me disait que le plus beau moment d'une rencontre érotique était celui où la femme « inaccessible » commençait à se déshabiller. En revanche, l'acte sexuel qui suit relève davantage de la routine. C'est ce qu'il faut faire comprendre prioritairement à Jessica.

L'OBSCUR OBJET DU DÉSIR

Le désir n'est pas seulement mystérieux dans ses pulsions ; il l'est même surtout par les objets sur lesquels il finit par se fixer – lesquels peuvent être inaccessibles, comme dans le cas de Maya, ou à la limite de la normalité, comme pour Rose.

Maya ou le choix de l'incompatibilité

Née en Orient, Maya s'est très vite occidentalisée. Elle vient même de divorcer de son mari industriel. Au cours de leurs quinze ans de vie commune, elle a subi différents examens médicaux dans l'espoir d'avoir un enfant. Ces intrusions continuelles dans l'intimité de son couple ont engendré de grands espoirs mais surtout d'immenses déceptions. Jusqu'au jour où son mari un peu volage a fini par faire un enfant à une autre femme et s'en est allé, préférant la paternité à la stabilité du mariage. Au début, Maya a bien supporté ce revers ; les principes rigides selon lesquels elle a été élevée imposent de ne pas se laisser aller et de faire face aux épreuves, mais depuis quelque temps et malgré les histoires courtes qui s'enchaînent, elle commence à se sentir seule.

Cette femme mûre me raconte qu'elle est très attachée à son indépendance et que ses goûts sont difficiles à satisfaire. Ou bien elle trouve les hommes un peu ternes et elle s'ennuie, ou bien elle se fourre dans des situations compliquées. Elle ne supporte pas que son partenaire gagne moins qu'elle et reconnaît n'être attirée que par les battants, avec lesquels elle peut partager une culture internationale et la pratique de sports coûteux. Je lui fais remarquer que ses attentes sont légitimes, mais qu'elle place peut-être la barre un peu haut. En effet, le type d'hommes qu'elle recherche est presque toujours déjà pris, et elle exclut *a priori* les hommes mariés. En outre, ses espoirs sont pratiquement irréalisables, car elle n'est pas assez diplomate et son activisme professionnel la conduit à multiplier les rapports sociaux au détriment des relations privées. Maya est une femme intéressante et belle, mais elle refuse de laisser apparaître la part la plus douce, la plus délicate de sa personne – celle dont beaucoup d'hommes ont encore besoin et qu'elle-même perçoit comme une faiblesse.

Le problème de cette femme de quarante ans se retrouve aujourd'hui chez un grand nombre de jeunes femmes indépendantes et plus fortes qu'autrefois, confrontées à des hommes devenus, de leur côté, plus sensibles mais aussi plus faibles. Les deux sexes seraient-ils désormais trop semblables ?

Dans l'état actuel des choses, je ne vois guère de perspective de couple pour Maya. Soit elle continue à espérer en vain un homme d'affaires dynamique et battant qui soit son double masculin ; soit elle accepte de changer d'objectif et se met à chercher une plus grande complémentarité avec une personne de sexe masculin qui lui prodigue de l'affection. Aux États-Unis, on voit souvent des carriéristes agressives choisir des hommes complémentaires, qui ont des intérêts tout à fait différents ou qui semblent s'épanouir dans le rôle d'accompagnateur traditionnellement dévolu aux femmes. Maya, à qui son métier confère une totale indépendance financière, aurait pu, elle aussi, faire un choix de ce genre. Hélas, ce type de rapports complémentaires ne lui plaît guère, et elle finira sans doute par devenir une célibataire efficace et heureuse, comblant les vides et les moments de solitude par des liens affectifs fondés davantage sur l'amitié que sur l'amour.

Rose ou le goût de la transgression

Rose, dix-neuf ans, vient consulter pour se faire prescrire la « pilule du lendemain » après un rapport à risque. L'examen gynécologique révèle que cette jeune fille est encore vierge. Apparemment, elle a donc suivi les consignes de sa mère qui l'autorisait à sortir avec des garçons à condition de faire attention. En réalité, Rose se livre à de fréquents attouchements sexuels et multiplie les rapports oraux et anaux sans protection. En trois mois, elle a connu dix-sept garçons et s'est même inscrite dans un club de gym très fréquenté afin de pouvoir élargir son « parc sexuel ».

Récemment, elle a raté l'examen d'entrée en faculté de médecine, et cet échec a déclenché chez elle le besoin de se venger de toute forme d'autorité. Du coup, Rose redouble d'ardeur pour tester son pouvoir à travers la séduction et le sexe. Elle a même inventé une affaire d'abus sexuel pour ridiculiser la police et avoue aussi nourrir des fantasmes de relations sadomasochistes avec des gardiens de la paix. Elle se masturbe souvent, en imaginant des scénarios où elle humilie l'autorité. Dans le même temps, pourtant, une partie d'elle-même continue de rêver de se marier et d'avoir des enfants.

Rose a un problème de sexualité. C'est en biologie qu'elle a obtenu sa plus mauvaise note au bac : elle n'a pas su dessiner les organes sexuels masculins. Sans doute a-t-elle subi, dans le passé, un traumatisme sexuel, que nous ne connaissons pas encore. Sa composante hystérique est évidente. Lors de la deuxième consultation, je me suis même demandé si elle n'était pas un peu mythomane, parce qu'elle avait totalement oublié les événements qu'elle m'avait racontés la fois précédente. Son histoire montre du moins à quel point le monde du désir peut créer des problèmes de socialisation ou des problèmes moraux quand l'objet érotique est aussi « atypique ».

CHAPITRE IV

Les complices du désir

« Pas un muscle n'a tremblé. Nulle brise n'agite les feuilles. L'air est immobile. J'ai commencé à t'aimer sans faire un seul pas. Sans même un battement de cils. Je ne sais même pas quand c'est arrivé. Je brûle... » Ainsi commence la lettre qu'Helen trouve un matin dans son courrier. Qui la lui a envoyée ? Un secret admirateur ? À moins qu'il ne s'agisse d'une erreur ? Et qu'elle ne soit en fait adressée à une autre femme ? Cherchant à découvrir la vérité, Helen va finalement tomber amoureuse. Telle est la trame de *La Lettre d'amour* [1], roman qui a enchanté des milliers de lecteurs par sa légèreté. On peut y voir la délicate métaphore du désir qui surgit sans prévenir, dévore et bouleverse la vie. Et qu'une simple lettre suffit parfois à faire naître.

Le désir est si mystérieux qu'il semble difficile de savoir comment il surgit et, surtout, comment il peut être réveillé quand il s'est éteint. Ses complices sont nombreux, mais ne sont pas les mêmes pour tous. Dans ce domaine, les lois générales sont illusoires et vaines. Certains prétendent qu'il suffit d'une paire de bas résille, d'un dîner aux chandelles ou d'un « éclair de jalousie » . Ce n'est malheureusement pas si simple. Certes, le secret du désir peut résider dans un objet ou un état d'esprit, mais il n'est pas nécessairement contenu dans tel objet ou tel état d'esprit. Il y a des hommes qui perdent la tête pour de la lingerie noire et d'autres qui sont sensibles à un massage ou à une caresse, parce que c'est le corps, et non la vue, qui déclenche leur envie. Il y a des femmes qui, si elles découvrent que leur partenaire les a trahies (ou si, simplement, elles le soupçonnent), se sentent mises au défi, et la jalousie qu'elles vont alors éprouver réveillera leurs sens ; d'autres, au contraire, deviennent de glace. Il y a des couples qui résolvent leurs litiges entre les draps, parce qu'une discussion animée sert de détonateur érotique, et d'autres qui, en se disputant, ne réussissent qu'à se détruire davantage et bloquent toute envie de faire l'amour. Le désir est aussi insaisissable que l'anguille qui glisse des mains quand on croit la saisir. Il échappe à toute prescription, à toute tentative pour le brider et le manipuler.

Parler du désir aujourd'hui revient nécessairement à évoquer deux désirs distincts, qui se mêlent et se recoupent : le désir qu'on éprouve soi-même et celui que nourrit la personne aimée ou qu'on voudrait conquérir. En général, celui qui nous intéresse le plus est le désir de l'autre. C'est la séduction qui nous intrigue, avec son pouvoir, ses mécanismes, ses secrets. Le sociologue Jean Baudrillard l'a définie comme une composante essentielle de l'âme humaine et des relations interpersonnelles [2]. Dans un de mes livres précédents, *La Qualité des sentiments* [3], je me suis moi-même demandé si la séduction est une escroquerie ou bien un attrait, un plus. Pour certains, séduire signifie tromper la raison pour satisfaire l'instinct de reproduction de l'espèce ; cela veut dire faire la roue, comme le paon. Dans ce cas, la parade a pour seul but de susciter des désirs animaux, qui ne remplissent pas les vrais besoins de l'homme. À l'autre extrême, la séduction apparaît comme une constante de l'âme humaine ; qu'elle soit superficielle (les vêtements, l'allure), intellectuelle ou sentimentale, elle fait partie du charme. On peut aussi établir une autre distinction, et opposer *séduisant* et *séducteur*. Le premier terme désignerait alors une manière d'être, le magnétisme ou le charme de telle ou telle personne. Être séducteur, en revanche, consisterait à vouloir séduire dans le but d'obtenir telle ou telle satisfaction.

Nous sommes souvent enclins à penser que la séduction n'est pas un don de la nature, une qualité innée, mais un art qui s'apprend. Cela explique que la presse féminine – mais aussi les magazines, en particulier l'été – publie de nombreux articles sur le sujet. Suivant une habitude typiquement américaine, les librairies européennes proposent désormais différents manuels visant à nous enseigner le bonheur en amour ou les recettes du plaisir. En fouinant parmi les rayons, on trouve ainsi certains ouvrages assez *hard*, du genre *365 jours de sexe sublime* ou *Mille et un orgasmes*. Dans un tout autre genre, heureusement, on peut aussi se procurer des lectures plus tendres, comme ce petit *Où s'embrasser à Paris*, qui signale les lieux les plus romantiques de Paris, indiquant l'heure et la saison les plus propices pour s'y étreindre.

La liste des manuels « du cœur » les plus vendus est consternante. Le dernier best-seller américain marque un véritable retour en arrière. *The Rules*, traduit en français sous le titre *Les Règles : secrets pour capturer l'homme idéal* [4], est un recueil de conseils de grand-mère, plus utiles pour « mettre le grappin » sur un mari que pour susciter le désir. En dépit de son incroyable succès, il a été suivi par un autre ouvrage intitulé, non sans ironie, *The Code* [5], qui énumère à l'inverse les stratégies les plus cyniques pour mettre une femme dans son lit. Si le premier manuel énonçait des recettes à l'eau de rose pour capturer le cœur de l'homme adéquat, le second explique, au contraire, comment obtenir des femmes ce que l'on souhaite en évitant le piège du mariage. Rien n'aurait-il donc changé ? Les équivoques entre les sexes seraient-elles encore et toujours les mêmes ? Je ne le crois pas, il me semble qu'il s'agit plutôt de l'habituelle simplification américaine.

La multiplication d'articles et de manuels sur la séduction confirme, en tout cas, qu'il est facile de donner des conseils sur les différentes façons d'activer le désir de l'autre. En revanche, le silence est particulièrement remarquable quand il s'agit de mieux comprendre le fonctionnement de son propre désir. Sans doute parce que ce phénomène, plus complexe, touche au plus profond de l'être humain et qu'il est impossible d'y commander ou de le cataloguer. C'est, néanmoins, en nous fondant sur ces deux objectifs – le désir personnel et le désir de son partenaire – que nous pourrons identifier les grands complices de l'érotisme.

INTERDITS ET TRANSGRESSIONS : L'IMPORTANCE DE LA LIMITE

De tout temps, on a dit qu'en amour, l'emportait celui qui fuit. Il semble en effet que la présence constante de l'être aimé puisse provoquer, à la longue, un phénomène de saturation. C'est au contraire lorsque l'autre est absent, impossible à rejoindre et à saisir, que le désir se déchaîne. D'ailleurs, toute la mythologie romantique enseigne qu'en amour, l'obstacle est essentiel. Pensons à Roméo et Juliette, Héloïse et Abélard ou Tristan et Iseut. Aucun grand amour n'est simple, et aucun couple romantique ne vit heureux et n'a beaucoup d'enfants. C'est ce que confirment les nouvelles versions cinématographiques des grandes passions du passé, où les obstacles demeurent la famille, la contraction d'un mariage antérieur ou encore la grande différence d'âge, proche de l'inceste. Ainsi, nous pouvons voir un *Roméo et Juliette* contemporain, situé dans une certaine Verona Beach imaginaire, à mi-chemin entre les ghettos de Los Angeles et Mexico la pieuse, une *Anna Karénine* réinterprétée par Sophie Marceau ou encore une très controversée *Lolita* [6].

Du point de vue psychologique, on ne peut que confirmer le rôle de l'obstacle, et donc, de la *limite* dans le surgissement du désir. Le désir qui ne connaît pas d'obstacles sur un trop-plein émotionnel et semble presque impossible par une sorte de réflexe biologique. Comme des aliments fortement salés ou très amers ne provoquent jamais de saturation et finissent par rassasier davantage que des friandises, qui procurent une satisfaction immédiate, un excès de douceur peut aboutir à une chute du désir. Tout comme une tendresse sans limites, qui endort parfois au lieu d'exciter. Fini donc l'interdit d'interdire [7].

C'est ce que montre ce jeune couple (la femme a vingt-trois ans, et l'homme vingt-quatre) qui écrit : « Nous sommes ensemble depuis cinq ans. Nous avons mille projets d'avenir, mais aussi un gros problème (qui n'en est peut-être pas un). Nous avons fait l'amour pour la première fois alors que nous étions ensemble depuis un an et demi. Autrement dit, sans hâte. C'était la première fois pour tous les deux. Avant, il nous suffisait de nous explorer, de nous toucher de temps en temps, de façon intime. Maintenant, nous faisons l'amour, mais seulement quand nous en avons envie, c'est-à-dire très rarement. Il nous arrive de " rester chastes " pendant des mois. En général, nous passons assez rapidement sur les préliminaires, et après, nous nous faisons très peu de câlins. Ces rapports semblent n'être que la satisfaction d'un besoin physiologique. Pour le reste, nos relations sont fantastiques : nous rions, plaisantons, jouons, nous taquinons. Nous vivons comme deux amis qui seraient très bien ensemble, auraient les mêmes centres d'intérêt et s'aimeraient beaucoup. Il nous arrive même d'oublier de nous embrasser, mais ça ne nous dérange pas. Est-ce normal ? »

La signature au bas de la lettre, « Deux cœurs », à côté du dessin représentant deux cœurs entremêlés, confirme que ce lien est plus fraternel et amical qu'érotique. Certes, il n'est pas obligatoire, dans un rapport de couple, d'éprouver une passion dévorante. Ces deux jeunes gens ont trouvé une bonne synchronisation faite de complicité et de gaieté où le désir est absent. Dans ce genre de cas, l'érotisme est souvent paradoxalement lié aux querelles et à l'agressivité. Chez ce couple, néanmoins, c'est clairement la tendresse qui l'emporte.

Lits à part

La tendresse sans limites peut étouffer le désir, et trop de douceur tuer l'érotisme. Quelquefois, le fait même d'être toujours ensemble est vécu comme dangereux. Certains couples choisissent alors de ne pas franchir la limite. Il y en a qui vont jusqu'à décider de ne pas partager le même appartement. Parfois, ce sont des quadragénaires qui ont déjà une vie bien réglée et ne veulent pas vivre ensemble parce qu'ils craignent que le quotidien ne nuise à leur amour. D'autres choisissent de cohabiter sans se marier. D'autres encore, si la taille de l'appartement et les ressources du ménage le permettent, décident d'avoir chacun leur chambre.

« C'est moi qui l'ai décidé, quand nous avons déménagé, raconte Simone, quarante-cinq ans. Pour diverses raisons. La première est triviale : il se trouve que mon mari ronfle ! Plus grave, nous avons des horaires différents : Christian est journaliste dans un quotidien et rentre tard, parfois à la nuit noire. Mais, au fond, la vérité c'était que je voulais un espace à moi, une grande chambre rien que pour moi. Où je pourrais écrire, peindre, écouter de la musique, et dormir seule. Christian, au début, était contre, et quand il s'est rendu compte à quel point j'étais déterminée, il s'est fait un sang d'encre. Pour lui, c'était comme une trahison. Ensuite, il a compris que c'est beaucoup mieux ainsi. Désormais, faire l'amour résulte toujours d'un choix, jamais d'un hasard ou d'une obligation. C'est beaucoup plus érotique, quand il sort de sa chambre pour venir se glisser dans mon lit... »

Sans en venir à des solutions aussi radicales, certains choisissent simplement de renoncer au grand lit double, préférant les lits jumeaux ou séparés. Il y a aussi ceux qui soignent tout particulièrement leur tenue de nuit. S'il est intime et libérateur de dormir nu, ne jamais dresser la « barrière » symbolique du pyjama ou de la chemise de nuit revient à montrer qu'on est toujours disponible pour l'amour et rend, paradoxalement, moins désirable.

Compte tenu de l'importance que revêt la limite comme « activateur » du désir, il me semble que notre époque devrait revaloriser la cour amoureuse qui permet, avant tout, de « se remettre » du coup de foudre, choc violent, bénéfique mais qui peut aussi apparaître négatif par sa soudaineté. Après cette expérience, comme le dit Jung, deux personnes ne sont plus les mêmes, mais se comportent comme deux éléments chimiques qui sont entrés en réaction. Survivre à ce choc, dans lequel le « coup » l'emporte sur l'énergie de la « foudre », permet au besoin dévorateur de se changer en désir et, aussi, d'instaurer un rapport qui tienne compte de la réalité et de l'autre. C'est pourquoi il me semble indispensable de rétablir, dans le couple et dans la société, les rituels de la cour, qui ont un grand pouvoir aphrodisiaque parce qu'ils introduisent des interdits communs, dans le cadre desquels peu à peu, les deux désirs se synchronisent. Autrement, des risques de malentendus peuvent surgir.

L'impératif de la transgression

Quelle est la limite de la limite ? Jusqu'à quel point la limite peut-elle constituer un facteur d'attirance, et quand devient-elle, au contraire, une obligation, et donc un nouveau devoir ? Je pense à tous ceux qui ne tombent amoureux que des personnes qu'ils ne peuvent atteindre. Les « emmerdeuses », les mauvais garçons et, plus généralement, les hystériques, sont des individus narcissiques, peu disponibles, qui attirent ceux pour qui la limite est un élément nécessaire au désir.

Je pense aussi au cas extraordinaire de cette prostituée vierge qui acceptait et vendait tout type de prestation autre que la pénétration et avait un grand succès à Genève, parce que chacun de ses clients espérait être le premier à lui faire franchir le pas. Le Japon, lui, connaît un phénomène massif d'attirance perverse pour la « chaste écolière ». Outre les adolescentes de bonne famille qui se prostituent pour acheter, paraît-il, des vêtements coûteux et posséder les quelques signes extérieurs de richesse indispensables, il y a maintenant les jeunes *call girls* qui, dans des « maisons closes », exercent leur « métier » en uniforme scolaire et dans des chambres aménagées comme des classes d'école [8]. Dans ce cas, la limite – séduire une mineure, qui plus est sur les bancs de l'école – est franchie moyennant paiement. Dans certains types de perversion, la transgression est donc nécessaire et elle finit même par devenir une drogue. Nous y reviendrons plus longuement dans les chapitres consacrés aux ennemis du désir.

Le franchissement positif de la limite dépend clairement de la capacité de le gérer. Voyons par exemple l'histoire de Marthe. Son fiancé a longuement insisté pour qu'ils aient des rapports à trois avec une autre femme, ce qu'elle refusait obstinément. Lorsque leur relation a commencé à se détériorer, elle a cédé à la curiosité et profité d'un voyage à trois pour tenter l'expérience, avec l'aide d'une petite dose d'alcool. Elle a franchi cette limite avec une certaine légèreté et l'impression de vivre quelque chose de nouveau, tandis que l'autre femme est restée traumatisée et a dû suivre une psychothérapie. Après avoir vécu cette aventure comme un test, Marthe vit depuis avec un autre homme.

Entre routine et changement

Un des mystères du désir réside dans le fait qu'il répond à deux types d'exigences différentes. En effet, il y a des personnes qui aiment manger toujours le même plat et prendre la même position au lit, non en raison d'une habitude idiote, mais parce qu'elles ont le goût de la répétition, qu'elles érotisent – c'est pour elles un moyen de toujours retrouver l'objet aimé. Ce sont des partenaires fiables, qui fondent des couples de longue durée. D'autres, en revanche, font de l'interdit, de l'obstacle, et donc du dépassement des limites, les ingrédients fondamentaux de leur vie érotique ; leur désir est lié au changement. Lorsque dans un couple, un des deux partenaires vit l'éros dans le renouvellement incessant et l'autre dans la répétition, certains problèmes risquent d'apparaître, entraînant de violents conflits.

C'est ce que montre l'histoire de Marguerite, qui m'écrit une longue lettre. « À dix-sept ans, je suis tombée amoureuse d'un camarade de classe. Cela n'avait rien du coup de foudre, mais nos sentiments n'en étaient pas moins forts pour autant. Notre amour est né lentement du dialogue, de la confiance réciproque, d'intérêts partagés. Je m'appuyais totalement sur Ludovic, qui était déterminé, brillant en société, bien vu de tout le monde. J'aimais l'idée d'être la " femme du chef ". Bien sûr, il avait aussi ses défauts : il était jaloux, possessif et voulait toujours avoir le dernier mot, mais pour le reste, c'était quelqu'un de passionné et de plutôt tendre. Il exigeait tout de moi, et en faisait autant de son côté. Il disait qu'il voulait m'épouser et avoir des enfants. Inutile de préciser que mes parents l'adoraient, peut-être plus qu'ils ne m'ont jamais estimée. Bref, c'était un compagnon parfait. Pourtant, je l'ai trompé. Même aujourd'hui, je ne saurais dire pourquoi. La première fois, je suis allée avec un homme ni beau ni intelligent, simplement plus vieux. Je ne pensais pas aux conséquences possibles de mon acte. J'aimais l'idée de la transgression, de l'amour en cachette. Cela a duré plusieurs mois et puis, d'un seul coup, tout comme j'avais dit oui, je lui ai dit que ça suffisait. La deuxième fois, c'était avec un architecte assez connu en ville. Nous avons fait l'amour deux fois, et je ne l'ai plus revu. J'avais décidé de reprendre le droit chemin, puisque j'aimais Ludovic. Je me répétais que le problème était dû au fait que nous nous étions mis en couple très tôt.

« C'est là qu'entre en scène Marc, un collègue de Ludovic, lui aussi avocat, arrivé depuis peu dans la ville. J'ai éprouvé pour lui une attirance que je n'avais jamais ressentie auparavant. Nous nous rencontrions souvent, parce que Ludovic et Marc étaient vite devenus amis. Un jour où nous étions ensemble au restaurant, je suis allée aux toilettes. Il m'attendait dans le couloir, et au risque d'être vu, il m'a embrassée en disant que je le rendais fou. Comme dans les meilleures – ou les pires – comédies romantiques, notre histoire a commencé pleine de mensonges, de subterfuges, de rencontres secrètes et passionnées. Avec Ludovic, inévitablement, les choses ont commencé à mal tourner. Je n'éprouvais plus les mêmes sentiments pour lui, je ne voulais plus faire l'amour. Et puis, je le traitais mal. Je m'excusais après coup en lui disant que j'avais des problèmes au travail. Lui me croyait, persuadé que j'étais incapable de mal faire. Il m'appelait son "petit ange", son "minou". Il voulait me protéger, me dorloter. Mais le doute grandissait déjà.

« Un soir, l'irréparable s'est produit. Ludovic nous a surpris ensemble. Il m'a quittée dans l'heure suivante. J'ai pleuré, je l'ai supplié de me pardonner, de nous donner une seconde chance. Toujours la même réponse. Non ! Durant cette période, j'ai perdu dix kilos. Et Marc ? Il pensait que je l'aimais, et quand il a su que j'avais proposé à Ludovic de l'épouser, le ciel lui est tombé sur la tête. Nous sommes néanmoins restés ensemble. Il a d'excellents rapports avec son ex-femme. Ils ont la garde conjointe des enfants. Ils se revoient lors des anniversaires, des fêtes à l'école, etc. Leur mariage, dit-il, était condamné depuis longtemps, et leur séparation n'a donc pas été traumatisante.

« Aujourd'hui, Marc fait des projets d'avenir, parle de notre vie commune, désire avoir un enfant. Moi, je ne sais pas. Je ne supporte pas l'humiliation de devoir le partager avec son ex-femme. Depuis que je ne suis plus avec Ludovic, je me suis refait une vie toute à moi, j'ai renoué avec certaines de mes amies, repris des activités que j'avais abandonnées. J'ai du temps pour moi et je me sens plus forte, plus dure, peut-être aussi un peu plus sèche. »

Cette histoire compliquée peut être « lue » de différentes façons. Marguerite a une relation stable et sûre avec Ludovic jusqu'au jour où elle découvre que son désir n'est pas vraiment excité par la sécurité de la répétition. Ses premières trahisons le montrent : c'est faire l'amour en cachette qui rend désirables des hommes qu'elle juge par ailleurs insignifiants. Ensuite, elle fait la connaissance de Marc et découvre la passion. Peut-être n'aurait-elle jamais quitté Ludovic de son propre chef mais là, elle commet une erreur : celle de vouloir « stabiliser » la transgression et d'attribuer à Marc un rôle conjugal. Elle se montre très égoïste, puisqu'elle lui demande de se dévouer totalement alors qu'elle, au fond, est un peu « polyandre ». Ça la gêne même que Marc conserve de bonnes relations avec son ex-femme (relations qui sont pourtant essentielles à la croissance équilibrée et sereine des enfants). En fait, comme cela arrive à bien des femmes et des hommes, ce n'est pas Marc que Marguerite désire, mais la transgression. Les personnes comme elle sont souvent des sujets à risque pour les projets conjugaux. J'ai donc conseillé à Marguerite de réfléchir à ce qu'elle souhaitait vraiment. Peut-être la meilleure solution dans son cas est-elle de devenir une célibataire financièrement indépendante et sûre d'elle, vivant l'amour comme un archipel – une île principale avec des atolls complémentaires, c'est-à-dire une histoire « officielle » et des aventures. En revanche, si elle veut construire un lien stable et exclusif à deux, elle devra pousser plus avant son analyse personnelle.

Apologie de l'intrus

Franchir la limite peut vouloir dire trahir. Paradoxalement, pourtant, il arrive qu'une aventure se transforme en alliée du désir conjugal, qu'elle insuffle une nouvelle énergie et de nouveaux fantasmes, qu'elle ouvre la porte à la jalousie et rallume le regard de l'autre. L'effet n'est toutefois pas systématique. Parce qu'une infidélité peut aussi, comme nous le verrons dans le chapitre sur les ennemis du désir, tuer l'érotisme et briser définitivement la relation établie. Parler de l'infidélité comme complice du désir veut donc forcément dire parler aussi de fidélité : il y a des couples qui érotisent la trahison et d'autres qui érotisent le choix exclusif réciproque.

En tout état de cause, le lien entre fidélité et infidélité est la présence d'un intrus qui, pour ceux qui érotisent la trahison, constitue une ombre excitante et, pour ceux qui érotisent la fidélité, est une ombre à tenir éloignée. Comme le dit le psychologue anglais Adam Phillips, pour faire un couple, il faut être trois ; à deux, on est simplement ensemble. L'explication en est simple. Le couple offre une résistance acharnée à l'intrusion d'un tiers ; mais pour durer, il a besoin d'ennemis. C'est pourquoi le monogame ne les quitte pas des yeux. Sans eux, ni lui ni son partenaire ne sauraient quoi faire ensemble ; il n'y aurait personne pour le leur dire. Cette fulgurante intuition est extraite d'un petit livre, *Monogamie* [9], qui contient 121 aphorismes sur le couple (in)fidèle. J'en recommande vivement sa lecture, car il est rare de trouver des pensées intelligentes sur la fidélité ou, du moins, sur la possibilité de la vivre. Ce qui rend aussi érotique le choix de la fidélité, c'est peut-être la conscience d'avoir fait un choix rare.

LES CINQ SENS DU DÉSIR

« La soif de toi m'oppresse dans les nuits affamées » écrivait Neruda [10]. Une seule phrase, et voici le corps, le désir, les sens réveillés. Le poète poursuit : « Les yeux ont soif, parce que tes yeux existent. / La bouche a soif, parce que tes yeux existent. » Ces vers mêlent bouche et regard, ils définissent le désir comme un feu dévorant, une soif qu'on ne peut étancher, ou qui ne sera étanchée que par le corps de l'aimée, kaléidoscope sensuel de tout ce qui est activé chez l'amant selon ses goûts et son histoire personnelle.

On peut donc retrouver les cinq sens en suivant l'inclination du désir [11] et dessiner une sorte de cartographie érotique. Bien entendu, rien ne dit que cette géographie amoureuse corresponde à celle de l'autre. Ainsi, pour séduire une personne particulièrement sensible aux sons, un gourmet raffiné devra veiller à choisir une musique accompagnant dignement le repas. Il est donc particulièrement important de tester à travers quels canaux privilégiés passe l'érotisme chez soi et chez son partenaire : suis-je quelqu'un de tactile, de visuel, d'olfactif, d'auditif ou de gustatif ? Quel est le sens que je mettrais en première position ? Qu'en est-il de l'autre ? Ces questions sont nécessaires pour commencer à éprouver les synergies... et les désaccords du désir.

Rien que pour vos yeux

Le désir passe-t-il toujours et d'emblée par le regard ? Il est certain que c'est l'un des principaux tremplins de l'érotisme, surtout pour les hommes jugés traditionnellement plus visuels que les femmes, davantage tactiles. Mais aujourd'hui, tout comme pour les rôles sexuels, cette différence tend à s'atténuer, au point que le mythe classique de la femme qui se déshabille sous les regards masculins semble presque démodé. À Rome, il s'est même créé une école de *strip-tease* pour professionnels et amateurs où 80 % des inscrits sont des hommes !

Il convient d'apporter une précision, avant d'aller plus loin. Quand nous parlons de regard, nous parlons aussi bien du regard de celui qui séduit et suscite le désir de l'autre que de celui qui observe et sent monter le désir en lui. Dans tous les cas, c'est la vue qui l'emporte, et là-dessus, les grands experts en séduction sont absolument d'accord, qui lui reconnaissent un pouvoir intrusif, pénétrant et, en même temps, attirant. Lors de la rencontre accidentelle de deux amants potentiels, les quatre premières minutes de contact visuel pourraient bien être cruciales. Pour Boris Cyrulnik [12], grand spécialiste du coup de foudre, le regard renverrait à des réactions archaïques où l'autre est souvent le « portemanteau » d'une histoire passée. Mais la vue n'a-t-elle d'importance que lors de la première rencontre ? Certainement pas. Chez un couple de longue date, il est même essentiel de continuer à voir son partenaire avec des yeux neufs pour que le désir se perpétue.

De nos jours, le regard pourrait avoir acquis encore plus de valeur que par le passé, compte tenu de la peur croissante des contacts physiques – due au sida ou au refus d'une intimité plus profonde. Les hommes, surtout, semblent portés à établir des « distances opérationnelles », et le regard leur permet de pénétrer sans toucher. La mode est aussi revenue aux suggestions allusives (mais pas trop) des vêtements transparents. Un doute subsiste néanmoins : sont-ils une incitation à un voyeurisme élégant ou une invitation à une rencontre ? Aujourd'hui, d'ailleurs, le voyeurisme semble presque institutionnalisé et représente, d'une certaine façon, une solution de rechange à l'intimité physique. Et dans l'avenir ? En l'an 2000, qu'en sera-t-il ? Un parfum séduira-t-il plus qu'un bijou ? Et un regard plus qu'une jupe (comme toujours [13]) ?

La lettre de Rosemarie montre combien le regard peut être porteur et générateur de désir : « J'ai trente et un ans et je vis un mariage heureux. Mon mari m'adore et nos enfants sont une source de joie inépuisable. Qu'y a-t-il donc de curieux dans ma vie, me direz-vous ? Dernièrement, il m'est arrivé une chose bizarre. Il y a un ami de la famille, que je connais depuis plusieurs années et que j'ai toujours estimé. C'est le seul homme qui, par son regard, m'ait fait jouir. Il a cinquante ans et ne s'était jamais aperçu de l'effet qu'il produisait sur moi. Il y a un an, je lui ai téléphoné et je lui ai avoué, en larmes, que je l'aimais. Ne sachant pas qui j'étais, il m'a proposé un rendez-vous. J'ai inventé un prétexte pour mon mari et je suis partie.

« Quand il m'a reconnue, il a été bouleversé ; il m'a seulement demandé s'il pouvait m'embrasser et m'a dit : " Tu n'es pas la femme d'une nuit, tu es la femme que les hommes rêvent d'aimer toute leur vie. Je ne veux pas que ta vie soit gâchée par la folie d'un après-midi. Retourne chez toi, je garderai le secret. " Les choses se sont passées ainsi, il est parti sans même m'effleurer. Depuis, je souffre, j'ai terriblement besoin de me laisser aller, jusqu'à la folie... »

Rosemarie peut, je crois, remercier cet homme respectueux pour deux raisons : il n'a pas profité de sa déclaration passionnée et il a essayé de préserver sa vie conjugale. Surtout, elle doit le remercier d'avoir réussi à lui faire connaître l'orgasme par son seul regard, car même s'il était pénétrant, je suis certain que cela arrive rarement, et seulement à quelques femmes.

Contacts amoureux

La peau se touche, se regarde, parle même. De plus en plus d'hommes et de femmes portent des tatouages, se font percer le nez ou le nombril. Ces formes d' « écriture » sur la peau servaient dans l'Antiquité à émettre des messages culturels et sociaux – comme les dessins sur les mains des femmes berbères ou les motifs tracés sur le corps des guerriers maoris. Ce charme du graphisme a récemment amené le réalisateur Peter Greenaway à concevoir un film troublant, *The Pillow Book* [14], où une Japonaise trace érotiquement des idéogrammes sur la peau de ses amants.

Souvent, avec le *piercing* ou le tatouage, le désir se déchaîne à travers ce qui pourrait être défini comme le sentiment d'appartenance à une « tribu ». Autrefois, les symboles de classe étaient des accessoires – une montre de luxe (l'éternelle Rolex) ou bien des chaussures (les Clarks dans les années 1970, les Tod's aujourd'hui). Aujourd'hui, ces symboles se tracent à même la peau.

Une caresse qui fait frissonner, un massage, un long bain relaxant sont autant de sensations qui préparent au plaisir érotique. Cette sensation de bien-être vient de loin, comme le besoin d'être pris dans les bras et touché, et remonte à l'enfance. Depuis que nous sommes petits, nous ne pouvons survivre si nous ne sommes pas nourris et protégés du froid ; nous ne pouvons non plus nous développer correctement si nous sommes privés de contacts tactiles. Ce dernier point est maintenant bien établi depuis que les études ont montré que des enfants mouraient dans les orphelinats et les autres institutions sociales parce que personne ne les caressait et ne s'occupait d'eux avec amour.

Comme l'écrit l'anthropologue Ashley Montagu [15], c'est le toucher amoureux qui procure les sensations physiques et émotionnelles les plus fortes. Et ce toucher apporte non seulement du plaisir, mais aussi du réconfort dans la douleur, de l'espoir dans le désespoir et la sensation, indispensable, de ne pas être seul au monde mais lié à d'autres membres de l'espèce.

La peau n'est toutefois que le premier niveau. En fait, on peut considérer que le corps est fait de plusieurs couches successives, plus ou moins importantes, à la manière d'un oignon [16]. Si la première strate l'emporte, c'est-à-dire la peau, l'ingrédient de base du désir sera la sensorialité ; si c'est la musculature, alors la motricité sera activée et donc la capacité de mettre en œuvre une sexualité plus agie que ressentie. Les autres niveaux sont le squelette – autrement dit, la stabilité – et les viscères – le monde des sensations les plus intimes. Souvent, cependant, ce sont les « accessoires » de la peau qui sont érogènes : la couleur, le bronzage, la plus ou moins grande pilosité.

À cet égard, l'attitude actuelle de la société concernant les poils féminins peut sembler assez curieuse. Ces derniers doivent impérativement être bannis, sauf sur les parties génitales et la tête. La présence de poils sur le visage constitue actuellement le comble de l'abomination contrairement à ce qu'on peut observer dans d'autres cultures, ou à d'autres époques. Rappelons par exemple l'ouverture de *Guerre et Paix* [17] et le portrait de la jeune princesse Bolkonski, femme la plus séduisante de Saint-Pétersbourg. Ainsi qu'il est toujours chez les femmes parfaitement séduisantes, ce défaut – la lèvre trop courte et la bouche entrouverte – semblait lui donner un attrait spécial, une beauté bien à elle. » Cette description rappelle, fort judicieusement, que le magnétisme et le charme tiennent parfois à de petites imperfections, et combien les critères de beauté varient avec le temps.

Paroles et musique

Il peut arriver que le rythme du flamenco fasse perdre la tête, comme dans un film récent, dont le succès européen symbolise peut-être le désir qu'un cyclone émotionnel ne balaie notre vie et qu'une danseuse espagnole vienne bouleverser notre monde [18]. Le flamenco mis à part, la musique constitue un remarquable support érotique. Un air peut être lié à une histoire d'amour passée et nous émouvoir jusqu'aux larmes quand nous l'entendons ; son rythme et sa mélodie peuvent, à l'inverse, nous rendre particulièrement vulnérables aux charmes du désir.

La voix elle-même est un organe érotique de tout premier ordre, comme le prouvent les personnes qui tombent amoureuses d'un parfait inconnu, au hasard d'un faux numéro de téléphone ou en entendant une émission de radio. Tous les experts en communication s'accordent pour affirmer que ce que l'on dit est moins important que le timbre, le ton, les pauses de la voix. Existe-t-il alors des séducteurs verbaux ? Sans aucun doute. Tout comme il existe des femmes fascinées par l'éloquence. Il s'agit là d'un charme qui surpasse l'attrait physique. Le grand avocat Giovanni Agnelli disait d'ailleurs que les hommes se divisent en deux catégories : il y a ceux qui parlent des femmes et ceux qui parlent avec les femmes [19].

Donc, la voix suscite le désir. Et au lit ? L'héroïne du film *Un poisson nommé Wanda* [20], interprétée par Jamie Lee Curtis, est en tout cas très sensible à l'érotisme xénophile et ne parvient à l'excitation que si son partenaire parle une langue étrangère. Dans des scènes hilarantes, elle le force donc à lui parler en espagnol, en français, voire en russe, sans rien comprendre, mais au comble de l'excitation. Là encore, pourtant, le désir s'éteint quand il naît pour d'autres. Certains préfèrent le silence des chambres à coucher ; d'autres sont excités par des mots, parfois par des phrases, très crus. Ces derniers pourront trouver quelques suggestions intéressantes dans les livres de la sexologue Barbara Keesling [21], ou du moins quelques conseils pratiques – éviter les mots câlins, choisir le registre non pas de la douceur, mais de la puissance, même au prix de quelque indicible obscénité, etc.

Pour exprimer le désir, une certaine souplesse est indispensable qui permet de s'adapter correctement aux événements. Certaines personnes sont parfaites dans un salon mais bloquent tout désir dès qu'elles se retrouvent entre des draps ; d'autres sont aussi rigides à table qu'au lit. Pour pouvoir passer du langage public à une langue plus privée, il est indispensable de savoir activer son désir et celui de l'autre.

De l'amour et du vin

« Les mille et mille arômes / exhalés par ta bouche / sont des nuées parfumées / de douceur assassines », écrit García Lorca dans ses *Poésies érotiques* [22]. Le désir surgit, mêlant goût et parfum. Ce n'est pas un hasard si ces deux sens sont souvent associés. Tous les gastronomes connaissent l'importance du réflexe rétronasal et savent que la saveur d'un vin, par exemple, ne peut être séparée de son bouquet. La même chose vaut évidemment pour les aliments.

Le goût nous renvoie également à l'idée de nourriture, de faim, d'appétit, et au lien entre l'envie érotique et le désir culinaire. Je me contenterai ici de rappeler des travaux que j'ai déjà mentionnés dans *Nourriture et Amour* [23]. Nous avions alors demandé à un groupe de patients masculins ce qui était susceptible de retenir un homme à la maison : une bonne maîtresse ou une bonne cuisinière. La cuisinière n'avait qu'un tiers des supporters parmi les hommes de vingt ans, mais elle était la préférée des plus de cinquante ans. Un petit plat n'est pas aphrodisiaque en soi, mais pour maintenir le plaisir (peut-être pas érotique, mais au moins social), le rôle du goût est important. Brillat-Savarin disait d'ailleurs que dans un couple de gastronomes, on a toujours quelque chose à se dire, et que l'on peut donc renouveler, si ce n'est le désir, du moins la curiosité.

Ce même lien entre nourriture et érotisme apparaît clairement dans la lettre spirituelle de Rita, qui m'écrit : « La cuisine est une friponne ; elle fait souvent et volontiers désespérer. Elle apporte un plaisir érotique, poétique, social et culturel, c'est une satisfaction. Pour ma part, je suis une grande gastronome, pleine de fantaisie, mais aussi attentive à la valeur érotique de ce que je prépare... L'amour et la nourriture sont deux éléments qui vont souvent ensemble. Comme pour l'héroïne de ce film mexicain, qui sait tout de même mieux jouer de son pouvoir érotique que mitonner des petits plats... Moi aussi, je pense que les hommes sont attirés, chez une femme, par ses capacités amoureuses, mais aussi son talent culinaire. La nourriture est bonne lorsqu'elle est cuisinée avec amour, et l'amour est bon quand il a la saveur et le parfum de nos préférences alimentaires. D'ailleurs, si le genre humain n'avait pas d'appétit érotique ou culinaire, il ne tarderait pas à s'éteindre. En fin de compte, un homme est attiré par le fumet de la pitance et par l'amour que seule une femme experte sait lui apporter. Celui qui trouve une femme bonne en cuisine et au lit a déniché un véritable trésor. »

Les propos de Rita peuvent paraître un tantinet réactionnaires ou simplistes, mais l'association faite par cette femme est assurément des plus justes : la cuisine et l'amour sont deux activités hautement sensuelles où les parfums, les odeurs, les plaisirs se mêlent. Le succès d'un roman comme *Le Parfum*, de Patrick Süskind [24], rappelle à quel point l'odorat est important dans notre vie et aussi au sein du couple où, plus que le parfum, c'est l'odeur corporelle qui déclenche le désir. Napoléon devait le savoir quand il écrivait depuis le champ de bataille : « Ne te lave pas, j'arrive ! », sachant qu'il lui faudrait quinze jours pour serrer de nouveau Joséphine entre ses bras.

C'est l'odeur du corps, de la peau, des parties intimes, qui active le désir. Les travaux des scientifiques ont confirmé l'importance des phéromones dans la séduction. Dans les laboratoires de chimie, certains s'efforcent, heureusement sans succès, de reproduire artificiellement le pouvoir des phéromones naturelles (en Californie, deux entreprises se consacrent à cette activité). Il faut se réjouir que l'industrie cosmétique ne soit pas encore capable de « copier » la force de l'instinct animal.

Il vaut mieux ne pas détruire et couvrir exagérément son odeur naturelle avec des parfums, savons ou autres produits de toilette. Ce qui ne veut pas dire que nous devions rester « sales », mais plutôt qu'il ne faut pas trouver sale un élément essentiel de l'attirance amoureuse. La sexologue et psychiatre française Mireille Bonierbale [25] rappelle ainsi que certains hommes trouvent les rapports oraux très érotiques : embrasser le sexe de leur femme ou sentir les odeurs sexuelles mêlées leur fait éprouver des émotions très fortes. Elle raconte aussi avoir eu en thérapie des hommes qui ressentaient moins de désir pour leur femme ménopausée parce qu'ils ne retrouvaient plus les effluves qui constituaient, auparavant, un puissant aphrodisiaque.

LE VÊTEMENT : SE CACHER OU SE DÉVOILER

S'il ne fait pas le moine, l'habit peut sans nul doute déclencher le désir. Certes, nous nous habillons pour nous couvrir, mais hormis quelques personnes qui se désintéressent de leur image, nous nous habillons aussi pour communiquer quelque chose. À travers la couleur, la coupe sévère ou la souplesse d'un tailleur, la longueur ou la transparence d'une étoffe, la griffe d'un costume ou le choix d'une jupe à la mode, nous communiquons des émotions. Nous séduisons, même en enfilant une paire de jeans – c'est d'ailleurs ce vêtement qui, selon un récent sondage, a été jugé le plus « sexy » pour les hommes, parce qu'il renvoie clairement à la sexualité en soulignant la musculature des jambes [26].

On pourrait comparer les vêtements à des masques, qui permettent de remplir au moins une des trois fonctions suivantes :

a) se dédoubler, c'est-à-dire jouer un rôle différent de celui que l'on a dans la vie, comme au théâtre ou dans l'imaginaire érotique ;

b) se cacher, c'est-à-dire dissimuler une partie embarrassante de soi ;

c) transgresser, en assumant un rôle que l'on n'a pas dans la vie quotidienne.

Dans l'habillement, il ne faut pas sous-estimer l'importance des couleurs. Pour le désir, un couple, surtout, est essentiel : le rouge et le noir. Ce n'est pas seulement le titre du célèbre roman de Stendhal, mais aussi le binôme qui, selon les experts, attire le plus les mâles (humains ou animaux). La femme qui, tous les matins, se maquille avec du khôl pour accentuer son regard et met un rouge à lèvres vif, ne fait que reprendre ces deux couleurs, les couleurs de la séduction. D'ailleurs, la lingerie la plus fine et la plus sexy est rarement jaune ou verte...

Pourtant, nombreuses sont les femmes qui ne portent que du noir. La raison en est peut-être que cette couleur, outre qu'elle sied en général parce qu'elle amincit, a un côté mystérieux : elle renvoie à la profondeur, à l'inconscient, au diabolique même, et s'oppose au blanc, symbole de paix. Pour ma part, après avoir beaucoup aimé le vert, je me tourne vers l'orange, couleur solaire et de l'énergie. D'ailleurs, les couleurs les plus vives et les plus brillantes accélèrent la respiration et le pouls ; elles favorisent non seulement la naissance du désir, mais aussi les sensations de bien-être.

Les chaussures sont un élément très important de l'habillement. Hommes et femmes y prêtent la plus grande attention lors d'une première rencontre, car il est un indice plus important que de nombreux autres accessoires. Les femmes, cependant, ont davantage tendance à en acheter en grande quantité – pensons aux milliers de chaussures accumulées par Imelda Marcos, l'épouse du dictateur philippin ou, plus simplement, à toutes ces femmes qui ne peuvent résister à la tentation d'acheter les derniers modèles à la mode. Les hommes, eux, sont peut-être plus intéressés par les chaussures... des femmes. Comme l'a écrit Karl Kraus, non sans cynisme, il n'y a pas d'être plus malheureux sous le soleil que le fétichiste qui désire ardemment une chaussure de femme et doit se contenter d'une femme tout entière [27].

Lingeries et dessous

Les hommes semblent particulièrement sensibles à la lingerie, aux slips en dentelle, aux dessous en soie, au point qu'ils se décident souvent à en offrir à leur compagne, pour le plaisir de les lui voir porter (et aussi, sans doute, de les lui ôter). De leur côté, les femmes sont, elles aussi, étonnamment intéressées par les slips et les caleçons de leur partenaire, peut-être parce qu'elles ont enfin acquis le droit d'érotiser certaines zones du corps masculin (les fesses, par exemple, sont devenues depuis quelque temps un objet d'attirance sélective) alors qu'auparavant, seuls les hommes se disaient attirés par telle ou telle partie du corps féminin (comme les jambes ou les seins).

Dans le même temps, on peut noter le grand succès d'un nouveau type de sous-vêtements *fitness* (ceux de Calvin Klein, par exemple) identiques pour tous, hommes et femmes, qui nous éloignent de l'idée traditionnelle de la séduction en nous renvoyant au mythe de l'androgyne.

N'oublions cependant pas que tout type de séduction doit être hétérocentré. En effet, si un homme offre un sous-vêtement de soie à sa maîtresse, qui n'est sensible qu'aux charmes de l'intellect, il commet une erreur, parce qu'elle souhaitait sans doute un livre ou deux billets pour l'opéra. Tout comme il peut être décevant de s'apercevoir qu'une fois que l'on est pris dans la routine de la vie à deux, les plus beaux dessous sont bien vite oubliés au fond d'un tiroir. C'est ce que raconte avec humour l'écrivain anglais Nick

Hornby [28] dans un roman assez révélateur de la psychologie des hommes d'aujourd'hui : Quand on vit avec une femme, on voit tout à coup apparaître ces rebuts des grands magasins, décolorés, loqueteux et rétrécis, étendus sur les radiateurs de toute la maison. »

Le charme de l'uniforme

Il arrive aussi que ce soit l'uniforme qui possède un attrait tout particulier. Le pouvoir qu'a exercé la tenue militaire au cours des siècles est connu : l'« officier gentleman » du xixᵉ siècle a pris les traits de Richard Gere dans un film du même nom [29], mais son charme reste intact. On sait aussi que certaines femmes sont attirées par la soutane du prêtre ou la blouse blanche du médecin. Si elles sont fascinées par l'uniforme, c'est peut-être parce que celui-ci renvoie à des archétypes de leur passé. Cela confirmerait que le coup de foudre n'est pas lié à la personne de chair et d'os, présente en face de nous, mais au souvenir de très anciens mythes qu'elle est capable d'éveiller.

Une interprétation plus curieuse du même phénomène nous est offerte par Darian Leader [30]. Pour ce psychanalyste anglais, l'attrait de l'uniforme ne tient pas aux idées de galanterie ou de romantisme qu'il est censé véhiculer. Le charme de ce vêtement n'est pas dû non plus, comme on pourrait le croire, au courage ou à la virilité dont font preuve les militaires en temps de guerre, car les femmes savent bien qu'il s'agit de combats de tranchées, d'attentes, d'ennemis invisibles. En fait, et contrairement à un portier d'hôtel, le soldat est toujours en partance, et ce serait la condition nécessaire pour qu'un homme acquière une position privilégiée, comme dans les romans de Jane Austen. Poussant les choses jusqu'au paradoxe, le psychanalyste anglais propose ainsi d'expliquer le mariage de la femme la plus photographiée au monde, Claudia Schiffer, avec le magicien le plus célèbre du monde, David Copperfield, expert dans l'art d'apparaître et de disparaître.

Mais revenons-en au charme de l'uniforme, qui peut parfois tourner à l'obsession, comme dans le cas de Stéphanie, jeune Niçoise de vingt et un ans : « Comment oublier un amour ? Et surtout comment faire pour se débarrasser d'une obsession ? Tout a commencé au mois de septembre dernier, quand j'ai fait la connaissance d'un policier du nom de Gérald. Sa fonction, son machisme, son uniforme me plaisaient terriblement. Au bout d'un mois, malheureusement, Gérald a disparu pendant une semaine. Je l'ai attendu devant le commissariat plusieurs jours de suite ; de guerre lasse, j'ai fini par lui laisser un mot. Le soir même, il était à la discothèque où je travaille, mais il n'était pas seul. En fait, il était venu me montrer qu'il était un homme, et non un lâche comme je l'avais écrit dans ma lettre. D'une voix douce, il a essayé de me faire comprendre que notre histoire était finie. De toute façon, il allait être muté à une centaine de kilomètres de là, et puis il en aimait une autre... En un sens, les explications sont venues trop tard, et je continue de l'attendre. Je sais bien qu'il m'a quittée, que je dois me faire une raison, mais je n'y arrive pas... Depuis, aucun homme n'a de valeur s'il ne porte l'uniforme. Est-ce parce que j'y vois un symbole de pouvoir ou le signe d'appartenance à un corps dominé par le sens de l'honneur ? J'ai beau me dire que l'uniforme est une apparence, un leurre ; je n'arrive plus, depuis cette histoire, à m'intéresser à un homme qui ne soit pas policier, gendarme ou militaire. Peut-être entre-t-il aussi dans cette obsession le besoin de rivaliser avec le sexe " fort ", car tous ces milieux restent extrêmement machistes. C'est comme si en ne séduisant que des hommes en uniforme, je voulais défier cette loi masculine. »

Dans la lettre passionnée de cette jeune femme, on sent la déception et la tristesse que suscite la solitude, mais surtout la colère d'avoir perdu la bataille contre une rivale et contre tout le corps des policiers. Stéphanie ferait mieux d'essayer de déterminer ce qui est à l'origine de cette obsession. Si elle est à ce point attirée par l'uniforme, n'est-ce pas aussi parce qu'il incarne le pouvoir, mais aussi l'ordre et la virilité ? Se sentirait-elle autant attirée par un prêtre ou un médecin ? Il est tout à fait possible que ce qu'elle dise dans sa lettre soit vrai et que son comportement cache une volonté de se rebeller contre des institutions encore majoritairement masculines. Pour une jeune fille éveillée et déterminée comme elle, il existe pourtant d'autres façons de nos jours de trouver sa voie dans l'univers masculin du pouvoir qu'en portant un uniforme. Mais au-delà des motifs de cette obsession, auxquels je lui ai conseillé de réfléchir, avec l'aide éventuelle d'un psychologue, il reste la souffrance d'un amour passé.

Êtes-vous trop couvert ?

Ceux qui se sentent bien dans leur corps savent s'habiller avec harmonie, en donnant d'eux une image pas forcément sexy, mais en tout cas agréable. Pour les autres, la juste mesure est parfois plus difficile à trouver. Ils se sentent toujours trop nus ou trop habillés ; ils ont toujours trop chaud ou trop froid. À l'origine de ce malaise, il y a souvent une intimité relationnelle déséquilibrée.

Il y a des personnes qui se sentent bien dans le monde où elles vivent et ne craignent pas la solitude dans laquelle elles voient même un moment d'enrichissement personnel. En revanche, la vie sociale avec ses rituels et ses codes leur paraît superficielle et inutile. Elles rêvent de passer le week-end seules ou avec la personne aimée. À leurs yeux, l'intimité est un trésor inépuisable. D'autres, en revanche, jugent la solitude déprimante, tout en souffrant du syndrome du hérisson. Seuls, ils se sentent mal, mais lorsqu'ils approchent d'autres personnes, la crainte d'être blessés déclenche une agressivité injustifiée qui les amène à se mettre en boule et à « piquer » leurs interlocuteurs. Il n'est pas rare que ces hommes et ces femmes viennent me consulter pour un trouble d'ordre sexuel, alors qu'en réalité, le véritable problème réside dans la difficulté à trouver la juste distance entre autonomie et partage. La peur d'être blessés les pousse à s'éloigner des autres et cet isolement fait vite tomber le rideau de la solitude.

Ainsi Wally me consulte-t-elle parce que son mari, déçu par sa froideur, l'a trahie. Il ne veut pas la quitter et lui a assuré qu'il s'agissait d'une simple aventure. Toutefois il voudrait bien qu'à l'avenir, sa femme se montre un peu plus surprenante et chaleureuse. Pourtant, Wally n'est pas à proprement parler inhibée sexuellement ; ce qu'elle redoute plus que tout au monde, c'est d'être affectée de quelque manière que ce soit. Cela se voit notamment dans sa façon de s'habiller. Wally porte toujours un ensemble pantalon et des chemises boutonnées jusqu'au cou. Au lit aussi, elle est toujours trop couverte. Sous le prétexte du froid, elle s'emmitoufle dans de vieux pyjamas et enfile de grandes chaussettes – ce qui est une manière de créer une distance entre elle et son mari.

Pour Wally, les émotions représentent depuis longtemps un danger mortel. Petite, elle a été abusée par un voisin très gentil, qui jouait avec elle pendant que ses parents travaillaient. Depuis, Wally pense que toute émotion met à la merci d'autrui, et elle a gardé ce « réflexe » à l'égard de son mari, des autres hommes et de la vie en général. En revanche, le travail ne constitue pas un « danger », il permet une socialisation formelle et définit un monde où les droits et devoirs de chacun sont déterminés de façon claire et nette. C'est seulement lorsqu'elle passe du public au privé que Wally peut être gênée par sa situation d'« analphabète des émotions ». Généralement, ces personnes affectivement inhibées commencent à aller mieux quand elles comprennent, dans le cadre protégé d'une thérapie, que les émotions font du bien, et non du mal.

LE TERRITOIRE DE L'IMAGINAIRE

« Ce n'est pas le corps d'un homme qui le rend désirable, c'est ce que son corps pourra me faire ressentir lorsqu'il me touchera, c'est là qu'est le frisson : penser à ce que son corps me fera éprouver... » C'est par ces phrases que l'écrivain antillaise Jamaica Kincaid [31] décrit le désir féminin. Une nouvelle fois, il nous a fallu recourir à une description littéraire pour tenter de faire voir l'intensité du désir et le rôle central que joue l'imagination. Comme le dit Jamaica Kincaid, il peut s'agir d'un fantasme sensuel et physique : pour les femmes, celui d'être « remplies » et pénétrées, de s'imaginer comme une cavité cherchant à contenir l'homme. Pour l'homme, bien entendu, ce sera le contraire : pénétrer, entrer, être contenu. Parfois, ce sont des exercices d'imagination par lesquels on s'efforce de sentir sa propre zone sexuelle et que nous conseillons à ceux qui ont du mal à parvenir au plaisir.

Toutefois, les sensations de plaisir physique ne sont que la porte d'entrée dans le vaste univers de l'imaginaire érotique. On a beaucoup écrit à ce propos, je l'ai fait, moi-même, dans un de mes livres [32]. Plus précisément, on s'est abondamment intéressé, à coups d'études ou d'enquêtes, au domaine des fantasmes érotiques, qui demeure encore aujourd'hui en grande partie inexploré. À cet égard, la sexologue américaine Nancy Friday fait figure de pionnière, qui publiait il y a une vingtaine d'années un ouvrage *Mon jardin secret*, où des femmes se livraient en toute sincérité [33]. Ce livre a déclenché un scandale, mais il a aussi fait comprendre qu'au lit, recourir à des fantasmes érotiques pour parvenir au plaisir n'était ni un péché ni une faute. Il n'y a pas à avoir honte de son imagination ; celle-ci est, au contraire, essentielle pour se laisser aller, pour voyager mentalement, pour que l'acte sexuel ne se transforme pas en une simple performance physique. La caractéristique la plus dynamique de ces fantasmes érotiques est peut-être qu'ils évoluent avec le temps. La même Nancy Friday l'a montré dans son livre *L'Empire des femmes* [34], récit fondé sur les confidences de femmes qui, cette fois, s'imaginent en séductrices et en dominatrices. Celles-ci s'inventent des histoires où elles ont des rapports avec plusieurs hommes en même temps, où elles séduisent leur chef de service ou le beau Cary Grant, où elles provoquent des érections non désirées...

Fondamentalement, l'imagination autorise ce que la bonne éducation interdit. La vie à deux est fondée sur la permanence de sentiments stabilisants et horizontaux – la confiance, l'estime, la tendresse, la complicité, le respect de l'autre. En revanche, les fantasmes érotiques se fondent globalement sur un rapport dominant/dominé. L'imaginaire a donc pour rôle, par-delà toute règle démocratique, de permettre de retrouver cette dimension plus archaïque qui, si elle était mise en œuvre dans la réalité, rendrait la vie à deux impossible.

L'imaginaire érotique est donc le réservoir de ce que nous avons de plus archaïque, qui doit rester secret. On peut aussi l'activer lors d'une thérapie ou au moyen d'exercices dirigés, en demandant par exemple : « Quel poisson choisirais-tu d'être ? » Certains tendent à se cacher au fond de l'eau, comme la carpe. D'autres agressent, comme le requin. Personnellement, j'opterais pour le dauphin, qui ne se cache pas et qui n'a pas peur.

Un obstacle au désir

L'imaginaire érotique est utile au désir lorsqu'il joue un rôle préliminaire, qu'il fait naître et alimente des fantasmes, même dans des circonstances assez banales de la vie, quand on marche par exemple dans la rue en pensant à la personne aimée. L'imagination peut aussi être exploitée dans l'intimité, comme rampe de lancement de l'excitation. Certains, pourtant, sont incapables de se passer, à quelque stade que ce soit, de leurs fantasmes et nient jusqu'au bout l'importance du corps et des sensations physiques. Cette impuissance est le signe d'un érotisme défaillant qui a besoin quasiment en permanence d'avoir l'imagination comme « tuteur ». Une situation de ce genre est décrite par Romain Gary qui, après avoir gagné le prix Goncourt, a écrit à soixante ans *Passé cette limite, votre ticket n'est plus valable* [35]. Pour s'exciter, le héros de ce roman doit impliquer dans ses jeux érotiques, outre sa compagne, un jeune et vigoureux

Maghrébin. Peu à peu, au fil des pages, il devient l'esclave de cet « esclave », dont il ne peut plus se passer, y compris pour parvenir à l'érection.

D'autres personnes ne peuvent pas vivre leur imaginaire sur le mode ludique et libératoire parce qu'elles perçoivent comme une véritable trahison ce qui n'est que fantasme. D'autres encore sont bloquées par le fait qu'elles ne parviennent pas à dissocier les pensées, les mots et l'action. Dans leur esprit, il existe une sorte de réaction en chaîne au cours de laquelle la pensée se traduit en mots qui se traduisent eux-mêmes en actes. Il s'agit de personnalités que nous qualifions, en psychologie, d'« alexithymiques ». L'alexithymie est l'incapacité de vivre et d'exprimer des émotions et donc aussi des fantasmes. Dans ces cas-là, seule l'expérience a de la valeur. Les sujets qui présentent ce trait de caractère n'ont pas d'imaginaire érotique (voire pas d'imaginaire du tout), ou si elles en ont un, il est très dangereux, parce qu'il doit sur-le-champ se transformer en actes. C'est là, entre autres, une caractéristique des pervers, qui subissent leurs fantasmes et doivent absolument les réaliser. Une personne « normale », elle, peut avoir des fantasmes tout à fait déconnectés de son comportement, parce qu'elle est capable de gérer ces aspects de sa personnalité sans devoir nécessairement passer à l'acte.

Fantasmes secrets ou partagés

Nous l'avons dit, chacun de nous possède une sorte de carte du désir qui lui est propre. Chez les uns, l'imagination vient en premier et les sensations physiques passent au second plan ; pour d'autres, c'est le corps qui constitue le moteur du réacteur et l'imagination n'est que le prolongement naturel d'une sensation physique.

Mais les fantasmes doivent-ils ou non être racontés à l'autre ? Là encore, il n'y a pas de règle fixe. Certains couples ont des rêveries excitantes, une sorte de « cinéma en chambre » qu'ils sont seuls à voir. Mais il y a aussi des fantasmes excitants parce qu'ils sont secrets et dont la révélation risquerait de faire disparaître le désir. En effet, certains rêves érotiques demeurent suggestifs tant qu'ils restent dans la tête de celui qui les a conçus, car l'autre pourrait ne pas apprécier les intrusions d'inconnus dans le lit conjugal. Nancy Friday a ainsi raconté que plusieurs de ses fantasmes érotiques ne l'excitaient plus depuis qu'elle en avait fait le récit dans un de ses livres [36].

Essayons alors de comprendre, à travers quatre histoires, le rôle que joue l'imaginaire au sein du couple.

Couple 1. Lise a un fantasme et en a fait part à son mari : « Je suis mariée depuis près de douze ans, m'explique-t-elle, et je m'entends assez bien avec mon époux. Depuis quelques temps, pendant nos rapports sexuels, nous nous laissons aller à imaginer que nous avons entre nous, physiquement, une de nos amies. Dans mon fantasme, je lui dis de lui faire voir comment nous faisons l'amour ; mais il exagère et me répond que ce serait mieux qu'il la touche, parce qu'elle a des seins énormes. Je ne lui cache pas que j'ai confié à cette amie la fascination de mon mari pour ses seins. Est-il normal que nous continuions à parler d'elle pendant l'amour ? Sur le plan sexuel, tout se passe bien, mais ce fantasme nous excite encore plus. Est-ce un jeu dangereux ? »

Ma réponse à cette question un peu inquiète de Lise est négative. Qu'un couple complice ait des fantasmes communs et qu'il trouve le temps et le lieu pour se les confier, cela peut être un jeu privé attrayant. En l'occurrence, leur imaginaire se focalise sur les seins généreux d'une amie commune. Or symboliquement, le sein est quelque chose de complexe, qui renvoie à la fois à la maternité et à une fonction éroticorelationnelle. Je crois que ce couple peut gérer ce fantasme et en faire un préliminaire érotique. Il vaut cependant mieux ne plus en parler, même par allusions, à leur amie, et en faire un secret encore plus excitant parce que privé.

Couple 2. Alexandra partage elle aussi un de ses fantasmes avec son compagnon : « J'ai vingt-cinq ans, mon ami en a trente. Par jeu, Jean a commencé à me traiter comme une petite fille et à être constamment près de moi comme si j'avais toujours besoin de quelque chose. Il se montre extrêmement prévenant, et certains pourraient le juger un peu étouffant. En fait, il se comporte comme s'il était mon père. Nous savons bien tous les deux que ce n'est qu'une fiction ; dans la réalité, je suis plutôt du genre déterminé. Sa protection va donc de pair avec une grande estime (ce qui est réciproque, d'ailleurs). Le jeu que nous avons inventé s'étend à notre vie sexuelle : là, notre différence d'âge imaginaire s'accroît encore. Ce que je crains ? Que les années passant (et qu'avec le mariage), il me voie comme sa femme et cesse d'être aux petits soins pour moi. J'adore sa façon de me protéger et je l'appelle même amoureusement Papa. »

Alexandra a vingt-cinq ans mais se considère encore comme une fillette, mieux, comme un « petit » qui a besoin d'être protégé. Jean, lui, joue volontiers ce rôle de baby-sitter. Ce serait clairement pathologique (car ce n'est pas seulement un fantasme érotique, mais aussi une façon d'être ensemble dans la vie de tous les jours) si c'était le seul style de fonctionnement de ce couple. Dans ce cas, les âges psychologiques établis ne correspondraient pas à l'âge réel, et il pourrait y avoir des risques d'adaptation à cette fiction. Mais comme il s'agit d'un fantasme partagé, je ne pense pas qu'il faille s'inquiéter. L'idéal serait que ce jeu père/fille ne sorte pas trop de la chambre à coucher. Et pour éviter que cela ne devienne un rapport obligé et monotone, Alexandra pourrait même essayer, de temps à autre, d'inverser les rôles.

Couple 3. C'est une jeune femme qui signe ses lettres sous le pseudonyme de « L'Amoureuse ». Elle écrit : « Je suis mariée avec bonheur depuis cinq ans ; j'ai deux petites filles magnifiques et un mari merveilleux qui m'aide. Nous nous aimons. Pourtant, je ne peux pas ne pas penser à d'autres hommes, même si, dans la réalité, ils ne m'intéressent pas. Parfois, je réussis à m'exciter uniquement en imaginant que je fais l'amour avec quelqu'un d'autre, le premier qui me passe par la tête. Mais j'aime vraiment mon mari : la seule idée de le trahir me met mal à l'aise. »

J'ai rassuré cette jeune femme : le fait de penser à d'autres personnes, réelles ou imaginaires, pendant qu'on fait l'amour, est un comportement si courant qu'il peut être considéré comme statistiquement normal. L'utilisation de fantaisies érotiques en tant que « starter » de l'excitation n'est pas condamnable, surtout lorsqu'elle induit une sexualité de couple épanouie. Il est néanmoins important que le personnage imaginaire, à un certain moment, disparaisse de la scène. Car si le fantasme persiste jusqu'à l'orgasme, cela signifie alors que quelque chose est en panne dans le couple.

Couple 4. La jeune fille de vingt-deux ans qui signe « Moustique » est, elle, encore à la recherche de ses fantasmes : « J'ai connu deux histoires importantes. La seconde est celle que je vis actuellement avec un garçon plus vieux que moi, qui est très doux et extrêmement prévenant. Le problème est que ni avec lui ni avec le garçon précédent, je n'ai connu d'orgasme. Je pensais que c'était une question d'expérience (parce qu'avec mon ex, c'était la première fois pour tous les deux). Et non. Je n'éprouve pas de plaisir, et le pire, c'est que quand mon petit ami m'interroge à ce sujet, je prétends en ressentir. Je n'ai pas le courage de lui dire la vérité, et je fais semblant. Je me demande si je ne suis pas lesbienne. Comment faire pour le savoir ? Je voudrais aussi ajouter que mon plus gros problème est qu'en réalité, je parviens à l'orgasme, mais seule, quand j'ai les jambes croisées. Ne me demandez pas pourquoi. J'ai honte. »

Avant tout, cette jeune fille devrait commencer par balayer son souci d'homosexualité. Cette crainte est sans fondement, à moins qu'elle n'ait des fantasmes d'autres femmes dans ses moments d'auto-érotisme. Ce détail, qu'elle mentionne avec une gêne évidente, peut expliquer l'absence de plaisir qu'elle ressent pendant l'acte sexuel. La pénétration ne stimule sans doute pas assez son clitoris, condition qui, pour la plupart des femmes, est indispensable pour parvenir à l'orgasme. La première mesure à prendre concerne donc son corps : consacrer davantage de temps aux préliminaires et à l'exploration de ses zones érogènes. La seconde concerne son imagination : cette jeune fille pourrait essayer, par exemple, de faire le « moustique », nom qu'elle a d'ailleurs choisi pour signer sa lettre, s'inventant une foule d'histoires dont elle serait successivement la spectatrice, puis l'actrice.

Au fond, l'imaginaire érotique est un théâtre mental dans lequel entrent en scène des personnages qui ne sont pas ceux de la réalité. La sexualité implique une certaine dose d'imagination, presque de folie. Il faut savoir jouer et se dédoubler, pour faire émerger tous ses aspects cachés. En suivant cette voie, la sexualité deviendra piquante... comme un moustique.

CHAPITRE V

Les ennemis du désir

Le désir est comme une épice inhabituelle, une fleur rare, un objet précieux. Il doit être nourri, entretenu, entouré de mille soins pour s'épanouir au jardin du paradis. Malheureusement, notre société, qui ne cesse de stimuler les désirs et les besoins de chacun à travers la publicité, crée aussi divers antidotes au désir. Avant de s'occuper des ennemis intérieurs mieux connus des thérapeutes, il nous faut donc examiner les nombreuses situations sociales qui peuvent faire obstacle au flux normal du désir.

LES FACTEURS EXTÉRIEURS

Un ennemi du désir? Les cloches. Mais oui, elles aussi peuvent perturber l'intimité conjugale! C'est ce qu'ont appris, à leurs dépens, un ingénieur et une enseignante, heureux époux, dont la sérénité a été fortement entamée par les carillonnements nocturnes et répétés de l'église voisine. Ces bruits pénibles ont non seulement endommagé leurs tympans mais provoqué des troubles psychosomatiques et une baisse substantielle de leur désir amoureux. Au bout de quatre ans de plaintes et de tractations, les cloches incriminées ont enfin été confisquées, et le curé a même été condamné au versement d'une amende [1].

La liste des facteurs de trouble ne s'arrête évidemment pas là. Les destructeurs de mariage sont légion. D'après un sondage effectué par une chaîne de télévision publique, les cinq éléments qui, en général, perturbent le plus la vie de couple seraient : les intrusions d'une famille d'origine trop envahissante ; des préoccupations excessives liées aux fonctions parentales ; le stress professionnel et le manque de temps qui en résulte ; des préférences érotiques transgressives et non partagées ; une gestion trop autonome de son temps libre. Si on s'intéresse aux ennemis extérieurs du désir, en partant d'une étude récente sur les motifs de dispute conjugale les plus fréquents [2], on trouve l'argent, l'éducation des enfants et les choix professionnels des deux partenaires. Les problèmes affectifs ou sexuels viennent seulement en quatrième position. Ce classement surprenant s'explique en partie par le fait que l'on parle encore assez peu de sexe (et de sentiments) et qu'on préfère reporter sa colère ou sa rancœur sur d'autres objets.

La vie de certains est tellement conditionnée par ces éléments perturbants qu'ils n'ont plus le temps de s'occuper de leur libido, qui finit par s'éteindre, étouffée par les difficultés et les préoccupations existentielles. Comme dans le cas de Florence et de Charles, couple de quadragénaires originaire d'Alsace et émigré en Suisse depuis plus de vingt ans. Lors de notre premier entretien, la femme parle sans cesse et me raconte que leur vie a toujours été dépourvue de sens.

Charles et Florence se sont connus au moment de leur première communion. Ils ont ensuite continué de se voir en cachette, malgré le veto de leurs deux familles. Sommés de rompre, ils ont préféré fuir et ont fini par émigrer en Suisse. À dix-sept ans, Florence s'est retrouvée enceinte ; trois ans plus tard, elle était mère de trois enfants, qu'elle éleva sans pouvoir bénéficier du « réseau » rassurant des parents et des amis laissés au pays. Pour joindre les deux bouts, Charles travaillait parfois jusqu'à douze heures par jour, sans que cela suffise jamais. Quand leur premier enfant est entré à l'école, Florence a donc cherché du travail pour aider son mari à rembourser le prêt contracté pour le ménage. Au fil des ans, ce couple a continué d'accumuler les dettes et les malheurs. Ils ont notamment perdu un de leurs enfants dans un accident de voiture, et Florence en est restée traumatisée à vie.

Ce couple semble en fait ne s'être jamais choisi, même s'il a très vite décidé de vivre ensemble. Les difficultés de la vie l'ont en quelque sorte empêché de créer une véritable intimité à deux. Écrasé par les problèmes d'argent, Charles se voit comme un raté. Désespéré, il envisage depuis peu le divorce. Florence, elle, est déprimée par l'idée d'une séparation qu'elle ne comprend pas. Ils sont donc venus demander de l'aide et me détaillent les difficultés qui les emportent comme un fleuve en crue. Face à des crises de ce genre, il existe deux possibilités. Dans les cas les moins graves, on peut travailler sur l'aspect positif de la relation, dans l'espoir que ce travail de revalorisation résorbe la dimension conflictuelle. Dans les cas plus critiques, il faut aborder par la psychothérapie les zones d'ombre et de conflit qui, autrement, finissent par miner la partie saine de la personnalité. C'est la voie que nous avons choisie pour Florence et Charles, afin qu'ils retrouvent le sens de leur existence commune et, aussi, leur désir.

Trop ou trop peu de travail

Dans la société actuelle, le travail peut interférer gravement avec la vie à deux, quand la carrière de l'un, de l'autre ou des deux devient envahissante et vole du temps et de l'espace à l'intimité, ou bien lorsque l'absence d'emploi fait surgir de graves difficultés financières. L'augmentation du taux de chômage et la difficulté de trouver un métier affectent beaucoup plus la libido que la vie conjugale, comme dans les périodes de guerre, où les séparations diminuent parce que le couple devient un refuge qui protège contre l'insécurité du monde extérieur qui chancelle. Si le lien se renforce et survit au chômage, le désir n'en fait pas autant, parce qu'il a besoin de calme et de tranquillité, et non de situations de désespoir et de stress existentiel.

Les ennemis mortels de la libido sont non seulement le chômage, ou la situation d'assisté, mais le sentiment d'inadaptation ou la frustration causée par un travail peu gratifiant. C'est le syndrome du *burn out*, qui brûle les énergies vitales et l'élan du désir. Il affecte en particulier les hommes qui, lorsqu'ils se retrouvent sans travail ou bien lorsqu'ils occupent un poste précaire, se sentent menacés dans leur rôle social et leur identité masculine. Ils ont l'impression d'être au bord d'un échec professionnel mais aussi existentiel. L'identité sociale masculine reste étroitement liée à la conception traditionnelle du travail. Si une femme au chômage peut accepter de retrouver un rôle d'épouse ou de mère, un homme, lui, perd toute identité et découvre surtout un sentiment d'inadaptation. Il n'est pas exclu qu'il cherche à remédier à cette situation en bannissant de sa vie tout signe de faiblesse affective, comme l'amour!... Les effets d'une telle stratégie sont, on l'imagine sans peine, extrêmement négatifs. D'autant que l'un des très rares aspects positifs du chômage est que l'on a davantage de temps à consacrer aux relations interpersonnelles et à la personne aimée. Or de nombreux hommes sont convaincus que l'on n'est « quelqu'un », une personne digne d'estime (et d'estime de soi) que si l'on a un travail, et pour cette raison, ils finissent par s'accrocher à la chose la moins sûre et la moins gratifiante sur le plan émotionnel : leur travail, justement.

Le travail peut avoir un effet négatif non seulement lorsqu'on n'en a pas, mais aussi quand on en a trop et que la carrière nuit à l'intimité ; également lorsqu'apparaissent des désaccords sur les choix professionnels opérés. Parfois, il suffit aussi que manque le petit « coussin » d'une heure qui sépare le monde du travail de celui de la maison pour que la libido soit entamée et que la vie de couple devienne une cohabitation mouvementée. Je me souviens du cas de

Georges, jeune publicitaire en pleine ascension qui, voulant faire des économies, cessa d'aller au club de sports le plus chic de sa ville. Aujourd'hui, il retarde de plus en plus l'heure de quitter le bureau, accumule les réunions et les rendez-vous, renonce au *no man's land* qui lui permettrait de se vider de ses angoisses et de ne pas les rapporter chez lui. À la longue, ce mode de vie a gâché sa vie de couple.

Que se passe-t-il lorsqu'une femme doit apporter un second salaire alors qu'elle préférerait rester chez elle pour s'occuper des enfants ? Ou lorsque son salaire est la seule source de revenus du foyer, parce que l'homme vient de créer son entreprise ou qu'il ne gagne momentanément pas d'argent ? La situation se complique si le couple vit suivant des schémas traditionnels, que l'homme n'aide pas sa partenaire dans les tâches domestiques et que la femme assume seule un double travail. Le résultat ? Outre le ressentiment et un sentiment d'injustice, un épuisement évident de toutes les énergies... et la perte du désir.

Et si le travail est plus « aphrodisiaque » ou si, du moins, l'homme a le sentiment d'être rejeté au second plan par une femme épanouie, qui connaît le succès professionnel ? Ce genre de cas est de plus en plus fréquent et devrait encore augmenter à mesure que les femmes s'affirment dans des secteurs qui, autrefois, étaient réservés aux hommes. Je ne suis évidemment pas en train de dire que, lorsqu'une femme gagne deux fois plus que son mari, l'érotisme conjugal est nécessairement menacé. Il est certain toutefois que seuls les couples les plus souples et les plus modernes peuvent prétendre résister aux coups que subit l'ego de l'homme moderne. Quand une femme compte plus sur son travail ou apporte une contribution supérieure au budget familial, et que ce déséquilibre est calculé et prévu, tout se passe pour le mieux. Mais si cette modification des rôles n'a pas été prise en compte, il naît des jalousies, des irritations et des frustrations.

C'est ce qui se passe avec Jean-Baptiste, qui traverse une période professionnelle difficile. Avocat, il n'a pas eu la pro-

motion attendue au rang d'associé. À l'inverse, après quelques années de précarité, sa compagne a ouvert un cabinet
d'architecte qui marche bien. Elle lui a proposé d'acheter
une maison plus grande, soigne davantage ses relations
mondaines et se fait valoir avec un certain orgueil. Jean-
Baptiste, lui, a de moins en moins envie de faire l'amour.
Pourtant, les choses ne vont pas mal : la réussite de sa femme
devrait leur permettre de faire de beaux voyages, de déména-
ger et peut-être aussi d'acheter une voiture, mais Jean-
Baptiste se sent diminué au lieu d'être fier du succès de son
épouse. Si au lit, elle prend l'initiative, il a l'impression
qu'elle veut le dominer et diriger jusqu'à leur vie sexuelle. Et
son désir chute dangereusement. Avant que sa libido ne disparaisse totalement et n'entraîne une crise de couple, il
importe que Jean-Baptiste parle, réussisse à extérioriser ses
frustrations et ses peurs. Tout changement implique une
renégociation des équilibres ; ce n'est qu'en « ajustant » peu à
peu la route aux obstacles rencontrés qu'un couple peut navi-
guer, y compris dans des eaux agitées.

La naissance d'un enfant

Jamais les enfants n'ont été autant le fruit du désir
qu'aujourd'hui. Ils sont même souvent soigneusement pro-
grammés. Pourtant, l'arrivée d'un tiers dans le rapport de
couple crée de petits et de grands séismes, et le premier à en
pâtir est le désir. C'est comme si le passage du couple à la
famille était si difficile que les nouveaux parents oubliaient
leur passé d'amants ou trouvaient trop compliqué et trop dur
de le redevenir. C'est là une crise qui affecte tous les couples
et qui se résout en général au bout d'un an, parfois de deux,
selon les auteurs de *1 + 1 = 3* [3]. Caroline P. et Philip A. Cowan,
psychologues et parents de trois enfants, ont en effet étudié
une cinquantaine de couples lors du délicat passage à la
condition de parents. La première composante qui disparaît
avec l'arrivée d'un enfant est sans nul doute la composante
érotique, et les raisons sont d'abord physiques : suites de

césarienne ou d'épisiotomie, qui rendent les rapports sexuels douloureux ; infections ou gênes mammaires ; fatigue qui absorbe le désir. L'arrivée d'un enfant modifie les habitudes, les rythmes, les horaires. Le temps qu'on lui consacre augmente de façon souvent incontrôlable ; les moments privés disparaissent et ceux que l'on passe avec son partenaire deviennent différents. Cet effet de cyclone est renforcé par le fait que, contrairement à ce qui se passait pour les générations antérieures, la plupart des couples ont une expérience des nouveau-nés limitée, voire nulle. Tout est nouveau, et il faut tout apprendre.

L'isolement de ceux qui sont seuls, sans l'aide d'une nourrice ou d'une mère, est réellement difficile à vivre. C'est ce dont témoigne Sarah, maman depuis six mois : « Je suis seule à la maison ; mes journées filent à toute allure entre les couches à changer, le bain, les tétées (j'ai l'impression de passer mon temps à allaiter) et les moments de cauchemar où le petit hurle à cause de ses coliques. Il est magnifique, c'est vrai. Et j'avais tellement envie d'un enfant ! Mais quand mon mari rentre, le soir, nous n'avons même pas le temps de bavarder. Et dès que je me glisse entre les draps et que je pose la tête sur l'oreiller, je m'endors, en espérant que le bébé dormira lui aussi. L'amour ? On n'a plus le temps, ni de le faire ni même d'y penser ! »

Outre les raisons purement physiques, il ne faut pas sous-estimer la révolution que provoque la naissance d'un enfant sur le plan psychologique. Certaines femmes peuvent alors refuser le sexe parce qu'elles sont comblées par la maternité et ne désirent plus rien : le lien fusionnel et symbiotique avec leur enfant transcende tout autre besoin. C'est là que l'homme devrait entrer en jeu et reprendre sa juste place dans la famille nouvellement formée, en séduisant de nouveau sa femme, au sens littéral du terme, c'est-à-dire en « l'emportant » comme lorsqu'il lui faisait la cour.

Or bien souvent, cela ne se produit pas. Certains hommes se sentent rejetés et sont jaloux du rapport de symbiose entre la mère et l'enfant ; d'autres sont eux-mêmes tellement absorbés par leur nouveau rôle de père qu'ils en oublient toute dimension érotique. D'autres encore, après avoir assisté à l'accouchement et constaté les souffrances qu'il occasionne, s'interdisent toute activité sexuelle. Chez les femmes, on constate que certaines ne s'intéressent plus au sexe, une fois qu'elles ont réalisé leur profond désir de maternité, tandis que d'autres sombrent dans une véritable dépression.

Le tableau est-il toujours aussi sombre ? Non, après une pause physiologique et une période d'ajustement, la crise du premier enfant conduit souvent à trouver de nouvelles stratégies de séduction et à s'aimer avec davantage de maturité. Il ne faut toutefois pas oublier qu'au fur et à mesure que le bébé grandit, les « ennemis du désir » peuvent reculer ou se renforcer en fonction de multiples facteurs. Le petit dort-il dans le lit des parents ou dans leur chambre à coucher ? Fait-il toutes ses nuits ? Pleure-t-il ? Le ménage peut-il se permettre financièrement de recourir à une aide extérieure ? Quoi qu'il en soit, le temps permet souvent de retrouver des espaces d'intimité où se comporter, non pas en parents, mais en amants.

Maladies et médicaments

Des problèmes de santé peuvent avoir une incidence directe sur la libido. Une personne qui sort d'une grave maladie est dans un tel état de fatigue physique que son désir ne saurait être intact. Cela vaut pour les grandes pathologies – les maladies qui mettent la vie en jeu ont évidemment un plus grand impact sur la psyché –, pour les affections qui perturbent les rapports interpersonnels, comme les dermatoses, mais aussi pour les interventions chirurgicales qui portent atteinte à certains symboles, par exemple la mastectomie ou ablation du sein. Sans parler des difficultés qui surgissent quand l'un des partenaires subit un accident invalidant.

C'est l'histoire de Catherine dont le fiancé a eu l'urètre sectionné dans un accident de voiture. Aujourd'hui, après trois années et de nombreuses interventions chirurgicales, Marcel connaît des difficultés sexuelles. Outre un bilan andrologique indispensable pour connaître l'intégrité de son état neurologique, il faut absolument évaluer le stress post-traumatique qu'a subi ce jeune homme, blessé au niveau de ses organes génitaux, mais aussi sans doute profondément atteint dans sa virilité et son désir. Heureusement, aujourd'hui, la situation n'est pas désespérée, même dans le cas de lésions organiques. En effet, il existe désormais des prothèses pharmacologiques, et pas seulement chirurgicales, qui permettent de résoudre la majeure partie des problèmes. Et de retrouver le goût du désir ainsi que la possibilité de passer à l'acte.

Les maladies graves ne sont toutefois pas seules à entamer le désir, en déstabilisant l'individu dans son ensemble. Il y a des affections plus légères, plus localisées, qui ont néanmoins des effets dévastateurs parce qu'elles touchent la région génitale. Citons les infections comme les candidoses, qui rendent les rapports sexuels douloureux, les prostatites, les dyspareunies et, en général, tous les cas où l'anatomie périnéale est détériorée.

En outre, il ne faut pas oublier les maladies sexuellement transmissibles, et en particulier le sida. Nous parlerons plus loin de l'impact qu'a ce virus sur les couples « discordants », c'est-à-dire dont seul l'un des membres est séropositif. Nous nous bornerons, ici, à rappeler que cette situation peut certes renforcer l'intimité et permettre d'affronter un ennemi commun, mais qu'elle réduit aussi considérablement la charge érotique.

En revanche, les contraceptifs devraient avoir un effet positif, en offrant une liberté érotique totale, sans crainte de grossesse non désirée. Pourtant, chez un petit nombre de personnes, la sécurité qu'apporte la contraception produit l'effet inverse. Pensons à la pilule, qui peut réduire la charge érotique, non pas à cause des hormones qu'elle contient, mais parce que pour certains amoureux, un rapport sexuel sans risque de conception devient moins excitant. En revanche, la baisse du désir due à l'usage du préservatif est plus banale, plus prosaïque. Ces derniers temps, des tentatives ont été faites pour érotiser la prophylaxie, et il existe aujourd'hui des préservatifs de différentes couleurs ou de différents goûts. On en trouve à la fraise ou à la banane, et certains ont même des formes d'animal. Le principe est juste : pendant les préliminaires, le préservatif peut devenir un jeu, et ne pas être seulement une barrière sanitaire s'opposant au libre cours de l'érotisme.

Lorsque la maladie frappe les enfants, les effets sont encore plus redoutables pour le couple. C'est également vrai des accidents domestiques qui surviennent bien souvent dans la cuisine, lors de la préparation des repas, dans la salle de bain ou encore lors de jeux « interdits » avec des allumettes ou des briquets. Pour l'enfant, cela veut dire une visite aux urgences, parfois l'hospitalisation et, souvent une période de rééducation. Et pour la famille ? En général, le clan fait bloc contre la souffrance causée par le drame ; il n'y a pas de coupables, seulement des victimes. Quand le couple est déjà en crise, l'événement va en revanche servir à réactiver d'anciens litiges.

Carole, comptable de trente-cinq ans, se plaint ainsi d'une baisse de libido dont elle dit ne pas comprendre la raison. Leur couple va bien, mais Jean-Jacques, son mari, n'a plus pour elle les attentions d'autrefois et accepte de plus en plus souvent les gardes de nuit qu'on lui propose en tant que médecin. Au cours de nos entretiens, Carole insiste beaucoup sur la fatigue qu'elle éprouve et m'explique qu'elle n'arrive plus à dormir. Elle doit s'occuper en permanence de leur enfant, qui présente une légère malformation cardiaque. En fait, le vrai problème est là, et c'est sans doute l'origine de ce faux conflit de couple. Pendant l'opération du petit Gabriel, Carole a en effet découvert qu'elle était de nouveau enceinte. Les médecins ont confirmé le risque de récidive et de malformation, et le couple a alors opté pour une interruption de grossesse, tardive et traumatisante.

Carole est épuisée physiquement et psychiquement. Elle

dit d'ailleurs que son désir revient, comme par enchantement, quand elle est en vacances, qu'elle peut se reposer ou faire du sport. Je lui ai proposé de subir une série d'examens de la thyroïde, pour savoir si sa fatigue pouvait s'expliquer par des causes physiques. Les résultats ont été négatifs. Entre-temps, une brève psychothérapie a permis de relâcher l'excès de tension et de relancer la sexualité du couple. Aujourd'hui, Carole se sent moins coupable de son avortement passé, et Jean-Jacques l'a rassurée sur l'amour qu'il lui portait, lui répétant mille fois qu'il ne la fuyait pas mais que les gardes étaient simplement nécessaires à son avancement. En quelques semaines, la situation s'est normalisée. Preuve que, parfois, les raisons expliquant les chutes de libido ne sont pas purement sexuelles, mais peuvent relever d'autres domaines de la vie auxquels le désir est forcément sensible.

Quand la trahison entame la confiance... et l'éros

Ce n'est pas un hasard si l'infidélité est le dernier des facteurs extérieurs invoqués. En effet, la trahison occupe une position extrêmement particulière, car elle peut permettre de ranimer une libido affaiblie par la routine ou avoir des effets extrêmement destructeurs sur l'érotisme et le couple. Nombreuses sont les personnes qui, face à l'annonce ou à la découverte d'une trahison, s'effondrent, incapables de faire de nouveau confiance à leur partenaire et de croire en un avenir commun. Quoi qu'elles tentent, elles ne réussissent pas à retrouver l'intimité perdue, qui leur paraît désormais souillée. L'envie de faire l'amour disparaît, remplacée par une grande amertume et un profond désespoir. Voici le témoignage de Paule, vingt-cinq ans, qui, à la veille de son mariage, a découvert que son fiancé la trompait : « Sexuellement, ça m'a refroidie, je ne peux plus faire l'amour avec lui. Je n'éprouve plus d'attirance, je ne le désire plus. Moi, je ne l'ai jamais trompé, et je croyais avoir trouvé en lui l'homme de ma vie. Après avoir éprouvé de la colère et du ressentiment, je n'éprouve plus maintenant qu'une grande peine. Je ne sais même plus si je l'aime. Sa présence m'est presque pénible. On dit qu'aimer, c'est pardonner, mais le respect, la confiance, l'estime sont quand même des valeurs importantes, non ? Je ne ressens plus rien de tout cela, pour lui. »

Les variables en jeu sont multiples, et il faut en particulier tenir compte du « contrat tacite » qui unit les membres du couple et de la position de chacun sur la question des relations extra-conjugales. Essayons de mieux comprendre ce point à travers deux histoires.

La première est celle d'Anna. Après trente-cinq ans de bonheur conjugal, cette femme, mère de quatre enfants déjà grands, a découvert que son mari avait une relation avec une autre femme. « Je lui ai dit qu'il devait choisir entre elle et moi, et c'est moi qu'il a choisie, raconte-t-elle. Après avoir réfléchi à ce qui s'était passé et reconnu nos fautes respectives, nous avons repris notre vie d'avant. Ou presque... Depuis cinq ans, en effet, mon mari souffre de problèmes de prostate et ne peut plus faire l'amour. Notre médecin dit que cela n'a rien à voir, qu'il souffre simplement d'un blocage psychologique... »

Le diagnostic du médecin de famille est exact. Quoique en apparence pardonnée, la trahison a entamé le désir de ce couple. Le mari d'Anna est revenu dans l'idée de donner la priorité à des sentiments stabilisants, comme l'estime et l'affection, qui ne vont pas toujours de pair avec l'érotisme. À mon sens, c'est là que réside le blocage. En l'absence de problème plus grave (une tumeur maligne, par exemple), une hypertrophie de la prostate ne peut interférer avec la fonction sexuelle. J'ai donc conseillé à Anna de faire faire un bilan andrologique à son mari afin qu'une fois l'hypothèse de troubles physiques exclue, il n'ait plus d'alibi pour expliquer son absence de désir.

La seconde histoire est celle de Claudie, qui m'écrit une longue lettre sur la crise que traverse son couple : « J'ai quarante-trois ans, je suis mariée et j'ai deux enfants. Mon mariage dure depuis dix-neuf ans. Tout s'est bien passé jusqu'à la dixième année, quand je me suis aperçue que mon mari me trompait. Ma réaction a été immédiate. Du jour au lendemain, j'ai eu une aventure, dont Pierre dit ne pas s'être aperçu. Nous ne nous sommes jamais séparés, même si nous en avons quelquefois parlé. Tout a continué avec ces trahisons de part et d'autre pendant cinq ans. Et puis, un jour, nous avons décidé de tout nous dire, et de faire une ultime tentative pour reconstruire notre couple. Cela fait désormais quatre ans que nous essayons. Nous avons même suivi une thérapie de couple, sans succès. Ma vie sexuelle, qui était auparavant pimentée par mon autre relation, est devenue totalement morne. Mon mari, qui n'a jamais réussi à me pardonner mon infidélité, conserve depuis une attitude froide et distante. Il dit que nos deux trahisons sont très différentes, qu'elles n'ont pas le même sens, la même valeur. Interprétation sur laquelle nous ne sommes évidemment pas d'accord. Sur le plan sexuel, je n'arrive plus à éprouver de désir. Pour moi, l'érotisme s'inscrit dans un rapport de communication, d'attirance ; ce n'est pas un besoin à satisfaire, comme pour lui. Il peut désormais se passer des mois entiers sans que nous ne fassions l'amour.

« Parfois, j'ai envie de tout plaquer, de le quitter ; je ne veux pas expier toute ma vie et gâcher les années à venir. Et puis le bon sens reprend le dessus, et tout redevient comme avant. Le travail, les enfants, la vie de tous les jours... Mais quel sens cela a-t-il ? »

L'histoire de Claudie confirme qu'une aventure ne doit jamais être banalisée ou minimisée. Cette femme qui avait décidé de tromper son mari pour se venger a finalement découvert que cette liaison lui apportait une nouvelle vitalité. Tout s'est écroulé quand son mari et elle ont décidé d'essayer de revivre comme avant, mais leur volonté de sauver leur couple n'est qu'apparente. Claudie et son mari n'ont redéfini aucune règle conjugale, n'ont élaboré aucun nouveau projet. C'est comme s'ils n'avaient fait qu'une semi-révolution. C'est la raison pour laquelle Claudie a l'impression que son désir est au point mort ; son mari étant froid et distant, elle éprouve une certaine nostalgie pour l'amour auquel elle a renoncé. Je lui ai conseillé de quitter, si elle le pouvait, ce couple douloureux et prématurément usé. Pour se projeter, seule, vers un nouvel avenir.

LES FACTEURS INTERNES RÉCENTS

Qu'une personne soit irritée, inquiète, méfiante, anxieuse ou déprimée, son état d'esprit du moment a clairement une incidence sur sa libido. Considérons donc les deux grandes catégories qui nuisent principalement au désir : l'angoisse et la dépression.

L'angoisse de performance

Il y a deux ans, Maurice, trente ans, n'a pas réussi à faire l'amour après une soirée trop arrosée. Depuis, il est pris d'angoisse à chaque fois qu'il envisage d'avoir des rapports sexuels. Jamais il n'a pu retrouver son assurance d'avant, et il a même des moments de panique qui l'amènent à refuser l'intimité conjugale. En revanche, sa sexualité est sans problème lorsque cela arrive « par surprise », c'est-à-dire à un moment de moindre vigilance. Le problème serait sans doute déjà réglé si sa femme avait bien voulu collaborer, mais Julie n'est pas intéressée par le sexe et semble assez peu disposée à aider son mari. Elle se contente de répéter qu'elle n'y est pour rien, puisqu'ils sont ensemble depuis six ans et que dès le début, Maurice a eu des problèmes d'érection.

Cette relation de couple un peu tiède a empiré quand une des cousines de Julie est morte tragiquement du sida. Son mari volage, qui avait contracté le virus lors d'une de ses aventures, n'a avoué ses infidélités répétées à sa femme que lorsque sa séropositivité a été découverte. Ce choc a été très violent, et pendant deux ans, Julie a vécu dans la peur de tomber malade. Cette angoisse a amoindri le désir qu'elle éprouvait pour Maurice qui, de son côté, était plus préoccupé par ses problèmes d'érection que par sa femme. La dernière année, cette baisse de désir s'est changée en véritable aversion pour le sexe. Je me trouve maintenant face à l'alliance pathologique d'un *looser* anxieux et d'une déprimée qui ne fait rien pour être active et coopérative. Que faire, dans ces conditions, et quelles stratégies adopter ? Tous deux auraient en fait besoin d'une thérapie individuelle. Dans ce couple, les deux principaux facteurs responsables de la chute du désir travaillent en synergie. C'est le « syndrome de la cigale et de la fourmi ». Julie est une fourmi du désir : elle thésaurise et contrôle son désir jusqu'à ne plus en avoir ; Maurice, lui, brûle son désir dans l'anxiété jusqu'à manquer de carburant quand il en aurait le plus besoin. Actuellement, ils restent ensemble parce que seuls, ils seraient encore plus malheureux, mais il faudrait qu'ils trouvent rapidement une raison positive de préserver leur couple.

Si l'angoisse bloque parfois l'érection masculine, elle peut aussi entraver l'accès à l'orgasme chez certaines femmes. C'est le cas de Vicky, très inquiète de ne pas atteindre le summum du plaisir quand elle fait l'amour. Son histoire est compliquée par la présence d'un fiancé très attaché à sa mère à laquelle il raconte tout, même leur vie intime. Cette dernière ne se prive pas de clamer haut et fort que les femmes qui ne parviennent pas à l'orgasme sont vindicatives, manipulatrices, voire un peu déséquilibrées. Sous ce tir croisé, Vicky se sent doublement anxieuse, et le plaisir comme l'envie de faire l'amour lui échappent.

Pourtant, la très envahissante mère du fiancé a tort. L'absence d'orgasme n'a jamais en soi indiqué de pathologie psychique. Seule l'angoisse place Vicky dans une situation émotionnelle difficile. À ce stade, il faudrait arriver à comprendre si la difficulté est liée au contrôle excessif que cette jeune femme exerce sur son corps ou bien si elle est due à un sentiment d'insécurité qui pousserait à vouloir montrer à tout prix qu'elle est une « vraie femme ». À moins qu'elle ne s'explique, ce qui n'a rien d'impossible, par la rapidité excessive du partenaire...

Quand la dépression tue le désir

La dépression peut elle aussi avoir une grande incidence sur la libido. Si, bien souvent, l'angoisse n'a que des effets épisodiques sur la sexualité, la dépression atteint les fondements mêmes du désir. Une personne déprimée n'a plus envie de manger, de travailler ou de sortir. On voit mal comment elle pourrait avoir envie de faire l'amour !

Les troubles du désir qui poussent à venir consulter masquent parfois une dépression sous-jacente, et c'est elle qu'il convient alors de soigner. Le cas de Philippine l'illustre bien. Cette femme de trente ans se décrit comme une maîtresse de maison « forcée ». Elle m'a écrit une longue lettre me racontant le début de sa dépression. « Je suis mariée depuis dix ans à un homme qui m'aime et dont j'ai rapidement eu un enfant. Il y a quelques années de cela, malheureusement, nous avons commencé à avoir des problèmes de famille. La santé de mon fils s'est détériorée, puis celle de mon père. J'ai pleuré, beaucoup pleuré. Au cours du même mois, j'ai été hospitalisée quatre fois pour des collapsus. Rien de grave, paraît-il. On m'a laissée sortir en me disant que je souffrais d'anxiété névrotique...

« Je suis donc allée voir un spécialiste, qui m'a prescrit des anxiolytiques, mais ça n'a guère aidé. J'ai commencé à consulter un magnétiseur, mais dès que je cesse d'aller le voir, l'anxiété, les battements cardiaques ou l'impression d'étouffer reviennent. La peur est à ce point enracinée en moi que je ne peux plus prendre ma voiture seule ; je me fais accompagner partout, même pour faire les courses, par mon mari ou ma sœur. Les journées sont longues, très longues, toutes pareilles ; je m'occupe de la maison ou je regarde la télévision. La jeune fille gaie et sociable qui faisait rire ses amis a disparu. Je suis devenue lunatique, contrariante, irritable. Ma maison est une sorte de prison, je déteste m'y trouver.

« Des problèmes ont également surgi avec mon mari, à qui je dis tout ce qui me passe par la tête, sans aucune retenue. Il se montre très patient, mais je continue, j'insiste. N'importe quel prétexte est bon pour déclencher une dispute. D'un petit rien, je fais un drame. Sexuellement, bien sûr, c'est un désastre. Je n'ai jamais envie, et les rares fois où je cède, je ne participe pas. Je n'atteins plus l'orgasme. Quand je sens les mains de mon mari, j'éprouve presque de la répulsion, et il s'en aperçoit parfois. Avant, tout allait si bien entre nous...

« J'ai changé, je ne suis plus sûre de rien, je ne sais même pas si je l'aime encore. La nuit, je fais des rêves érotiques où je rencontre des inconnus avec qui j'éprouve du plaisir ; ça m'horrifie. J'ai l'impression de tromper mon mari, qui est tellement doux, attentif, calme... »

À la suite de l'anxiété déclenchée par des facteurs extérieurs – la maladie du fils, puis du père –, Philippine a développé une forme de dépression qui l'emprisonne chez elle. Tout est devenu problème : elle n'a plus envie de rien, de plaisanter, de voir des amis ou même d'aller faire les courses. Bien entendu, le sexe est lui aussi une corvée, un devoir auquel elle préfère, si possible, se soustraire. La baisse de libido, pour laquelle elle m'écrit, n'est en réalité que la conséquence d'un malaise plus général. La sexualité n'est pas un phénomène détaché du reste de la vie ; elle en subit même le contrecoup. Toutefois, elle demeure aussi de l'ordre du réflexe biologique. Sous la cendre de la dépression, la libido couve encore, et s'exprime, dans le cas de Philippine, à travers des rêves érotiques qui l'inquiètent, mais qu'elle devrait, au contraire, accueillir comme un signe positif. Quand elle ira mieux (peut-être grâce à un psychothérapeute plutôt qu'à un magnétiseur), son désir « conjugal » et ses orgasmes reviendront, comme par le passé.

Si la dépression peut être liée en grande partie à une difficulté d'ordre sexuel, il arrive aussi que la sexualité ne fasse que subir le contrecoup de problèmes qui se situent ailleurs. Rappelons que la libido est, en général, la première à disparaître en cas de dépression, et la dernière à revenir.

LES VIEUX DÉMONS

Une infinité d'énergies sont liées au désir. Ceux pour qui cette impulsion est socialement « inopportune » ou psychiquement inacceptable vont emprisonner ces énergies et entraver leur expression pour, au bout du compte, ne plus érotiser le désir, mais l'interdit, la négation, l'obstacle. C'est ce qui se produit notamment chez les personnes qui n'ont pas reçu, de leur famille ou de l'école, le message vital et souvent préverbal selon lequel le désir n'est pas seulement beau, mais légitime. Nous connaissons tous l'effet néfaste des éducations trop répressives, qui finissent par créer des êtres robotisés, vivant suivant le seul principe du devoir, tandis que le plaisir, jugé tabou, est banni de l'existence. Il convient donc, au stade où nous sommes parvenus, de passer en revue toutes les formes de psychopathologie en un long travelling qui fera apparaître les différents types de troubles qui peuvent influer sur le désir. Nous analyserons ainsi des situations dans lesquelles le désir, qui est pourtant au service de la vie, est détourné et transformé en élément gênant. Commençons par les problèmes les plus graves, avant d'aborder des cas moins dramatiques.

Les personnalités cyclothymiques

Certaines personnes passent périodiquement d'un état maniaque et euphorique à un état de mélancolie et de quasi apathie. Cette perpétuelle alternance d'émotions influe fortement sur l'éros. Souvent, la désinhibition liée à l'état maniaque peut induire une vive accentuation de la libido, voire des comportements sexuels inhabituels. À l'inverse, la mélancolie tue le désir, quel qu'il soit. Le seul qui demeure, parfois, est celui de mourir. Romain, que j'ai rencontré lors d'un tournoi de golf, m'a avoué qu'il passait beaucoup de temps à jouer pour échapper à une atmosphère conjugale oppressante. En effet, sa femme Lisa, souvent déprimée, avait au moins une fois par an des crises de mélancolie accompagnées d'accès de dépression matinale qui la clouaient au lit; dans ces moments, elle tenait des propos suicidaires et éprouvait une aversion totale pour le sexe. J'ai revu Romain un an après, encore plus désespéré parce que sa femme était passée de la phase mélancolique à la phase maniaque. Excitée et insomniaque, elle faisait des dépenses inconsidérées, s'habillait de façon extravagante et avait sur le sexe des idées très surprenantes... L'année suivante, pour la plus grande tranquillité de Romain, elle avait de nouveau basculé dans la dépression....

Les schizoïdes

Ces personnalités à la limite de la névrose et de la psychose – d'où le qualificatif de *borderline* qu'on leur applique – gèrent souvent leur désir de manière changeante et chaotique.

Stella, âgée de quarante-cinq ans, a tendance à amplifier et à multiplier les conflits, au point que sa famille a fini par la juger un peu perturbée. Elle s'irrite pour des raisons assez futiles, prêtant aux personnes avec qui elle se trouve – indifféremment son mari, ses enfants ou sa sœur – des intentions hostiles. Stella croit toujours que les autres font exprès de la blesser, et c'est ce volet paranoïaque de sa personnalité qui rend ses rapports affectifs difficiles ou instables. Les raisons de cette forte « tendance projective » sont à chercher dans son passé.

Enfant, Stella a beaucoup voyagé, car son père était diplomate. Ses déménagements successifs ont provoqué des crises d'angoisse et d'importantes phobies, comme la peur du vide ou des insectes. Cette enfant ballottée a manqué non seulement de père, plus idéalisé que présent, mais aussi de chaleur maternelle. Femme égocentrique et souvent fatiguée, sa mère était totalement absorbée par son goût des mondanités et des intrigues « sociales ». Ainsi, Stella a été confrontée aux deux faces du même phénomène : un père diplomate de profession et une mère intrigante. De là est née cette confusion qui l'empêche de voir les aspects positifs de la diplomatie, qui lui serait si utile dans ses relations avec les autres ; chez elle, c'est la méfiance qui l'a emporté. Stella revit les manipulations maternelles auxquelles elle a assisté quand elle était enfant. Voici le dernier épisode en date. Sa mère, aujourd'hui âgée et malade, a récemment décidé de partager sa collection d'icônes précieuses entre ses filles. Stella, pour des raisons mystérieuses, s'est convaincue qu'elle serait lésée et craint que les tableaux qui lui reviennent n'aient pas grande valeur ou soient ceux auxquels sa mère tient le moins. Elle soupçonne un complot, et c'est peut-être ce qui l'empêche d'admettre ce qu'elle pense en vérité, à savoir que dans une famille aisée comme la sienne, une œuvre d'art de plus ou de moins ne change pas grand-chose à la vie.

Stella souffre aussi de confondre spontanéité et impulsivité. Quand elle a quelque chose à dire, elle s'exprime de manière impulsive, convaincue d'être « naturelle », alors qu'en fait, elle accumule les tensions jusqu'à ce que la pression la fasse exploser. Évidemment, ses confidences « explosives » viennent toujours au mauvais moment et sont toujours adressées à la mauvaise personne. Autre point d'indistinction : la différence entre le contrôle et la maîtrise. Alors que le contrôle est imposé de l'extérieur, par un acte de volonté, la maîtrise des émotions est un phénomène qui s'ancre et se construit progressivement à l'intérieur du sujet. Stella a toujours pensé que, par la force de son intelligence, elle pourrait contrôler ses pulsions. Elle a fini par les réprimer, sans pouvoir empêcher qu'elles ne resurgissent ensuite sous forme de crises de panique. Aujourd'hui, elle est parvenue à un stade où elle ne peut plus dormir seule, parce qu'elle se réveille au milieu de la nuit en proie à l'angoisse. Il en résulte une forte dépendance à son milieu familial, dont elle voudrait au contraire pouvoir se libérer. Stella a également posé le même couvercle sur son désir. Il y a néanmoins des moments où la barrière saute, et elle a alors un comportement sexuel assez libéré, dont elle a honte ensuite. Comme lorsqu'elle a récemment fait des avances à son tapissier...

Le cas d'Angélique et de Raoul est plus grave encore. Je fais la connaissance de ce graphiste et de cette infirmière à un moment très délicat. Après deux années de vie commune, Angélique vient juste de découvrir qu'elle était enceinte. Cet événement, qui devrait ressouder un couple un peu vacillant, a servi de détonateur. Angélique a pris ses affaires et refuse de voir Raoul. Elle ne veut même plus envisager l'éventualité de poursuivre leur vie à deux et s'oppose à ce que son compagnon joue le rôle de père pour l'enfant qui va naître.

Un entretien avec Angélique me permet de découvrir son passé, qui explique en partie sa confusion actuelle. Fille d'un père alcoolique qui la battait ainsi que sa mère, elle s'est un jour enfuie de la maison. Raoul, lui, rêve d'une famille idéale, très différente de celle qu'il est en train de construire. Il s'est même rapproché des parents d'Angélique, ce qu'elle ne lui a pas pardonné. En fait, Raoul a épousé un rêve, ce qui est une source potentielle de grands conflits. Tandis qu'il déforme la réalité dans l'espoir d'un *happy end*, Angélique vit dans son propre monde. Elle est extrêmement fâchée de ce qu'il continue de voir ses parents, et aussi parce qu'il a refusé de partir avec elle en Inde pour rejoindre une communauté vaguement bouddhiste, qui est peut-être une secte. Ce sont deux excentriques, qui vivent un peu en marge de la société mais, devant le piège de la secte, Raoul a toutefois eu un réflexe d'autodéfense. Au lieu de chercher à le comprendre ou de le revoir pour en discuter, Angélique s'est alors murée dans la colère. Elle consulte régulièrement un gourou et se fait magnétiser le ventre plusieurs fois par semaine pour transmettre des « ondes positives » à son bébé. Bref, elle sabote le couple qui pourrait être une planche de salut pour ces deux personnes assez perturbées.

Certes, cette jeune femme a été victime d'une famille présentant de graves dysfonctionnements, mais elle est aussi en train de créer elle-même les conditions préalables à une tragique répétition de cet échec. L'enfant, qui viendra dans un mois, risque fort de naître sous de sinistres auspices : son père rêve d'une famille idéale et heureuse, avec un fils idéal auquel il ne correspondra pas ; quant à sa mère, elle lui fait déjà subir ses propres problèmes de personnalité.

Les narcissiques

Le désir des narcissiques dépend de l'admiration qu'ils parviennent à susciter. Pour cette raison, il est très vulnérable, puisqu'il dépend de la réaction d'autrui et du succès remporté. Inquiets, jamais satisfaits, les narcissiques sont des dons Juans modernes qui, dès qu'ils ont satisfait une envie, passent à une autre conquête.

Ainsi, le cas de Fabrice semble emblématique. C'est un séducteur, profondément marqué par son passé. Harcelé et séduit par un voisin alors qu'il avait à peine huit ans, il ne paraît pas, à première vue, avoir subi un traumatisme trop profond. En réalité, la violente intrusion de la sexualité adulte dans son développement affectif a brisé le lien entre la tête, le cœur et le ventre, créant un sentiment d'urgence et des impulsions sexuelles qui mettent en danger son couple.

Dans son adolescence, Fabrice a eu quelques liaisons homosexuelles, puis il s'est tourné vers l'hétérosexualité et s'est marié très vite, pour soulager son angoisse existentielle. Il a commencé tout aussi rapidement à multiplier les écarts, à l'insu de son épouse Bella. Il s'agissait simplement de femmes qu'il voulait impérieusement séduire, avant de consommer l'acte sexuel dans un relatif anonymat. Ces aventures répétées ne lui suffisant pas, Fabrice s'est mis à fréquenter les prostituées. C'est ainsi qu'il a été conduit, un jour, à faire un test pour vérifier qu'il n'avait pas contracté le sida. Bella s'en est aperçue et, après un interrogatoire serré, a découvert l'existence de ses frasques extra-conjugales.

Fabrice n'a avoué que ses infidélités. Aujourd'hui, il souhaiterait lui raconter ses expériences homosexuelles, sans s'être assuré au préalable qu'elle est capable, sur le plan psychologique, d'accepter cette révélation.

Narcissique invétéré, obsédé par ses pulsions sexuelles et son besoin de séduire, Fabrice est aussi un être profondément impulsif. Il affirme souffrir de carences affectives, ce qui le pousserait à multiplier les contacts. Paradoxalement, il se perd dans des rapports sexuels anonymes, qui le laissent insatisfait : il désire la mauvaise chose de la mauvaise personne. Fabrice est un *serial seductor*, un « séducteur en série » : il souffre de dépendance sexuelle, tout comme les joueurs pathologiques ne peuvent vivre sans aller au casino ou les cocaïnomanes sans leur dose. Ce besoin incontrôlé de séduire met son mariage en péril, alors que c'est la bouée à laquelle il peut se raccrocher.

La personnalité de ceux qui choisissent de vivre avec un narcissique (ou avec un tyran) mérite qu'on s'y arrête un moment. En général, ce sont les femmes qui sont séduites par ce type de profil, car même si les temps changent, la première perversion féminine reste le masochisme. Elles deviennent alors les esclaves ou les victimes d'hommes qui les exploitent. Souvent, ces femmes ont appris ce mécanisme au cours de leur enfance, à travers un rapport pathologique avec leur père ou leur mère. Ce sont donc des victimes sacrificielles prédestinées, prêtes à rencontrer un narcissique et à en tomber amoureuses. Bien souvent, il s'agit de petites filles bien élevées, « hyperadaptées », comme le dit Guy Corneau[4], qui n'ont pas acquis le droit de dire non. Certaines d'entre elles deviennent même complices de leur partenaire parce que l'érotisation masochiste a fini par remplacer le droit de désirer.

Les pervers

Ce sont souvent les esclaves de désirs excessifs, extrêmes. Nous en parlerons plus en détail dans le prochain chapitre. Contentons-nous, pour le moment, d'examiner comment un désir spécifique, comme le fétichisme du pied, peut influer sur une relation à deux.

J'ai reçu, récemment, cette confession de Francis, vingt-quatre ans. « Jusqu'ici, j'avais toujours eu une vie sexuelle normale, mais depuis quelque temps, je suis conditionné par un élément étrange, un amour inexplicable et quasi obsessionnel pour les pieds. Oui, les pieds des filles. Quand ils ne me plaisent pas, j'éprouve une sorte de blocage qui m'empêche d'être spontané et qui me pousse, parfois, à mettre un terme à l'histoire commencée. À mes yeux, le pied est la partie la plus sensuelle du corps humain, surtout durant les rapports sexuels. Se toucher avec les pieds, c'est l'expression de la plus grande confiance qui puisse s'instaurer entre deux personnes. Et si le pied que je touche et qui me touche, avec lequel je joue, n'est pas beau, je ne peux pas être moi-même. Surtout, je perds tout désir. »

Cet amour fétichiste permet de comprendre le mécanisme classique des petites perversions : l'excitation est atteinte par une action précise – se faire attacher ou se travestir – ou bien par une partie du corps – comme le pied. Ce genre de manie limite l'érotisme, et si les conditions dont le pervers a besoin pour s'exciter ne sont pas réunies, le désir disparaît. Dans les cas comme celui de Francis, il s'agit d'une « fixation » qui remonte souvent à l'enfance. Le pied (comme la jambe) est une partie du corps maternel située au niveau des yeux de l'enfant, et qu'il peut attraper dès qu'il commence à marcher. Francis pourrait donc consulter un psychologue pour mieux comprendre d'où vient cette passion sélective. Et surtout pour sortir de cet esclavage et s'intéresser non seulement au pied, mais au corps et même au cœur de la personne qui lui plaît.

Les hystériques

Les hystériques appelés aussi personnalités histrioniques oscillent eux aussi entre les périodes de grande séduction et les phases d'« anorexie sexuelle ». C'est ce que fait Barbara, belle jeune fille attirante et intelligente, qui vient me consulter pour un curieux problème : elle dit sentir un pénis au fond de son vagin. En réalité, il s'agit de son utérus qui se contracte pendant l'acte sexuel. Barbara fait de cette anomalie la cause de tous ses problèmes physiques, pour lesquels elle a déjà vu une dizaine de médecins et de psychologues. Avec certains d'entre eux, elle a même eu des relations sexuelles, pour vérifier sa normalité...

Cette jeune femme a fait l'amour pour la première fois à quatorze ans. Depuis, elle atteint facilement l'orgasme clitoridien, alors qu'elle a du mal à éprouver du plaisir avec un partenaire. Elle a un comportement de grande séductrice, mais ses rapports sexuels demeurent peu satisfaisants. De même, elle a mis en scène des tentatives de suicide, qui ont été suivies de périodes de boulimie.

Barbara est en apparence mue par un fort désir érotique, mais elle est plus fondamentalement convaincue de ne rien valoir. Son problème est clairement affectif. En revanche, sur le plan professionnel, elle se sent épanouie : elle a exercé différents métiers et travaille désormais dans une parfumerie. Elle est contente, parce que son sens des contacts est apprécié. Sa demande sexologique est manifestement atypique et, au cours de l'entretien, Barbara admet que dès qu'elle se sent en paix avec elle-même, elle se crée une nouvelle obsession pour pouvoir de nouveau se plaindre. J'ai même l'impression qu'elle a inventé un symptôme original afin de voir si elle réussissait à susciter ma curiosité. Quand la relation avec l'autre sexe est rapidement érotisée sans qu'un vrai rapport humain n'ait été établi au préalable, il convient d'éviter deux attitudes dangereuses : le piège de la séduction et la critique acerbe d'un comportement de toute évidence hystérique. La patiente, en l'occurrence Barbara, pourra peut-être trouver dans l'authenticité du thérapeute et dans sa disponibilité humaine, mais pas sexuelle, un modèle auquel s'identifier.

Les obsessionnels

Certaines personnes se surveillent exagérément et se rendent même esclaves de rituels sans lesquels elles ne peuvent pas vivre (comme de vérifier la fermeture des portes, des fenêtres ou le gaz avant de sortir). Cette attitude intellectuelle et « civilisée » conditionne toute leur conduite. Du point de vue social, les obsessionnels sont des êtres « irréprochables », polis, soignés et bien mis, mais ils manquent de spontanéité, se montrent très exigeants et ont le plus grand mal à exprimer leur libido. C'est toute l'histoire de Philippe, entrepreneur de cinquante ans, marié à Line. Pendant vingt ans, chacun a respecté des rôles traditionnels : le mari était honnête, consciencieux et peu intéressé par le sexe ; son épouse, très convenable, s'adaptait à sa personnalité et à son emploi du temps. Les activités sexuelles se limitaient au samedi soir, sans originalité aucune. Philippe faisait toujours l'amour de la même façon, observant méticuleusement une série de rituels bien précis – lumière éteinte, vêtements soigneusement pliés sur la chaise, douche rapide.

Depuis quelque temps, les choses se sont gâtées. Philippe affirme que ce sont les nouvelles amies de son épouse qui l'ont transformée en femme agressive, revendicatrice et perpétuellement insatisfaite. En fait, lors d'un cours de biodanse, Line a rencontré des femmes très différentes avec qui elle s'est liée d'amitié. Elle a alors découvert de nouveaux aspects de sa personnalité. Surtout, elle a compris qu'elle était lasse d'un mari hypercontrôlé, ennuyeux, obsessionnel, et elle a décidé d'avoir des aventures avec d'autres hommes. Dans un excès de transparence affective, elle l'a avoué à son époux et l'a profondément blessé.

Line et Philippe se sont séparés, tout en continuant de vivre l'un près de l'autre. Ils ont en effet réaménagé leur grande maison, et comme leurs deux enfants n'habitent plus là, ils en ont fait deux appartements. Cette décision singulière révèle la force du lien qui existe encore entre eux. Philippe a une personnalité stable et rigide : il est comme pétrifié dans un rôle dont il ne réussit pas à sortir. Line, elle, ne supporte plus que son mari ne fasse bien l'amour que lorsqu'il a peur de la perdre. Dès qu'elle revient vers lui, il se tranquillise, et son intérêt chute. Tant que Philippe continuera d'être soumis et complémentaire des besoins de sa femme, la situation n'évoluera pas, figée dans un « ni avec toi ni sans toi ». Le compromis logistique des deux appartements est révélateur de cet état de fait.

Les polyphobiques

Peur de l'intimité, d'atteindre le plaisir, de le partager, de se laisser aller : telles sont les craintes érotiques des polyphobiques qui, comme leur nom l'indique, vivent avec plusieurs objets de peur.

C'est notamment le cas de Julien, trente-quatre ans. Enfant, il a vécu dans un milieu familial oppressif, qui a fait naître une forte angoisse. Son père a disparu quand il avait huit ans ; sa mère s'est remariée deux ans plus tard avec un homme froid et sévère, qui hurlait, la battait et ne l'a jamais aimée. Dans cette atmosphère tendue, Julien a continué d'étudier, avec un seul rêve : fuir au plus vite. Il a commencé à travailler très jeune, dès que l'occasion s'en est présentée. C'est aujourd'hui un entrepreneur prospère qui passe une grande partie de son temps en Orient.

Jusqu'à l'âge de trente ans, Julien n'a connu aucune difficulté sexuelle ; l'important pour lui était de ne pas s'engager affectivement. Peu à peu, pourtant, l'énergie psychique dépensée à contenir ses pulsions s'est épuisée. Une personnalité angoissée, caractérisée par différentes phobies est alors apparue. Julien doit se forcer pour prendre l'ascenseur ; s'il est obligé de voyager en avion pour son travail, il transpire pendant toute la durée du voyage ; la nuit, il ne dort jamais dans l'obscurité totale. Ces signes évidents de claustrophobie se manifestent aussi dans le domaine affectif.

Julien, qui s'est marié il y a deux ans, voit les questions de sa femme sur son travail comme un véritable interrogatoire. Celle-ci n'est pourtant pas particulièrement possessive, mais Julien s'en offense et se ferme. Dans un premier temps, il l'a « punie » en lui imposant une période d'abstinence sexuelle, puis, peu à peu, sa libido a brutalement chuté. Sa femme en souffre beaucoup.

Malheureusement, Julien est une sorte d'oiseau migrateur, qui ne s'accomplit qu'à travers ses fréquents voyages ; ce n'est pas un hasard si ses activités les plus fructueuses sont en Orient, par-delà la mer. Son désir est excité par la découverte et la conquête, tandis que le foyer représente surtout une tanière où se reposer ou, pire, un piège étouffant. Je crois que pour ce mariage, la seule issue est la rupture ; ou alors, ce sera une forte lutte de pouvoir, dans laquelle un des partenaires imposera ses exigences. Lutte que Julien a, d'ailleurs, déjà engagée. Son arme, pour vaincre son adversaire ou, plutôt, pour se saboter lui-même, est le muselage de son propre désir.

CHAPITRE VI

De nouveaux adversaires

Nous venons d'examiner les principaux ennemis du désir, en cherchant à comprendre lesquels d'entre eux sont causés par des événements extérieurs et lesquels résultent au contraire de malaises personnels. Cependant, les facteurs qui font peser un risque sur la libido du couple sont bien plus nombreux, au point qu'il nous faut encore en parler dans ce chapitre. Ces autres obstacles combinent les troubles intérieurs et les événements extérieurs.

LES DOUBLES VIES

C'est l'histoire d'une femme mariée, mère de plusieurs enfants, qui a réussi à cacher sa véritable identité à son mari pendant plus de vingt ans – à savoir son nom, son origine et sa condamnation pour homicide. Certes, ce fait divers est un cas extrême, mais il confirme que la vie privée, qui devrait être transparente, se nourrit de secrets et de mensonges qui ont le plus souvent (mais pas dans ce cas-là, bien entendu) un effet aphrodisiaque. Les mystères de l'attirance recèlent sans aucun doute le plaisir de conserver en soi des mondes cachés.

Mener une double vie peut consister à avoir un comportement surprenant, parallèle et quasiment complémentaire du comportement habituel, comme le docteur Jekyll et Mr. Hyde. C'est aussi, plus fréquemment, se réserver un petit espace privé, une sorte de cave ou de grenier dans notre appartement mental, qui s'ouvre périodiquement et seulement dans des conditions particulières. Cette habitude peut se situer dans les limites admises de la « normalité » et être sans conséquences. À condition, toutefois, que le partenaire, s'il en découvre l'existence, ne vive pas ces pratiques secrètes comme un manque de respect ou une violation de l'intimité.

Les polygames modernes

Pour commencer, efforçons-nous de cerner les caractéristiques de ceux qui choisissent de mener deux vies parallèles. Ce sont en général, et par tradition, des hommes qui se « bâtissent » deux maisons dans deux villes différentes ou bien qui, en plus de leur épouse, ont une maîtresse attitrée parfois depuis des années, ou encore deux fiancées qui s'ignorent. Mais qui sont ces polygames clandestins ? Précisons en premier lieu que les conditions préalables à ce genre d'existence sont a/ une certaine aisance matérielle ; b/ un métier qui éloigne de chez soi ; c/ une bonne mémoire ; d/ une grande énergie (autrement, les Noël et les anniversaires risquent de devenir un parcours d'obstacles). Cela étant, on peut distinguer trois types d'hommes.

1. *L'homme faible.* Contrôlé par une épouse qui gère la totalité du ménage, il essaie de flirter avec une autre femme, qui se révèle parfois aussi autoritaire que la première. Ce type d'homme subit souvent passivement la lutte qui finit par opposer les deux rivales, soucieuses l'une et l'autre de ne pas perdre le pouvoir qu'elles détiennent. Il finit donc par avoir une double vie presque involontairement parce que, d'une certaine façon, il devient la victime des deux femmes entre lesquelles il s'est partagé.

2. *L'homme narcissique.* Une seule femme ne lui suffit pas. Il se comporte comme un marionnettiste manipulateur.

Un peu patriarche, un peu chef de tribu, il n'a aucun mal à s'imaginer sur une île déserte avec tout son clan.

3. *L'homme qui ne sait pas concilier tendresse et érotisme* (cas le plus fréquent). Il commence deux relations pour satisfaire des besoins très différents. Ce genre de comportement est un « résidu » d'attitude enfantine qui apparaît quand l'enfant n'éprouve pas les mêmes sentiments envers ses deux parents. Les hommes de ce type ont souvent une double liaison avec deux femmes opposées mais complémentaires : l'une représente la stabilité, l'autre l'aventure ; l'une punit, l'autre console ; l'une subvient aux besoins, l'autre dépense l'argent.

Voyons maintenant quelles sont les femmes qui acceptent ce genre d'hommes. Ce sont principalement des femmes faibles qui se résignent devant la situation, qui ont peur d'être abandonnées ou bien qui aiment tellement leur mari qu'elles tolèrent un compromis plutôt que de le perdre totalement. Il s'agit souvent de personnes qui, dans leur jeunesse, ont connu de douloureuses séparations (enfants de divorcés, d'immigrés ou de diplomates). Enfin, il y a les femmes généreuses et lucides, qui savent que les unions ne sont pas éternelles et qui supportent l'autre liaison par amour et philosophie.

La question est alors de savoir si une double vie est un signe de régression, d'immaturité ou, plutôt, de richesse intérieure. Le problème n'est pas tranché, mais il faut savoir que l'un des fantasmes érotiques les plus fréquents chez l'homme est de s'imaginer à la tête d'un harem.

Petites et grandes transgressions

Une des caractéristiques de toute perversion est son caractère relativement discordant par rapport au reste de la personnalité de l'individu. Une personne « normale » ou même névrotique peut en effet être comparée à une maison : les diverses pièces communiquent entre elles mais ont, chacune, une fonction bien définie. Il y a des escaliers, des couloirs qui relient la cuisine à la salle à manger, à la chambre à coucher, etc. Les sujets dont la personnalité est organisée de façon perverse possèdent, eux, une « chambre de torture », totalement isolée du reste de la maison et accessible seulement à quelques élus et dans certaines situations. Ces individus peuvent aussi changer de rôle et de contexte. Ils peuvent adopter un comportement transgressif lors de leurs déplacements professionnels mais s'ennuyer systématiquement dans le lit conjugal.

Souvent, la composante perverse apparaît dans des situations régressives (par exemple, sous l'emprise de la boisson) ou lors d'une période difficile psychologiquement. Comme dans le cas de Marc, quarante ans, employé spécialisé, licencié après la restructuration de l'usine dans laquelle il travaillait depuis dix ans. À cet échec professionnel est venue s'ajouter une grosse déception personnelle. Après avoir passé une série d'examens dans le but de savoir pourquoi il ne réussissait pas à avoir d'enfant avec sa femme, Marc a en effet découvert qu'il était stérile. Son épouse a très mal réagi et lui a fait sentir qu'elle le tenait pour un minable. Ces critiques ont poussé Marc, jusque-là plutôt réservé, à s'exhiber dans les parcs de la ville.

Les séducteurs en série font aussi partie des sujets « atypiques ». Ce sont des personnes qui ont besoin de réaliser des désirs narcissiques ou de lever des doutes sur leur identité. La soif de séduire ou de consommer sexuellement de nouveaux partenaires devient une drogue. Ceux qui souffrent de cette obsession compulsive sont désignés par le néologisme de *sexalcoholics* ou « drogués du sexe ».

Le déni et le clivage de la personnalité perverse sont évidents dans le récit que Thérèse, trente ans, fait de son partenaire. « Nous nous sommes " mis ensemble "très jeunes. Trop jeunes sans doute, mais je pensais que notre amour était éternel... Au prix de nombreux sacrifices, nous avons fait construire une maison, qui est maintenant presque terminée. Tout semblait aller pour le mieux. Jusqu'à ce que j'apprenne cet été par la petite amie de mon frère que mon fiancé lui avait fait des avances très poussées. Le ciel m'est tombé sur la tête... Quelques jours plus tard, nous en avons parlé et j'ai essayé de comprendre. Tony s'est justifié en disant qu'il ne savait pas vraiment pourquoi il avait fait cela. Il pleurait... Dans un moment de découragement, je me suis confiée à une amie, et à ma grande stupeur, elle m'a avoué que quelques années plus tôt, Tony avait également essayé de la séduire, sans succès. Alors qui sait avec combien d'autres filles il a tenté sa chance ! Et peut-être certaines ont-elles dit oui. Malgré cela, nous essayons de rester ensemble. Il m'a suppliée de ne pas le quitter ; il dit que sa vie n'aurait pas de sens sans moi. Belles paroles ! Je ne sais même plus si je l'aime encore. »

Thérèse, bouleversée par ce qu'elle a appris, a des raisons d'être amère. Pourtant, avant d'en venir à une décision radicale et de quitter l'homme qu'elle a tant aimé, elle devrait s'efforcer de comprendre ce qui a pu motiver le comportement de son fiancé. Je pense que Tony n'agit pas par manque d'amour ou pour lui faire du mal, mais à cause d'impulsions sexuelles qu'il ne réussit pas à maîtriser et dont il ne comprend peut-être même pas le sens.

Jusqu'ici, nous avons simplement parlé du besoin compulsif d'avoir des rapports sexuels et de séduire, parfois à l'insu de son partenaire officiel. Toutefois, le monde des perversions est bien plus vaste et inclut quelques désirs vraiment atypiques, comme ceux décrits par Richard von Krafft-Ebing et Havelock Ellis au début du siècle et récemment « réactualisés [1] ». Tous les types de préférences sexuelles, à la limite de l'imagination humaine, s'y retrouvent. On peut citer le *felching*, qui consiste à introduire dans l'anus ou le vagin de petits animaux vivants, comme des grenouilles et des petits poissons, de façon à être excité par leurs mouvements. Il y a aussi le *stuffing*, qui veut que l'on utilise lors des rapports sexuels des objets achetés dans les sex-shops (vibromasseurs), des ingrédients de cuisine (concombres, fraises, carottes, bananes) ou encore des outils (tournevis, clés anglaises). Une autre habitude est le *piercing* localisé : des anneaux sont accrochés aux mamelons, dans le scrotum ou sur les grandes lèvres afin que l'afflux de sang lors de l'excitation sexuelle permette de sentir plus intensément la partie concernée.

Citons encore les personnes qui ne peuvent atteindre le plaisir que si elles sont munies d'accessoires en cuir (fouet, cuissardes) ou déguisées en bébé (bonnet, biberon). Et n'oublions pas, pour finir, les *shit-lovers* ou coprophiles et les amateurs de grands frissons qui, pour renforcer l'orgasme, agissent sur l'absorption d'oxygène en utilisant des cordes, des sacs en plastique ou même leurs mains (avec le risque d'entraîner la mort par asphyxie).

Il est clair que l'on pourrait prolonger cette longue liste, tant sont nombreux les individus qui expérimentent des pratiques sexuelles extrêmes. Ces comportements ne sont d'ailleurs pas toujours tenus secrets. Pensons au succès remporté par un film comme *Crash* [2], dans lequel le couple de protagonistes atteint le plaisir suprême en recherchant et en provoquant l'accident de voiture. Au fond, toutes les variantes sexuelles peuvent être vues soit comme des marques de liberté, soit comme des vices dangereux.

Une perversion douce

Certains comportements sexuels, autrefois condamnés, sont désormais considérés comme « normaux » ou acceptables. Un exemple classique est celui de la sodomie, pratiquée de toute éternité mais rarement reconnue. Ce n'est pas un hasard si Shakespeare en parlait comme d'une « habitude italienne », les Français comme d'un vice allemand et les chrétiens comme d'une coutume turque. Où aurait-on pu imaginer pareille chose, sinon à l'étranger [3] ?

Les rapports anaux, qui sont encore condamnés dans certains États américains puritains, sont répandus et tolérés en Europe, bien que leur fréquence soit inférieure à celle des rapports oraux. En France, selon les statistiques du rapport Spira [4], ils concerneraient 30 % de la population adulte.

D'après les recherches du professeur Porto [5], menées sur cent cas à Marseille, la sodomie peut être une forme de violence ou un acte de grande intimité. Elle peut cependant devenir un obstacle au désir si elle se transforme en exigence obsessionnelle et finit par faire disparaître toute autre forme de sexualité conjugale. Je reçois de nombreuses lettres de femmes gênées par ce type de variante érotique. Je parlerai plus précisément de trois d'entre elles, car leurs propos résument les interrogations les plus fréquentes.

Lettre 1. Anne est une femme de quarante ans, mariée et heureuse. Elle s'adonne régulièrement à cette pratique avec son mari mais voudrait être rassurée sur sa « normalité ». Ce que je fais. En effet, on peut juger de cette variante en fonction de quatre types de normalité : 1/une normalité statistique : les rapports oraux et anaux sont de plus en plus fréquents dans la vie des couples ; 2/une normalité « religieuse » : ce comportement doit être considéré comme un péché, car il n'a pas pour finalité la procréation ; 3/une normalité « médico-légale », qui accepte cette pratique à condition qu'elle soit le fait d'adultes consentants ; 4/une normalité « psychologique subjective », suivant laquelle Anne et son mari semblent épanouis et satisfaits.

Lettre 2. Sandrine me raconte que son compagnon lui a demandé avec insistance d'accepter cette variante. Elle a d'abord dit oui, mais quand ils font l'amour, elle s'y refuse, parce qu'elle craint que le désir de son partenaire ne s'en trouve ensuite diminué. Il est naturel d'avoir peur d'accepter un acte qu'on ressent peut-être comme violent ou excessif, mais le refuser après avoir dit oui n'est pas le meilleur moyen de préserver le désir de l'autre. Sandrine devrait d'abord se demander si elle veut vivre ce type d'expérience avant de prendre une décision définitive.

Lettre 3. Renée est amoureuse d'un garçon avec qui elle n'a que des rapports anaux. Elle s'inquiète à juste titre, car il existe d'autres possibilités de vivre une sexualité de couple. Oui, donc, aux rapports anaux s'ils s'intègrent dans le cadre d'une sexualité heureuse, s'ils sont considérés comme une variante possible du jeu érotique et s'ils sont désirés par les deux partenaires. Autrement, ils risquent non plus d'attiser le désir, mais de le tuer, et, avec lui, la sexualité conjugale.

Le sexe exotique

Une liberté toujours plus grande nous conduit maintenant à tolérer presque tous les comportements sexuels, à condition qu'ils soient vécus dans le respect de l'autre et qu'ils n'attentent pas à l'intégrité physique. Dans cette optique, il ne faut pas diaboliser les rapports sadomasochistes entre adultes consentants, s'ils ne provoquent pas trop de pertes d'hémoglobine... En revanche, il faut condamner fermement les pédophiles, parce que leur désir sexuel trouve son objet non pas chez des adultes libres de choisir, mais chez des enfants qui sont séduits, voire achetés.

Certaines habitudes sont parfois, à tort ou à raison, considérées comme de simples variantes de la normalité. C'est le cas des voyages érotico-touristiques en Thaïlande ou à Cuba. Mon ami Léo, par exemple, accomplit chaque année cinq pèlerinages d'une dizaine de jours à La Havane. Sa femme le sait et le tolère. C'est un industriel connu, bel homme, qui a deux grands enfants étudiants. Il m'explique de façon presque ingénue que sans cette parenthèse exotique, il ne se sentirait pas vivant et aurait sans doute des aventures en ville qui mettraient en péril la stabilité de son mariage. Si je comprends bien, Léo va à Cuba pour le bien de son épouse ! Sur un ton moins triomphant, il ajoute toutefois qu'il rapporte souvent de ces voyages de « petites » infections mais qu'il a réussi, jusqu'à présent, à ne pas contracter le sida...

Depuis toujours, l'éros échangé contre de l'argent est très répandu. Cela peut paraître surprenant en une période de grande liberté sexuelle comme la nôtre. Ce qui l'est peut-être plus encore, c'est le succès des travestis qui possèdent même parfois certains attributs physiques féminins (des seins, par exemple, tout en silicone). Il suffit de regarder sur les boulevards périphériques des villes pour comprendre que les travestis plaisent aux hommes les plus honorables, bons maris et pères de famille honorables. Que cache ce désir ? Une homosexualité latente ? Le problème est en fait plus complexe. Les travestis utilisent des signes de séduction primaires – gros seins, perruque, hauts talons, plumes d'autruche, etc. – qui rappellent les stéréotypes féminins. D'autre part, leur séduction ne se limite pas au champ visuel : ils offrent le sexe, et un sexe bien particulier, puisque tout en étant très féminins (par les seins ou les vêtements), ils restent biologiquement des hommes. Pour expliquer ce phénomène, on peut avancer l'hypothèse selon laquelle l'identité masculine se serait affaiblie dans notre société au point que le désir d'un grand nombre d'hommes serait plus fort quand ils se trouvent face, non pas à une femme, mais à un mélange des deux sexes. Ce mixte stimulerait aussi la composante passive de la sexualité, plus développée chez les hommes d'aujourd'hui. Toutefois, il faut aussi rappeler que la figure de l'androgyne – dont le travesti, transsexuel ou non, est la représentation post-moderne – est depuis toujours un objet de désir. Elle incarne, en effet, l'idée de complétude, de réunion des deux pôles masculin et féminin.

La liberté sexuelle peut certes apporter des frissons d'excitation – ce qui est sans nul doute préférable à l'ennui que finissent par ressentir les « fonctionnaires » du sexe. Mais la perversion peut aussi se révéler non pas libératrice mais étouffante, par l'esclavage qu'elle entraîne, par la perte progressive d'intérêt en dehors de cette obsession maniaque (qu'il s'agisse du pied du fétichiste ou d'un film pornographique) et par la satisfaction d'un besoin partiel qui remplace toutes les autres composantes de la sexualité. En outre, un phénomène de saturation se produit très vite, ce qui explique qu'on regarde rarement un film pornographique deux fois de suite. En effet, il y a une inévitable course à la nouveauté, avec ajout constant d'accessoires inédits ou de partenaires inconnus. La perversion, souvent vécue comme liberté sexuelle, provoque alors des excitations répétées mais éphémères, au détriment de la qualité de l'expérience érotique.

Souvent, on peut noter chez les individus qui affichent leur comportement transgressif avec ostentation une certaine froideur émotive, un détachement face aux événements, voire un cynisme raffiné. La recherche frénétique du plaisir, de l'« érosphère » comme disait Emmanuelle Arsan ou du « monde particulier » érotisé par Georges Bataille, finit par déboucher sur un renoncement au rapport à deux. Le plaisir l'emporte sur la relation, qu'il peut même finir par remplacer totalement. Même s'il apporte d'intenses satisfactions éphémères comme en procure la consommation de cocaïne ou d'ecstasy, il se partage difficilement.

Le psychanalyste Robert Stoller l'a bien montré [6], la perversion comporte une forte composante mortifère, parce que le désir de destruction implicite est très puissant, surtout dans le cas du sadisme. Or quand Éros est étouffé par Thanatos, sa domination mène à la mort de la relation mais aussi du désir. De ce point de vue, le film *Kissed* [7], présenté au festival de Cannes en 1997, est emblématique : la protagoniste parvient à de formidables orgasmes avec les cadavres de jeunes mâles séduisants, alors que ses rapports sexuels avec son petit ami sont loin d'être aussi excitants.

LA PEUR DE RÉUSSIR

À l'école, la peur d'échouer engendre parfois un sentiment d'angoisse et, de ce fait même, l'échec. Il peut s'agir d'une crainte qui remonte à l'enfance et aux toutes premières expériences scolaires. Dans les cas les plus graves, le sujet est comme paralysé, alors même qu'il lui faudrait précisément être en mesure de donner le meilleur de lui-même. Or le sexe peut être vécu comme un examen, et la peur de « rater » finir par créer des troubles – éjaculation précoce, problèmes d'érection, etc. Si ce type d'expérience négative se répète régulièrement, le désir commence alors à baisser en raison d'une réaction d'autoprotection. Le sujet tend à renoncer à ce qu'il ne réussit pas par un mécanisme d'adaptation qui pousse à reproduire les actions ou les situations valorisantes et à éviter celles où nous échouons.

Selon la thèse très approfondie d'Helen Kaplan [8], la peur d'échouer cacherait en réalité une peur plus profonde, celle de réussir. Favorisée par notre société concurrentielle et encouragée dans toutes les sphères éducatives, la réussite, objectif légitime, va en effet de pair sur le plan psychologique avec un ensemble de risques inconscients et involontaires qui sont la clé de comportements « atypiques », comme le sabotage sexuel.

C'est le cas de Gilda, très belle jeune fille qui s'efforce à tout prix de dissimuler son pouvoir de séduction. Voici son histoire : « Ma beauté me crée toutes sortes de problèmes avec les autres. Je me sens bête. Il n'y a pas que moi pour penser ainsi ; même mon petit ami me traite comme une " godiche ".... J'ai toujours souffert de ce complexe d'infériorité, mais depuis que je suis avec lui, c'est encore pire. Je me suis inscrite à l'université, mais je n'ai passé aucun examen, je n'ai même pas essayé. Chaque fois que j'ouvre un livre, je me dis : " De toute façon, tu n'y arriveras pas. "

« En outre, je suis devenue très jalouse depuis que mon fiancé m'a trompée. Du coup, nous ne sortons plus que tous les deux. Je crois qu'il a un peu honte, parce que je ne brille pas en société et que je ne sais pas participer à la conversation. Je vais seulement en discothèque. Là, au moins, on ne peut pas parler... En fait, c'est un cercle vicieux. Je me sens bête, et je me comporte en conséquence. Les autres me jugent fatalement stupide et je m'en estime encore moins.

« Et puis, je ne m'aime pas physiquement. Je mets des vêtements très larges pour cacher mes hanches pleines ; je me cache la bouche quand je parle parce que j'ai les lèvres trop charnues. Je suis allée voir un chirurgien esthétique ; il m'a conseillé d'aller voir un psychologue plutôt que de me faire opérer. Mes parents y sont opposés mais, moi, j'aimerais bien essayer. Ma relation avec mon ami se dégrade de plus en plus. J'ai l'impression que pendant l'amour, il m'utilise. Il me demande des choses que je n'ai pas envie de faire et refuse ce que j'aime. »

La vie de Gilda est une tentative permanente pour paraître moins belle et moins intelligente qu'elle ne l'est. Le chirurgien a bien fait de refuser de modifier ses traits. Elle aurait plutôt besoin de l'aide d'un psychologue, afin de retrouver un peu d'estime personnelle, de comprendre pourquoi elle n'arrive pas à accepter les aspects positifs de sa féminité et de son intelligence, d'analyser les raisons qui l'amènent à considérer la séduction comme une arme dangereuse. On peut supposer que Gilda a dû énormément souffrir dans son enfance de sa beauté. Ce passé est aujourd'hui bien lourd à porter – peur du succès, peur de trop plaire, peur d'être trop belle...

L'auto-sabotage affectif

On retrouve chez Marion une attitude semblable, quoique les modalités en soient différentes. Cette jeune femme continue de se comporter selon un scénario d'échec. Quand elle était petite, sa mère lui répétait souvent : « Chaque mois, j'ai des règles douloureuses. Ta grand-mère avait le même problème. Ça t'arrivera à toi aussi. » Depuis, sans qu'aucune hérédité biologique plausible ne puisse confirmer ce sombre pronostic, Marion va très mal, une fois par mois. Sa mère, qui avait épousé un mari tyrannique, lui disait aussi : « Méfie-toi. Tous les hommes sont dangereux et égoïstes. » Alors, à trente-cinq ans, Marion vit toujours seule, quoiqu'elle soit jolie, intelligente et qu'elle ait un bon travail. En fait, ses histoires finissent mal parce qu'elle se livre à un sabotage inconscient, croyant, comme sa mère l'en a convaincue, qu'il n'existe pas d'homme bon. À travers une thérapie, je m'efforce de lui faire comprendre que c'est faux.

Dans certains cas, le sabotage affectif peut même être conscient, comme chez Mireille qui reconnaît ne pouvoir s'empêcher de tout détruire. Après sa dernière rencontre amoureuse, avec un homme qui l'a comblée d'attentions presque exagérées, elle a pris peur. L'empressement manifesté lui a fait douter de la sincérité des sentiments éprouvés. En quelques jours, elle a décidé de rompre, plutôt que de courir le risque d'être déçue. Cette fois encore, elle a renoncé à la possibilité d'établir un lien avant même qu'il n'existe.

J'ai conseillé à Mireille de choisir entre deux thérapies distinctes, l'une axée sur le *comment* de son comportement et l'autre sur le *pourquoi*. La première vise à lui faire prendre conscience de sa tendance à s'emballer et à créer ensuite des antidotes pour freiner ses élans impérieux. Il est néanmoins clair que la thérapie de fond sera la « thérapie du pourquoi », car cette impulsivité cache sans aucun doute une très grande peur. Découvrir que l'on est à l'origine de ses échecs est déjà une victoire et peut, en tout cas, être mieux supporté que l'idée d'être abandonné. Telle est d'ailleurs la thèse du livre de Steven Berglas et Roy F. Baumeister[9], selon lesquels notre « pire ennemi » pourrait bien être nous-même.

En réalité, l'art subtil de se faire du mal a une valeur stratégique, parce qu'il nous évite une réussite que nous ne nous sentons pas en mesure de gérer. Sur le plan affectif ou sexuel, cette thèse explique pourquoi tant de femmes (et d'hommes) font échouer leurs histoires d'amour et ne se permettent pas d'éprouver un plaisir qu'ils jugent destructeur et dangereux. Cet auto-sabotage affectif et sentimental leur donne un sentiment de protection.

Il existe une catégorie particulière d'auto-saboteurs, qui ne relèvent le défi qu'à condition de partir avec un handicap. Autrement dit, ces individus ne sont prêts à se battre pour parvenir à un objectif que si, au départ, ils sont en mauvaise posture. L'exemple le plus célèbre est celui du joueur d'échecs français Deschapelles qui déclarait avoir appris à jouer en deux jours. Lorsqu'il commença à gagner, il décida de n'accepter de nouveaux défis qu'en accordant un gros avantage à son adversaire – un pion de plus et le privilège du premier coup. Deschapelles se protégeait ainsi d'une défaite possible et insupportable : s'il perdait, on pensait que c'était lié à son désavantage initial ; s'il gagnait, c'était un véritable triomphe.

Un bonheur dangereux

La peur de réussir est manifeste dans l'histoire de Béatrice et Grégoire, qui ont traversé une grave crise de couple pour laquelle je les ai suivis pendant près de trois ans. Après une séparation douloureuse et deux thérapies individuelles, ils ont décidé de revivre ensemble et de se choisir selon de nouveaux critères. Leur sexualité et leur intimité de couple se sont améliorées, mais ils ont tout de suite vu resurgir un vieux mécanisme que Béatrice active depuis son enfance, pour se défendre contre sa peur de réussir : le sabotage du plaisir, dont le but est d'interdire un bonheur qui, dans son imagination, comporte des dangers. Par chance, la thérapie et les accidents de la vie à deux l'ont pour ainsi dire obligée à puiser des énergies au plus profond d'elle-même, et aujourd'hui, son érotisme est plus vif et plus actif – ce qui a agréablement surpris son mari et l'a rapproché d'elle. Malheureusement, Béatrice n'arrive pas à en faire autant dans le quotidien et émet surtout des messages négatifs, faisant ainsi renaître chez Grégoire le vieux ressentiment qu'il éprouve à l'idée d'être tout le temps critiqué, au lieu d'être encouragé et aimé.

Si la peur de l'échec est relativement bien identifiable – par exemple, la crainte très masculine de ne pas parvenir à l'érection –, la peur de la réussite, elle, est plus insidieuse. Pour celui qui en devient la victime, c'est comme si la réussite affective et érotique devait entraîner non pas le bonheur, mais une suite de catastrophes. L'un des moyens de transformer les fantasmes de sabotage qui accompagnent cette peur consiste à demander aux personnes qui en souffrent d'imaginer ce qui se passerait si elles suivaient leurs impulsions.

À travers les réponses données transparaissent parfois d'anciennes peurs, comme celle d'être puni pour des expériences de masturbation. Dans d'autres cas, comme celui de Béatrice, ce sont des fantasmes œdipiens résiduels qui persistent. Enfin, la peur de réussir peut être alimentée par l'idée qu'en grandissant, les autres vieillissent et finissent par mourir, suivant un principe d'exclusion qui veut que l'évolution positive des uns provoque la destruction des autres.

Du sabotage au masochisme

La peur de réussir peut se transformer en auto-sabotage puis en érotisation de l'échec. Cette perversion a été récemment analysée par Louise J. Kaplan [10] à partir des concepts élaborés par Helene Deutsch. Il ressort de cette étude que si l'homme est un spécialiste des perversions les plus diverses, la femme, elle, a le monopole du masochisme.

C'est ce que montre l'histoire de Jeanne, trente ans, qui vit de façon très précaire. Cette femme a exercé plusieurs métiers, mais toujours pendant de brèves périodes. Elle a été représentante, infirmière dans un service de gériatrie avant de suivre son penchant écologique et d'aller vivre dans une ferme biodynamique. Depuis six mois, Jeanne est sans travail. Sur le plan affectif aussi, elle a toujours mené une vie de bohème. Il lui est arrivé d'accepter des cadeaux et même de l'argent de certains hommes, de se faire entretenir, ce qu'elle vivait sans honte, comme une façon de profiter de la vie.

Mais voilà, aujourd'hui, Jeanne est amoureuse de Dominique. Grand, en apparence machiste, c'est en réalité un garçon tendre et pacifique. Jeanne a d'abord été attirée par lui parce qu'il possédait une collection de gadgets militaires qui ont déchaîné en elle des fantasmes sadomasochistes. Elle lui a offert des menottes et, dans un crescendo d'érotisation, elle a souhaité être insultée et battue, de plus en plus fort. En fait, Jeanne semble chercher la soumission plus que la douleur. Elle parle de tout cela avec une certaine indifférence, et l'on ne sait pas trop si elle souffre ou si elle joue.

Elle s'anime bien davantage lorsqu'elle raconte son histoire familiale. Se détachent tout particulièrement les figures de ses parents : une mère futile et insipide, et un père violent et infidèle, porté sur la boisson. Jeanne nourrit des sentiments de colère vis-à-vis de son père, tout en reconnaissant qu'elle a les mêmes accès de rage. Apparaissent également chez elle, comme chez les victimes de son père, des composantes masochistes.

Jeanne a accumulé une grande colère liée à son père, agressif et injuste, mais aussi au voisin qui l'a abusée sexuellement à l'âge de quatorze ans. Ne pouvant se décharger de sa rage, elle reste en quelque sorte à mi-chemin, oscillant entre des attitudes agressives et des conduites autopunitives. À l'heure actuelle, elle vit ses fantaisies sexuelles davantage comme un jeu que comme une obligation. Le plus inquiétant est son masochisme moral. À trente ans, Jeanne se retrouve sans travail, sans formation professionnelle, avec de nombreuses aventures sans lendemain et une première histoire sérieuse qu'elle cherche cependant à saboter. Par chance, elle demande de l'aide et en saisissant cette perche, signe de son authentique souffrance, nous pourrons peut-être l'aider à changer.

Dans l'histoire de Jeanne, on retrouve de nombreux ennemis du désir, comme la peur de réussir ou la colère non transformée en énergie positive (nous en reparlerons plus loin). Le trait le plus inquiétant chez cette jeune femme reste toutefois son masochisme.

La tendance des femmes à se faire du mal ne se cantonne pas au domaine affectif. La psychologue américaine Dusty Miller parle très justement de toutes celles qui livrent à leur corps une guerre sans pitié [11]. Derrière une alcoolique, une boulimique, une « accro » aux neuroleptiques ou bien une maniaque des régimes, se cache le même mécanisme, celui de la remise en scène d'un traumatisme passé – abandon, violences sexuelles, inceste ou, même, hyperprotection des parents. Les femmes qui ont connu ce genre d'expériences retournent leur agressivité contre elles-mêmes, pour ne pas « rendre les coups ». Il est traditionnellement beaucoup plus acceptable de supporter les blessures et les humiliations si l'on est une femme que de se montrer agressive ou violente à la manière des hommes. Certaines femmes n'hésitent d'ailleurs pas à « écrire » leurs souffrances sur leur corps [12]. C'est le cas des adolescentes qui se mutilent avec des lames de rasoir ou des épingles à nourrice, ou encore des quinquagénaires qui passent d'un chirurgien à l'autre. Mais il y a aussi des « perversions éthiques » très féminines, comme de choisir systématiquement un homme qui ne convient pas ; de faire marche arrière lorsqu'on est à deux doigts de réussir professionnellement ; ou bien de vivre le succès comme une faute. Et peu importe, tout compte fait, que l'on se fasse mal ! Cette perversion typiquement féminine peut masquer une peur de réussir, d'échouer ou, simplement, une grande souffrance intérieure.

LA PEUR DE L'INTIMITÉ

L'intimité fait parfois plus peur que la sexualité, et il arrive même que certains utilisent le sexe pour éviter les relations intimes [13]. C'est un mécanisme typique du pervers, dont nous avons parlé plus haut, qui séduit de façon compulsive et anonyme pour ne pas s'impliquer sur le plan affectif.

Il faut aussi rappeler que la peur de l'intimité est par tradition plus masculine que féminine. Ainsi, Gilles, trente-sept ans, cadre supérieur fiancé depuis six ans avec Martine, partage presque tout avec son amie – les vacances, les amis, les problèmes. En revanche, il ne veut pas renoncer à son appartement qui est un peu sa tanière et où il garde tous ses vêtements et ses livres. Il trouve mille prétextes pour ne pas chercher une maison avec sa fiancée, parce que pour lui, partager l'intimité de tous les jours, avoir des enfants, fonder une véritable famille est une perspective effrayante.

Chez Stéphanie, la volonté de ne pas cohabiter cache peut-être la même peur. « J'ai vingt-huit ans, mais l'âge mental d'une gamine de dix-sept ans. Mon ami, qui en a presque quarante, s'énerve de plus en plus souvent de mes hésitations. Rien à faire pourtant : je n'arrive pas à me décider à aller vivre chez lui. J'ai peur de la vie à deux. Je pense souvent à ma camarade de terminale, désinvolte et bordélique. Je suis restée attachée à la magie de mes dix-sept ans, et je ne veux pas y renoncer. »

Cette jeune femme ne parvient pas à concilier la part adolescente et la part adulte qui cohabitent en elle. Pourtant, nous ne sommes pas monolithiques, et Stéphanie devrait essayer de se voir, et de voir sa vie, comme un bureau à tiroirs. L'important est qu'ils soient tous accessibles en même temps, de sorte qu'il soit possible de faire apparaître les diverses caractéristiques de sa personnalité quand on le désire. Il n'est pas négatif de faire coexister des aspects très différents de soi ; cela peut même être une forme de richesse. Stéphanie pourrait appliquer ce principe de flexibilité à sa vie privée et obtenir de son fiancé des « temps morts », des espaces, où son côté adolescent serait vécu comme une régression positive, et non pas un obstacle à son couple.

Dans des situations analogues, pour vivre librement les autres aspects de leur personnalité, certains s'inventent une « pièce secrète », un lieu retiré où ils peuvent se rendre en pèlerinage. Il peut s'agir d'un simple lien d'amitié, avec une personne qui partage justement cette partie enfantine ou adolescente, ou bien d'un espace non seulement symbolique, mais réel – une pièce fermée à clé où l'on peut se réfugier pour lire, réfléchir, peindre, ou encore écrire son journal. Dans le cas de Stéphanie, je crois que le problème tient aussi à la rigidité de son fiancé, qui voudrait une femme adulte et ne comprend pas qu'il pourrait jouir des aspects adolescents de son amie.

D'autres personnes craignent, elles, le côté trop instinctif de l'intimité. Comme Éléonore, qui m'avoue être gênée parce que son petit ami ne se contente pas de l'embrasser, mais va jusqu'à la lécher quand ils font l'amour, ce qui lui donne l'impression d'un rapport plus animal qu'amoureux. Elle pourrait d'ailleurs avoir raison, parce que dans le monde de l'intimité, il y a des désirs inhabituels mais aussi des malentendus...

LE POISON DE LA COLÈRE

J'ai expliqué ailleurs que l'un des ingrédients de la méchanceté négative est la rage, sentiment précoce qui entraîne des besoins de destruction, de vengeance ou qui pousse à régler ses comptes [14]. Selon Melanie Klein, cette réaction totalement physiologique renvoie au développement du nouveau-né, qui voudrait avoir un rapport totalitaire avec sa mère mais qui, allaité à des moments imposés et soumis à des rythmes sommeil-veille précis, se sent progressivement frustré. Son temps biologique et affectif est bousculé violemment par le temps social. La colère liée à ces expériences précoces peut être contenue et maîtrisée à la condition que le nourrisson vive des premiers rapports chaleureux et physiques (avec sa mère, son père, sa nourrice). Autrement, ce sentiment prend un caractère destructeur. C'est alors, en effet, que l'on commence à cultiver un sens de la vengeance, celui-là même que l'on retrouve ensuite dans les comportements des délinquants et des psychopathes adultes.

Nombreux sont les cas où la rage et le ressentiment finissent par tuer le désir dans un couple. Il ne fait aucun doute qu'une colère mal dirigée est l'ennemi numéro un du couple et que la gestion d'une saine conflictualité est bien plus importante que la connaissance du Kāma-sūtra. Les femmes semblent encore avoir beaucoup de mal à extérioriser leur colère, car elles éprouvent face à ce sentiment les mêmes difficultés que les hommes avec l'intimité. Si ces derniers ont, en effet, longtemps été marqués par une éducation répressive les empêchant d'expérimenter le domaine de l'intimité jugée sans noblesse, les femmes, elles, n'ont toujours pas vraiment acquis le « droit » d'exprimer une agressivité prétendument masculine. L'absence de sas de décompression équivalant à la chasse, aux sports violents ou même à la guerre explique sans doute en grande partie le succès rencontré par certains ouvrages auprès du public féminin quand ils expliquent comment ne pas se brûler au feu de leur colère, mieux, comment transformer leur ressentiment en énergie vitale et purificatrice [15].

Voyons, pour le moment, l'influence exercée sur la libido par la rancœur, qui peut être liée à la vie de couple ou bien s'ancrer dans un lointain passé. Dans le cas d'Adeline, l'agressivité semble encore renforcée par les problèmes que cette jeune femme connaît avec la nourriture. « J'ai connu mon mari alors que je n'avais que dix-sept ans. Aujourd'hui, nous avons derrière nous huit années de concubinage et deux ans de mariage, marquées par de nombreux sacrifices pour rembourser le prêt souscrit pour notre logement. Or je déteste cet appartement. Je n'ai qu'une hâte, le quitter au plus vite, parce qu'il me rappelle de douloureux épisodes de mon passé. Mon père y est mort, en présence de toute la famille, quand j'étais petite ; ma mère m'y a ensuite abandonnée en partant avec un autre homme... J'ai changé cinq fois de diététicien. J'ai maigri ; j'ai regrossi. J'ai aussi pris des médicaments, mais ce n'est qu'au cours de cette dernière année, grâce à un psychologue, que j'ai commencé à comprendre que c'était moi le problème, et pas les kilos. Je sais, maintenant, que je mange en dehors des repas pour étouffer la colère que je ressens. Quand je maigris, les rapports sexuels avec Jean s'améliorent ; lorsque je suis grosse (j'ai pris jusqu'à vingt kilos de trop), je n'ai aucune envie de faire l'amour. Ça n'arrange évidemment rien... »

Adeline a compris l'essentiel : elle mange pour se bâillonner et ne pas hurler. Sa colère, qui grandit encore plus quand elle présente une surcharge pondérale, l'empêche alors d'éprouver du plaisir lors des rapports sexuels. Chez elle, le désir semble osciller entre le sexe et la « bouffe » ; les douceurs culinaires se substituent aux douceurs affectives. Il serait pourtant regrettable que ces crises de boulimie détruisent un couple qui a déjà résisté à bien des tempêtes. Adeline et son mari ont fait de nombreux sacrifices, et Jean semble être le seul point d'ancrage dans sa vie. La juste voie est celle dans laquelle cette femme s'est engagée, celle d'une psychothérapie qui lui permettra de mieux se comprendre, d'éclaircir les causes de sa colère, de calmer ses accès de boulimie et, ainsi, d'adopter une attitude plus équilibrée vis-à-vis du désir.

C'est aussi dans le passé qu'est née la rancœur de cette jeune désespérée qui signe « La Poison ». Voici son histoire. « J'ai vingt ans et je ne réussis pas à voir la vie de façon positive. Les obstacles sont trop nombreux. À treize ans, j'ai rencontré un garçon, plus vieux que moi, dont je suis tombée amoureuse. Quand j'ai compris qu'il voulait simplement s'amuser, j'ai refusé d'aller plus loin, et il m'a violée. Je ne l'ai pas dénoncé ; j'avais trop peur de ce que diraient les gens, de mes parents, du procès... À quinze ans, j'ai connu un autre garçon, après quelques flirts. C'est avec lui que je suis maintenant. Nous n'avons pas une relation facile. Plusieurs fois, l'été, il m'a laissé tomber pour de nouvelles conquêtes. Moi, de mon côté, j'ai fait pareil, peut-être par esprit de vengeance. Depuis deux ans, ces "trahisons de vacances" ont cessé. Pourtant, lorsque arrive la belle saison, je sombre dans une profonde dépression, je me sens mal... Je crois que je voudrais le garder pour moi toute seule. Je n'aime pas quand il sort voir ses amis ; je déteste les filles qui le regardent, qui lui parlent. Je sais que j'ai tort, mais je sais aussi que je deviendrais folle s'il me quittait. »

Derrière la triste histoire de la Poison, il y a une grande colère, celle d'avoir été violée, trompée et trahie. Aujourd'hui, elle est amoureuse, mais cet amour-là, aussi, est malade, désespéré, empoisonné par la jalousie. La solution ? Trouver un antidote qui la libère de sa colère et de sa peur de l'abandon, et qui l'aide à retrouver le droit au bonheur.

La haine du père

Danièle éprouve depuis longtemps une forte colère envers son père, et la violence de ce sentiment entrave sa capacité à être heureuse et à éprouver du plaisir. « J'ai vingt-quatre ans et une vie sexuelle presque nulle, au point que parfois, j'ai du mal à supporter un simple baiser de mon fiancé. Heureusement, il a bon caractère, mais je crois que j'ai trop souvent tendance à jouer la maman avec lui. Je l'accable de remarques du genre : " Ta chemise est froissée ", " Tu vas prendre froid ", " Ne te couche pas trop tard "... À force de réfléchir, j'ai fini par bâtir une théorie, mais je ne sais pas ce qu'elle vaut. Selon moi, mon problème serait lié à ma famille. Je déteste mon père, un homme mesquin et méchant, et je ne supporte pas de voir ma mère souffrir, ou repousser ses assauts répétés. Peut-être est-ce parce que je me suis trop impliquée dans l'histoire de mes parents que je me comporte de la même façon avec mon fiancé... »

Malheureusement, Danièle a raison. Elle revit le refus que sa mère oppose à son père et se sent, en outre, coupable de cette colère intérieure, laquelle se transforme en angoisse. Avec son petit ami, elle ne se comporte pas en femme, mais en mère, le protégeant au lieu de le séduire. Ce n'est pas un hasard si elle n'a pas de désir et si elle éprouve un certain malaise à être embrassée ou caressée. Pour Danièle, la sexualité et le plaisir sont un luxe, qu'elle se permettra quand elle sera plus sûre de sa féminité et qu'elle aura appris à transformer sa colère en rage positive. Tout se passe comme si elle n'avait pas eu dans sa famille le droit d'exprimer sa rancœur et son agressivité. Cet interdit a accentué un comportement compensateur d'hyper-gentillesse. Nombreuses sont les femmes qui, à son image, se comportent en infirmières et finissent ensuite par ne plus éprouver de désir, parce qu'elles répriment une trop grande colère ou qu'elles ont un besoin excessif de protéger et de pardonner.

Colette, dix-sept ans, nourrit la même rancœur vis-à-vis de son père. Elle raconte : « Aucun garçon ne m'a jamais plu. Je n'ai même pas de copains, juste deux vraies amies. Je crois que ma relation avec mon père est à l'origine de ce problème. En fait, il vaudrait mieux parler de mon absence de relation... Mon père est souvent parti, et quand il est à la maison, c'est comme s'il n'y était pas. Il traite tout le monde comme des crétins (y compris ma sœur, ma mère et moi). C'est un homme égoïste, autoritaire et même raciste. Je le hais. Ma mère, elle, est une femme gaie et patiente, mais elle ne me comprend pas non plus. Elle continue à dire que je dois sortir, me faire des amis, me maquiller, m'habiller " en fille "... Mais les garçons me font peur. Pour moi, ils sont tous semblables à mon père, et je ne veux rien avoir à faire avec eux. J'ai évidemment eu des doutes sur mes tendances sexuelles. Et si j'étais lesbienne ? J'ai entendu dire que l'on s'" identifiait " au parent le plus sévère. Alors, je me serais identifiée à mon père ? Mais comment peut-on vouloir ressembler à une personne que l'on hait ? C'est comme si j'étais au milieu de la route, ne sachant pas dans quelle direction aller... C'est angoissant de ne jamais pouvoir se décider... »

Cette lettre, qui révèle une sensibilité et une perspicacité peu communes chez une adolescente, pose un problème de fond, celui de l'identification à son agresseur. Dans certains cas, cette solution est un moindre mal, car l'identification à la victime (en l'occurrence, la mère) mènerait à la dépression et à l'autodestruction. Pour Colette, cependant, ce processus crée des problèmes d'identité sexuelle. Ayant peur des garçons (trop semblables à ce père qu'elle hait), elle se demande si elle ne serait pas attirée par les filles. Pour ma part, je ne le pense pas. Cette jeune fille me semble simplement avoir fait un choix défensif. Son comportement agressif de « garçon manqué », visible dans sa façon de s'habiller, masque pour l'instant la part purement féminine, qu'elle pourra faire émerger avec le temps, peut-être au prix d'une longue psychothérapie.

Souvent, comme dans le cas de Colette, s'identifier à son agresseur, tout en le détestant, représente le choix le moins insupportable. Cette attitude permet en effet de sortir du rôle de victime sacrificielle, même si elle se paie souvent au prix fort : la honte de se sentir, à son tour, mauvais. Ce mystérieux mécanisme d'identification, à moins qu'il ne tourne au plaisir sadique, peut devenir un nouvel ennemi du désir, parce que le besoin d'agresser va de pair avec un fort sentiment de culpabilité.

Au lit avec son pire ennemi

Dans certains cas, la colère ne provient pas du passé, mais naît au sein de la vie de couple. C'est ce qui se passe pour Aurélie, qui a remplacé l'amour et le plaisir par un sentiment de rancœur à l'égard de son mari. Elle m'écrit pour me raconter son impuissance et son désespoir. « Depuis quatre ans, je ne peux plus manger ce que je veux. Je dois faire très attention, parce que maintenant, les aliments me donnent des coliques, des maux de ventre, des ballonnements. Tout va bien, en apparence, sur le plan physique. Alors, qu'est-ce qui me détraque ? La rancœur que j'éprouve à l'égard de mon mari, qui m'a emmenée vivre, depuis que nous sommes à la retraite, dans un village de montagne où il n'y a personne. Il n'y a même pas moyen de lier connaissance avec les gens d'ici, très refermés sur eux-mêmes. Habituée à vivre dans une grande ville, à partir le week-end et à suivre mon mari dans ses déplacements, je me sens aujourd'hui prisonnière. Cette rancœur me pèse sur l'estomac... Bien sûr, une partie de moi accepte cette retraite au vert, mais émotionnellement, je n'arrive pas à l'accepter. La nuit, je dors, et je fais des cauchemars. Il m'arrive même, parfois, de frapper mon mari dans mon sommeil... »

Aurélie a parfaitement analysé sa situation, dont le poids existentiel se traduit par le développement d'une maladie psychosomatique. Elle en veut tellement à son mari de l'avoir enfermée que cette rancœur lui « pèse » sur l'estomac. Le désir mais aussi l'affection ont, bien entendu, été étouffés par la force de sa colère. Pourtant, Aurélie, contrairement à tant d'autres femmes d'autrefois, peut se rebeller et ne pas se contenter de subir. C'est précisément ce que je lui ai conseillé de faire. Pour commencer, il faudrait qu'elle évalue sa situation financière. Touche-t-elle une retraite ? Peut-elle en disposer librement ? Ensuite, elle devrait rediscuter avec son mari des raisons qui ont présidé au choix d'une maison aussi isolée et tenter de lui faire comprendre qu'elle n'a pas participé à cette décision ou, du moins, que les choses ne lui conviennent plus. Toutes sortes de solutions peuvent être envisagées : posséder un petit appartement en ville ; faire des voyages ; passer des week-ends chez des amis ou les inviter à la maison pour remédier à la solitude, etc. Il serait sans doute utile qu'un médiateur s'interpose entre le mari et la femme, car rien ne dit que ce couple dispose encore d'un espace de dialogue et que le moment de la retraite ne soit pas devenu, comme souvent, une période de radicalisation des conflits.

ABUS ET SEXUALITÉ ENFANTINE

Les nombreux cas de pédophilie dont on a tant parlé récemment n'ont fait que rendre public un phénomène que les psychiatres connaissaient depuis longtemps et qui est surtout lié à la famille. Les violences sexuelles sur mineurs sont bien plus fréquentes qu'on ne le croit. Nous avons déjà parlé des familles qui présentent, dans leur vie quotidienne, des formes de dérèglement empêchant une gestion normale de la pudeur et créant des situations d'excitation difficilement contrôlables, parce qu'incompatibles avec l'âge de l'enfant. La sexualité adulte risque alors de rester fixée sur ces expériences enfantines sans que l'intéressé(e) puisse, même plus tard, transférer ses pulsions vers d'autres objets.

De nombreuses femmes, enchaînées à un passé incestueux dont elles ne réussissent pas à se défaire, m'écrivent des lettres qui sont des appels au secours. Voici, par exemple, le témoignage de France : « Je ne sais pas où je trouve le courage de vous parler de cette partie de ma vie que j'ai toujours souhaité oublier et qui, aujourd'hui seulement, suscite en moi une angoisse terrible. Quand j'avais cinq ans, peut-être six, nous avons commencé mon frère et moi à échanger des caresses ; cela a duré pendant quatre ans. Je n'ai alors jamais ressenti de culpabilité. Le jeu nous plaisait, et nous n'avions pas l'impression de commettre quelque chose d'interdit... Quand j'ai eu sept ans, je suis allée en vacances au bord de la mer et, là, j'ai fait l'objet des attentions d'un cousin assez âgé (mon frère, lui, était plus jeune que moi). Au début, je n'ai pas eu peur, parce qu'il me touchait comme mon frère. Mais l'année suivante, j'ai commencé à me sentir " sale ". Et puis, il réclamait des gestes de plus en plus intimes. Je me suis mise à l'éviter...

« Aujourd'hui, j'ai très peur d'être jugée, mais j'ai vraiment besoin de raconter cette histoire à quelqu'un. D'autant que je ne voudrais pas perdre l'amour de ma vie, l'homme à qui je suis fiancée depuis plus de six ans. Je veux l'épouser et avoir des enfants de lui. Ces souvenirs me perturbent. Cela fait presque un an que je n'arrive plus à atteindre l'orgasme. Quand je fais l'amour, je ne suis pas satisfaite, je me sens presque coupable. »

Les jeux sexuels entre enfants du même âge sont beaucoup plus fréquents que France ne le croit. Du moins ceux qu'elle pratiquait avec son frère, dont elle dit elle-même qu'ils étaient comme naturels. Le cas du cousin, plus âgé, est différent. Ce garçon s'est servi d'elle, sans qu'elle soit vraiment consentante. Au lieu de se juger salie, France devrait, pour le dire métaphoriquement, « renvoyer à l'expéditeur », c'est-à-dire à son cousin, la responsabilité de ces pratiques. Et se disculper des caresses échangées avec son frère, sans doute vécues comme une exploration naturelle du corps et, en tout cas, désirées par l'un et l'autre. Surtout, France doit s'efforcer de ne pas être l'esclave de son passé et se concentrer sur son couple, si important pour elle.

L'histoire que je viens de raconter montre que la sexualité enfantine ne doit pas être volée aux enfants, qu'elle doit conserver son caractère mystérieux, pudique et en même temps transgressif. Surtout, elle ne doit pas être polluée par les adultes. Il faut que les parents apprennent à ne pas envahir le jardin secret de leurs enfants et adoptent une attitude tolérante et non punitive face à la curiosité sexuelle ou aux manifestations normales d'auto-érotisme. La sexualité enfantine a besoin d'un espace protégé où s'exprimer librement. Sinon, ces expériences enfantines fixent pour longtemps, parfois à tout jamais, la peur ou l'excitation. Dans le premier cas, elles entraînent un manque de désir; dans le second, des désirs atypiques, détachés de toute tendresse, de toute relation à l'autre et, dans l'ensemble, de tout sentiment.

CHAPITRE VII

Excès en tous genres

Chez certains, le désir est bloqué par un excès de règles qui finissent par emprisonner et appauvrir toute émotion. Ce sont ces personnes qui viennent le plus souvent me demander comment désirer le désir. Elles le voient comme un espoir libérateur mais aussi, dans le même temps, comme un risque mortel. Toutefois, il existe aussi une autre catégorie d'individus qui activent le mécanisme contraire et croient l'excès indispensable pour vivre vraiment : dans l'amour comme dans la vie, seule compte la passion, qu'elle soit bénéfique ou maléfique. L'excès, comme le risque, devient alors un aphrodisiaque, une drogue, une obligation pour se sentir pleinement en prise avec l'existence. Seules des sensations fortes et des expériences hors du commun sont à la mesure de leur désir.

D'ailleurs, l'excès ne peut mener qu'au paradis ou en enfer, jamais au purgatoire. Jean Starobinski, se référant à la Bible, rappelle la vision de Pierre : « Alors que je priais, je suis tombé en extase, et j'ai eu une vision [1]. » En ce sens, l'excès est un transport, un privilège de l'âme possédée par cette rage de vivre et libérée de ses attaches corporelles. Cet aspect libérateur correspond à ce que Montaigne [2] a écrit sur la poésie : l'excès est un signe de supériorité et caractérise l'écart entre les esprits ordinaires et la dimension poétique qui leur est refusée.

L'excès est également la transgression d'une limite établie par la religion et les lois. Comme la passion, c'est un dépassement. Le caractère positif ou négatif du comportement excessif dépend du type de loi qui est enfreinte. La différence qui en découle est celle qui distingue un héros révolutionnaire d'un vulgaire délinquant.

Pour définir les limites de l'excès, on peut se fonder sur les conventions. Selon Jean-Jacques Rousseau [3], par exemple, les conflits sociaux résultent d'un excès de passivité et de paresse dans les sociétés primitives et d'un excès d'activisme au travail dans les sociétés plus élaborées. Pour le psychanalyste, qui utilise la parole comme forme d'échange, « agir » est déjà un excès, un *acting out*. Ceux qui s'expriment plus volontiers par l'action considèrent que la parole est un frein, une forme de communication bureaucratique. Les uns parleront donc d'excès verbal et les autres d'action impulsive.

La musique peut elle aussi, parfois, exprimer l'excès. Dans ce cas, selon Charles Baudelaire, elle va droit au cœur, sans passer par l'esprit, et engendre des résultats surprenants. Ainsi, Richard Wagner est un compositeur génial parce qu'en écrivant *Tannhäuser*, il a su dépeindre l'excès de désir et d'énergie avec l'ambition indomptable et immodérée d'une âme sensible [4].

Malheureusement, l'excès de désir va toujours de pair avec un certain degré d'insatisfaction parce que, comme nous l'enseigne la psychanalyse, sa plus grande aspiration est d'atteindre un objectif situé dans le passé, où réside le souvenir enfantin d'une mère inaccessible que l'on voudrait posséder et qui, seule, serait en mesure d'apporter le calme et le repos. Ce sont bien là aussi le drame et le défi des passions excessives : elles ont des origines anciennes mais doivent trouver, au fil du temps, le moyen de se transformer. Faute de quoi, elles demeurent des envies inconscientes au sein desquelles la souffrance et l'insatisfaction finissent par l'emporter sur le plaisir.

Face à cette passion de l'excès, il existe une philosophie

de la mesure. Pensons, par exemple, à la façon de s'habiller. Aujourd'hui encore, nous citons l'écrivain latin Petrone comme un arbitre de l'élégance et un modèle d'équilibre, et nous lui opposons la figure de l'excentrique qui, par ses excès vestimentaires, défie toute règle esthétique (mais on pourrait tout aussi bien parler des stylistes de mode qui, de nos jours, semblent bien souvent dépasser toutes les limites, y compris celles du bon goût, comme si l'important était de faire parler de soi à tout prix). Et c'est justement le besoin de paraître et de choquer, si manifeste dans notre société de l'image, qui fait naître des manifestations exagérées comme celles qui s'expriment dans le kitsch.

Peut-être notre société tout entière est-elle devenue, en fait, la « société des excès ». En effet, comme le soutient le psychiatre italien Vittorino Andreoli, les sept péchés capitaux sont aujourd'hui « dépénalisés ». Nul ne se préoccupe plus de la luxure, depuis que les perversions et le déchaînement sexuel sont vus comme le sel de la vie ; l'amour tarifé est stimulant, et le comble est de le faire avec un travesti ; l'orgueil passe pour une valeur, il se confond avec le narcissisme et l'amour-propre et, donc, avec la capacité de réussir ; la gourmandise est un péché en désuétude faute de pécheurs : maintenant, on jeûne ; l'envie, douloureux désir d'être ce que l'on n'est pas ou d'avoir ce que l'on n'a pas, est interprétée comme une stimulation fondamentale pour aller de l'avant ; la colère brise de plus en plus ses limites et devient violence (il suffit de se mettre au volant) ; pour justifier la paresse, qui est apathie et inconstance, nous cherchons partout des coupables : la famille, la société ; et l'avarice ou l'avidité sont carrément devenues le signe distinctif de notre société, perdue dans la course à l'accumulation et à la consommation.

DES VIES EXTRAORDINAIRES

Mais, alors, l'excès et le dépassement des limites ont-ils toujours une valeur négative ? Non, et pour le démontrer, on peut recourir à un amusant récit de Gabriel García Márquez dans lequel l'écrivain colombien décrit l'effet surprenant qu'exerce sur lui une femme laide, rencontrée par hasard au comptoir d'un café. Cette dame est si laide qu'elle en devient fascinante. Parce que la limite de sa laideur est bien au-delà de la ligne imaginaire au-delà de laquelle les femmes commencent à être répugnantes. Cette inconnue, dont Márquez ne réussit pas à détacher les yeux, déconcerte les hommes au point de les rendre muets, comme lorsqu'ils sont devant le magnifique spectacle d'une femme trop belle [5].

La passion religieuse de sainte Catherine, la dévotion de Mère Teresa pour les déshérités, la recherche du nirvana, ou encore la passion amoureuse qui bouleverse la vie sont autant d'expressions positives de l'excès. Aujourd'hui, de surcroît, la grande mode du *New Age* a fait naître une nouvelle envie d'extase et de spiritualité. Il suffit de penser aux millions de lecteurs de *L'Alchimiste* de Paulo Coelho ou de *La Prophétie des Andes* de James Redfield, ou encore à la popularité soudaine d'un terme qui semblait oublié, celui d'âme, qui apparaît, à tort ou à raison, dans les titres de *best-sellers*, d'émissions à succès. Outre la recherche d'un nouvel équilibre spirituel, il semble que le *New Age* exprime surtout le désir d'aller « au-delà », de trouver un autre monde qui se situe souvent sur d'autres continents, en Orient ou en Amérique latine, véritables édens spirituels et réservoirs de solutions pour les besoins qui ne trouvent pas leur satisfaction dans la vie quotidienne du monde occidental. Cette envie d'ailleurs, d'extase spirituelle explique aussi le succès de nombreuses communautés religieuses. Il s'agit parfois de mélanges inédits et pacifiques de bouddhisme et de christianisme, mais aussi, quelquefois, de sectes dangereuses, comme en témoigne l'histoire dramatique du suicide collectif du Temple solaire.

Le héros

Le héros dépasse presque toujours les événements ou l'époque dans laquelle il vit, et c'est en cela que réside sa force, son élan vital. Le mythe d'Ulysse, qui abandonne son île pour découvrir le monde, métaphore de la soif inassouvie de connaissance, est à la base de la culture de l'homme contemporain. Le courage, l'audace, le plaisir du défi sont autant de qualités qui font partie de l'excès « positif ». Désormais, ces attributs sont également accessibles aux femmes, qui peuvent être des aventurières et non plus seulement des vierges et des saintes. Peut-être est-ce justement les hommes d'aujourd'hui qui devraient redécouvrir la force de l'audace positive, en cette période de « faiblesse » du mâle. En certains moments de l'histoire, les besoins individuels coïncident avec des besoins sociaux ; le héros peut alors quelquefois se transformer en martyr. Et le jour où ses besoins deviennent anachroniques, il est à son tour déboulonné de son piédestal.

Le champion

Le champion, qui est le seul ou l'un des rares mortels à atteindre des objectifs dont les autres ne peuvent que rêver, se doit d'être excessif – c'est justement la recherche d'une surcompensation d'un sens d'infériorité originel (comme le dit Adler) qui le mène au succès. On peut distinguer deux catégories de champions :

1. *Les champions monomaniaques.* Ils concentrent toute leur énergie sur un seul objectif qu'ils veulent absolument atteindre, même au prix de leur vie. Ce sont souvent des personnages idolâtrés par leurs fans, mais dangereux pour eux-mêmes, parce qu'ils supportent mal les fluctuations de leur carrière ou l'éloignement des sommets. Rappelons par exemple Bobby Fischer, champion du monde d'échecs, qui

eut des troubles psychiques graves quand la Fédération internationale d'échecs le priva de son titre à la suite de son refus de rencontrer le challenger officiel.

2. *Les champions équilibrés.* L'activité sportive et la compétition de haut niveau demandent aujourd'hui non seulement une concentration monomaniaque dans l' « excès », mais aussi un équilibre psychologique et physique plus global, permettant de réaliser de bonnes performances tout en protégeant son image personnelle et sociale. Pour les champions sportifs, tout comme pour de nombreux dirigeants politiques ou chefs d'entreprise, la foi ou la stabilité familiale semblent des facteurs indispensables à la réussite.

L'artiste

Pensons à Van Gogh et à son « mal de vivre », aux instants de folie qui l'ont conduit à se couper une oreille, mais aussi à peindre des tableaux dans lesquels des tournesols d'une force quasiment magique et des ciels tourmentés montrent comment l'excès peut se muer, sur une toile, en chef-d'œuvre. L'histoire de l'art, de la musique, de la littérature parle d'hommes et de femmes qui ont mené des vies excessives et ont, peut-être aussi pour cela, laissé leur marque dans l'histoire. Les poètes maudits à la Baudelaire ont toutefois cédé la place, dans la culture d'aujourd'hui, aux stars du rock. Citons l'exemple de Kurt Cobain, qui s'est suicidé et est tout de suite devenu un personnage culte parmi les jeunes. Drogues mises à part (l'héroïne semble remplacer l'alcool et l'opium d'autrefois), les artistes réussissent, à travers leur œuvre, à exprimer les aspects positifs et parfois géniaux de l'excès alors que leur vie privée est bien souvent minée par la souffrance. Pour mieux comprendre ce phénomène, on peut recourir à la métaphore de la perle : un grain de sable irritant indéfiniment l'huître provoque une réaction à ce corps étranger et la production de la perle. L'artiste, tout comme l'huître, continue de souffrir, mais ses tableaux, sa musique ou ses poèmes restent, tout comme la perle, le patrimoine de l'humanité.

MANGER TROP OU TROP AIMER

Le héros moderne de l'excès pourrait être le modèle anglais Alan Perry qui, en dépit de la brièveté de sa carrière de séducteur (il a trente-quatre ans), déclare avoir aimé trois mille femmes [6]. Dans son livre, pompeusement intitulé *Sex Odissey 3001*, il raconte qu'il n'a jamais arrêté de conquérir de nouveaux cœurs depuis l'âge de quinze ans – tout compte fait, il lui a tout de même fallu faire une rencontre érotique toutes les trente-six heures pour parvenir à ce score. Fort de son expérience, Perry se permet de porter un jugement également « social » sur ses partenaires : les meilleures amantes, affirme-t-il, ne sont pas les *top models* mais les ouvrières, car elles seules considèrent le sexe comme un divertissement...

L'histoire de ce forçat de l'érotisme est intéressante parce qu'elle mêle deux excès modernes typiques : la performance sexuelle et le souci du paraître, de la notoriété à tout prix. Voyons donc quelles sont les autres exagérations négatives de notre société, en nous rappelant que tout, ou presque, peut devenir excès et emprisonner dans une dépendance moderne. Ce n'est pas un hasard si l'on trouve des drogués d'aérobic, de shopping, de jeux de hasard ou même d'Internet. Ce sont là des dérèglements d'une société qui ne parvient plus à se donner des limites.

Une société boulimique

La nourriture comme excès a fait une entrée fracassante en littérature avec Rabelais. Selon Michel Jeanneret [7], il existe deux lectures, l'une optimiste et l'autre pessimiste, de ses outrances. La seconde est celle de Victor Hugo, où Rabelais se réduit à un ventre qui finit par manger l'homme tout entier. La première est celle du critique M. Bakhtine qui, à travers une vision politique de gauche, valorise la réhabilitation des parties inférieures et viscérales de l'être humain, permettant de se libérer de tous les interdits bourgeois. Pour Bakhtine, Rabelais communique avec les sources de la vie que sont les organes de digestion et de reproduction. La différence entre une régression temporaire et une désintégration de l'être humain tient précisément à la capacité de « se replier » sur des fonctions élémentaires pour ensuite « remonter » vers des fonctions plus structurées.

Cette alternance entre le dedans et le dehors, l'excès et le jeune avait été institutionnalisée aux siècles derniers par la coutume du carnaval, conclusion et contrepoint du carême. Malheureusement, dans notre société moderne, l'excès alimentaire est devenu une source de malaise de plus en plus répandue. Et l'alternance entre le trop et le trop peu, la boulimie et l'anorexie, angoisse désormais des milliers de jeunes filles (et commence aussi à gagner les hommes).

Le devoir de paraître

Le monde de l'être est en partie remplacé, comme le dit Érich Fromm, par celui de l'avoir ; pire encore, par les excès du paraître [8]. Il y a des lieux et des circonstances où il *faut* être, où il *faut* se faire voir. Le succès de certains intellectuels – pour ne pas parler des gens du spectacle – tient plus à la fréquence de leurs apparitions télévisées et à la chaîne choisie qu'aux idées qu'ils expriment. De nos jours, le marquis de Sade serait peut-être une idole de la télévision, poursuivi par les journalistes et les publicitaires, interviewé jusqu'à saturation des spectateurs [9].

Sans en venir au paradoxe d'un Sade « diabolique » invité de *talk show*, rappelons que le besoin excessif d'être présent et d'apparaître entraîne un débordement de confidences, une exhibition des secrets et l'usage des mass média comme d'un confessionnal. Pensons au succès de certaines émissions comme *Perdu de vue* ou encore aux « auto-biographies du mal-être », comme les a appelées la psychanalyste Pierrette Lavanchy [10]. Il s'agit de véritables journaux-confessions d'anorexiques, de dépressives, de toxicomanes, de femmes qui trompent ou sont trompées, emprisonnées, prostituées ou terroristes... Ces vies excessives sont mises à nu pour provoquer et défier les tabous ou pour chercher une légitimation et une justification. La même motivation a poussé vingt-quatre femmes milanaises à livrer à un journaliste leurs pensées les plus secrètes – nombre d'amants, petites ou grandes perversions, fantasmes érotiques, etc. [11] D'ailleurs, le plaisir d'« être là » pourrait bien résumer l'essence de tous les plaisirs post-modernes – la mode, l'image, le look, le paraître contre l'être, la présence contre l'absence. Et on le sait, les absents ont toujours tort [12]...

L'extase du samedi soir

Certains ont besoin de sensations fortes et ne les trouvent que dans la drogue. Celle-ci donne un sens à une existence qui, autrement, n'en aurait pas et comble le vide avec l'excitation du risque. Après l'héroïne et la cocaïne, depuis quelques années, le marché est inondé d'ecstasy. Ces pilules de couleur, peu chères, permettent au « peuple de la nuit » d'entrer rapidement en transe sous les projecteurs des discothèques, de danser pendant des heures et d'éprouver des sensations plus intenses. Cet excès du samedi soir [13] est aussi un dangereux excitant chimique qui fait sortir de soi et laisse ensuite épuisé. Je me suis rendu dans certaines discothèques et j'ai été stupéfait par le volume de la musique et l'indifférence que tous semblaient ressentir à l'égard des autres. Musique et ecstasy servent à pallier l'ennui et à oublier, provisoirement, l'abîme de solitude. De l'excès du défoulement, on retombe dans l'excès d'une vie inutile ou vécue comme telle.

Les pionniers de l'extrême

Dans cette société de l'excès, on trouve désormais d'innombrables amateurs d'aventures extrêmes – traversée du désert, navigation en solitaire ou saut à l'élastique. Ces passions débridées font même l'objet d'un périodique, *No Limits*, qui se vante d'être la seule revue consacrée à l'extrême et parraine des initiatives à la limite du possible. Signe des temps, l'extrême n'est plus le monopole des hommes, comme en témoignent les exploratrices du pôle Nord ou les femmes marins, comme Florence Arthaud.

En Amérique, ces pionniers de l'extrême ont été rebaptisés *sensation seekers*. Ces personnes éternellement à la recherche de sensations exaltantes font sans cesse le plein d'adrénaline. Selon la curieuse thèse de Sallie Tisdale [14], elles seraient mues par le même ressort que les adeptes du sado-masochisme. Ces derniers disent en effet être poussés par cette même stimulation qui peut inciter à se lancer dans des entreprises à haut risque. Ainsi, ils comparent les coups de fouet à l'escalade à mains nues, au saut à l'élastique ou au deltaplane, à cause du dépassement de la peur. Dans son livre, qui est une sorte de promenade dans le parc d'attractions de toutes les variantes possibles de l'excitation érotique, Sallie Tisdale défend la liberté de l'excès et accompagne le lecteur dans un voyage au pays des désirs les plus extrêmes : du *frottage* (passer et repasser son corps contre une surface pour en tirer du plaisir) à l'acrotomophilie (privation d'oxygène pendant l'acte sexuel); des fessées, coups de fouet et gifles à l'hyphéphilie (passion pour les pilosités de toutes sortes) et aux demandes d'insultes.

Si certaines personnes ont des préférences étranges en matière sexuelle, il y en a aussi dont le désir ne s'active que dans des circonstances étranges. Laurent illustre très bien ce cas. Ce sexagénaire vient consulter pour une impuissance partielle qui a été associée, un peu hâtivement, à une pathologie vasculaire et neurologique d'origine diabétique. En fait, ces facteurs organiques ont seulement fragilisé la virilité de Laurent qui est surtout angoissé à l'idée de faire piètre figure devant sa femme. Comme beaucoup d'hommes, il a besoin d'une érection sûre et efficace, sans quoi la crainte de ne pas être à la hauteur lui fait perdre toute énergie. Au cours de cette première phase de la thérapie sexuelle, je lui ai prescrit des injections intracaverneuses de prostaglandine. Sa femme était opposée à cette solution, qu'elle trouvait « artificielle ». Lors d'une consultation de couple, je lui ai expliqué que son mari avait un désir intense, mais que sa peur de passer à l'acte était tout aussi intense, et elle a alors accepté la thérapie pharmacologique qui garantissait la reprise d'une vie sexuelle parfaitement normale.

Par la suite, j'ai continué de suivre Laurent pour ses problèmes personnels. C'est un homme sympathique et fragile, qui a un grand besoin d'être aimé et ne se satisfait plus de l'affection sans surprise que lui offre son épouse. C'est un séducteur qui vieillit mal et qui finit, avec l'âge, par avoir moins d'occasions et plus de problèmes. Entre autres parce que son désir ne surgit que dans des situations hors du commun, qui déclenchent des excitations et des sentiments amoureux plus imaginaires que réels. Quelques séances de kinésithérapie lui ont ainsi été prescrites chez une excellente spécialiste, qui fait également du magnétisme. Durant les massages et l'imposition des mains, il lui a semblé percevoir un certain intérêt de la part de sa « masseuse », auquel il a répondu par des regards allusifs. Il lui a ensuite envoyé des roses et l'a invitée à dîner. Au début, la femme lui semblait disposée à franchir les limites du simple professionnalisme ; puis, elle a fait marche arrière, lui expliquant qu'elle était fiancée et heureuse de cette relation. Cette histoire a perturbé Laurent, mais lui a aussi fourni l'occasion d'analyser les raisons pour lesquelles il tend à confondre les différents niveaux d'intimité.

Ces confusions sont clairement liées à son passé. À trois ans, il a brutalement quitté sa ville natale du Pays Basque pour aller en Bretagne chez un oncle maternel en compagnie de sa nourrice. Laurent n'a jamais connu son père, et ce n'est que plus tard qu'est apparue, comme surgie de nulle part, sa mère. Ce fut un nouveau choc, car au cours de ses premières années, il avait toujours pris sa nounou pour sa mère. Son oncle, très riche, l'a élevé dans le luxe, le faisant conduire à l'école par son chauffeur particulier alors qu'il avait auparavant presque vécu dans la pauvreté. Au cours de sa petite enfance, Laurent a donc connu un triple changement – d'habitation, de niveau social et de figure maternelle.

À quatorze ans, il a subi des abus de la part d'un médecin plutôt réputé, sans doute homosexuel. Laurent était fasciné par lui, et en même temps séduit. Très fortement conditionné par ces premières expériences émotionnelles, il a développé par la suite des désirs hors du commun. Il s'ennuie avec les gens « normaux » et raisonnables et n'est attiré que par des personnages excentriques un peu en marge de la société bourgeoise – des magiciens, des artistes ou de jeunes intellectuels. Cela ne l'empêche pas, dans le même temps, d'être « normalement » marié.

Maintenant qu'il a atteint cinquante-cinq ans et n'est plus en excellente forme physique, Laurent se réfugie dans l'ésotérisme. Son désir ne se rallume que lorsqu'il se trouve dans des situations bizarres, comme avec sa kinésithérapeute.

La thérapie que nous avons entamée il y a quelques mois consiste à lui montrer qu'à travers les bouleversements et les ruptures de rythme de sa vie depuis ses trois ans, il n'a jamais connu les aspects positifs de la « vitesse de croisière », ressentie comme une routine morne et ennuyeuse. Actuellement, Laurent n'est prêt à s'engager que pour des émotions hors norme, y compris en amour. Seul le temps pourra l'amener à valoriser la métaphore de l'échelle à saumons qui permet aux poissons de remonter les rivières quand les barrages hydroélectriques ont créé des cascades infranchissables.

Priape et les excès masculins

Le premier « drogué du sexe » connu et avoué a sans nul doute été l'acteur américain Michael Douglas, qui a fait sa propre promotion en même temps que celle des cliniques auxquelles il a déclaré recourir pour se faire désintoxiquer de ses obsessions érotiques [15]. Les personnages de ce genre sont des versions modernes de Priape, le dieu de l'Antiquité, symbole d'une tension phallique constante et hors norme. Mais qui est Priape, cette divinité « mineure » ? Dans notre société de l'excès, certains s'occupent encore de lui. Les vers latins qui le célèbrent, les *Carmina Priapea* [16], ont été réédités. On y décrit un dieu de petite stature mais possédant un sens immodéré de l'excès. Il est traditionnellement représenté sous une forme grossière, taillée dans le bois, avec un énorme phallus peint en rouge pour effrayer les voleurs et les oiseaux. C'est le dieu des vergers, mais aussi de la fécondité : son pénis représente la puissance virile et fécondante. Priape était aussi peint sur les portes des maisons et dans les différentes pièces pour chasser le mauvais œil. On le portait également autour du cou, en pendentif et, bien entendu, lors des processions en son honneur, les phallophories. À partir de son nom, le médecin Galien a créé le terme de priapisme, qui désigne une érection douloureuse, de longue durée, sans excitation sexuelle, qui demande parfois une intervention chirurgicale.

Deux versions coexistent concernant la naissance de Priape. Dans la première, Vénus-Aphrodite, déesse de l'amour, est décrite comme une courtisane qui, après avoir aimé Dionysos, profite de son départ pour s'unir à Adonis. Non contente de cela, elle séduit aussi Zeus par son impudique beauté. L'épouse de ce dernier, la jalouse Héra, s'en rend compte et, de peur que l'enfant à venir ne soit trop beau, touche d'une main maléfique le ventre d'Aphrodite, provoquant la naissance d'un bébé mal formé, Priape. Dans la seconde version, le même dieu est le produit de l'union de Dionysos et d'Aphrodite, du vin et de l'amour. Sa rigidité phallique serait alors l'expression directe du pouvoir aphrodisiaque de l'alcool.

Toujours est-il que cette tension phallique perpétuelle rend Priape ridicule et difficile à représenter dans les scènes mythologiques et théâtrales, où il apparaît rarement. Sa place reste dans les jardins et les vergers. Comme dans la pornographie, ses parties remplacent le tout, et par son attitude « déplacée », il devient vite le symbole des excès négatifs. Son phallus, tendu comme celui d'un automate et constamment exhibé, ignore le temps nécessaire au jeu de la séduction et la découverte progressive de ce qui est voilé. Ainsi, lorsqu'il courtise la belle Lotis ou tente de séduire Vesta, Priape se retrouve le pénis dressé, ridicule comme un âne, et tout le monde se rit de lui, racontent les poètes.

Un mythe antique que celui de ce dieu au pénis dressé ? Je ne le crois pas. Nombreux sont en effet les hommes qui adoptent un style « tout au-dehors », artificiel et outrancier. C'est notamment le cas de Gabriel, jeune Normand de vingt-trois ans. Celui-ci a commencé une thérapie pour des problèmes d'éjaculation précoce qui, en eux-mêmes, ne le gênent pas mais lui font perdre la face devant les nombreuses femmes avec lesquelles il a des aventures. Lors de notre premier entretien, il s'assoit face à moi comme un cow-boy, jambes écartées, à moitié vautré sur sa chaise. En fait, cette attitude masque, comme nous allons le voir, une profonde insécurité personnelle.

L'éjaculation précoce dont souffre Gabriel n'est que la pointe de l'iceberg, la partie la plus apparente d'un comportement « tout au-dehors », qui s'exprime aussi dans la position du corps. Pendant nos rendez-vous, le jeune homme s'agite constamment et mastique nerveusement son chewing-gum. Ambitieux et très pris par son travail, qui occupe la majeure partie de son temps et absorbe le plus gros de son énergie, il a aussi une vie privée et nocturne très mouvementée avec son amie officielle. En outre, il y a toutes les femmes qu'il réussit à conquérir. Son activisme continu et son état d'excitation permanent ont fini par engendrer des problèmes d'insomnie. Gabriel se prend pour un superman et, pour tenir le rythme, n'hésite pas à consommer de l'alcool et de la cocaïne. En réalité, il est pris dans une fuite en avant et tourne son énergie vers l'extérieur, se refusant ainsi toute possibilité de détente.

Ce comportement est plus ou moins caché et n'apparaît qu'au psychiatre. Il n'en va pas de même de son éjaculation trop rapide, qui lui vaut les plaintes de bien des femmes déçues. Malheureusement, on ne peut entamer de thérapie sexuelle lorsque ce type de trouble est l'expression d'une attitude plus générale d'hyperexcitation. Je demande à Gabriel s'il a toujours été ainsi, et il me raconte alors qu'il a souffert, au cours de son enfance, de rachitisme, ce qui l'a contraint à rester dans une clinique pédiatrique pendant plus d'une année. Voilà l'explication probable. Depuis, Gabriel vit la passivité et la relaxation comme une maladie, voire un danger mortel. Pour lui, il existe une régression négative, mais non positive, laquelle se traduit pourtant par un sommeil bénéfique et l'abandon sexuel. C'est pour cela qu'il souffre d'éjaculation précoce et d'insomnie.

La réorientation de son appel à l'aide initial s'est révélée appropriée. Deux mois plus tard, Gabriel m'avoue qu'en dépit des apparences, il n'éprouve plus d'enthousiasme ni de désir. Il fait l'amour parce qu'« il le faut », parce que les femmes le lui demandent, et son malaise se déplace du pénis vers le cœur. Fort heureusement, il reconnaît être un timide, même s'il joue au « dur ». Cet aveu a ouvert la porte à un véritable travail psychologique sur des facettes cachées et fragiles de sa personnalité.

Raphaël est lui aussi un Priape moderne, aux besoins sexuels extériorisés et frénétiques. Il a seize ans et une attitude très méfiante. Pendant quelques mois, je n'ai eu avec lui que des contacts téléphoniques. Puis, un jour, il s'est décidé à venir au cabinet, en donnant un faux nom pour garder l'anonymat. À cette occasion, il m'avoue qu'il a depuis deux ans des besoins sexuels constants, qui se traduisent par une masturbation compulsive, au moins trois fois par jour. Cette habitude ne lui apporte qu'un soulagement passager et provoque, à l'inverse, une série de désagréments. Il a notamment dû quitter son club de volley-ball après avoir été surpris plusieurs fois en train de se masturber dans le vestiaire.

Raphaël n'a vécu qu'une seule histoire, avec une fille qui éprouvait, comme lui, d'immenses besoins sexuels. Ils faisaient l'amour trois fois par jour, mais au bout d'un mois, elle l'a quitté pour connaître d'autres expériences. Il se retrouve désormais seul avec un appétit sexuel qu'il n'arrive ni à contrôler ni à intégrer dans un cadre un peu plus « normal ». La consultation d'un thérapeute a fait suite à un acte de pédophilie, car Raphaël a demandé (et sans doute imposé) un rapport oral à une petite fille de dix ans. N'étant pas psychopathe, il s'en veut de ce comportement dont il connaît, en outre, les conséquences pénales. C'est pourquoi il cherche de l'aide.

Ce qui me surprend chez cet adolescent, c'est l'intensité, l'urgence de ses besoins et, en même temps, son isolement de tout contexte affectif et relationnel. C'est comme si l'impulsion sexuelle avait en lui une existence autonome, indépendante de tout rapport humain et de toute valeur affective (un peu comme le phallus de Priape exhibé en permanence). En outre, il n'a quasiment pas de monde imaginaire. Pour Raphaël, seules comptent l'action et la satisfaction immédiate. Ainsi, il ne parvient pas à se masturber en s'aidant de fantasmes érotiques; il doit regarder des films pornographiques qui lui permettent d'accélérer son excitation.

L'excès dans la satisfaction des besoins sexuels a été bien décrit par Robert Stoller [17], qui a interrogé un groupe de sadomasochistes. Le besoin d'avoir des comportements sexuels excessifs n'est pas lié à une véritable perversion, mais à la possibilité de triompher d'épreuves passées. Beaucoup de ces personnes ont eu, dans leur enfance, de graves maladies invalidantes, accompagnées de souffrances physiques et mentales. Essayant de contrôler, tout au moins partiellement, ces situations insupportables, ils ont acquis une extrême capacité à érotiser la souffrance. Ce qui peut être vu comme un excès négatif peut dès lors acquérir une dimension positive de survie et de victoire partielle sur un monde infantile totalement invivable.

Ces femmes qui aiment trop

Si les hommes outrepassent les limites par des comportements sexuels exagérés, les femmes, elles, excèdent dans le domaine sentimental : quand elles aiment, elles aiment trop. Telle est la thèse de Louise J. Kaplan, dont le livre sur les perversions féminines est devenu un film avec Tilda Swinton [18]. Pour cette psychanalyste américaine, le trop grand amour, l'amour jusqu'à la mort que connaissent Emma Bovary ou Anna Karénine, est en réalité une perversion et cache le désir d'être toute-puissante, d'inverser les rôles, de diriger le jeu sexuel. De très nombreuses femmes tomberaient dans ce travers sentimental, comme le confirme également l'ouvrage de Robin Norwood. L'auteur a d'ailleurs frappé si juste qu'il y a eu une suite à partir des témoignages et des confessions pleines de tristesse que l'écrivain a reçus après la publication de son *best-seller* [19].

La vie de Léa est, elle aussi, dominée par des excès amoureux. À dix-huit ans, elle est tombée amoureuse d'un homme bien plus âgé qu'elle, un banquier assez riche qui aimait cependant la cocaïne bien plus qu'elle. En dépit de la désapprobation de sa famille et de la perplexité de ses amis, elle est partie vivre avec lui, et a entamé une longue histoire de passion, de découragements, de lutte contre la drogue et, pour finir, d'échecs. Au bout de dix ans, Léa s'est résignée et, en proie à une grande douleur, est rentrée en France. Tout de suite après, presque par réaction, elle s'est éprise d'un garçon plus jeune, qui a profité de son argent et de sa disponibilité (elle avait commencé à travailler dans les relations publiques et gagnait bien sa vie). Le jeune homme l'a piégée dans un rapport caractérisé par des humiliations continuelles, et le mépris a culminé lors d'une incroyable soirée où il lui a présenté sa nouvelle fiancée et proposé de passer la nuit à trois.

Une fois encore, Léa a réussi à fuir cette relation malsaine, mais elle n'a toujours pas appris à se défendre. Elle a pris un congé de deux mois à New York, pour un stage, et y a rencontré un jeune artiste dont elle est tombée follement amoureuse en raison, dit-elle, de son angélique beauté. Elle l'inonde déjà de coups de téléphone, de courriers électroniques, de lettres, et affirme : « Peu m'importe qu'il ne soit pas très intéressé. Moi, je suis folle de lui, et tout compte fait, il n'y a pas besoin d'être deux pour faire avancer une histoire, non ? » Comme à son habitude, Léa est excessive et agit sans règles. Pourtant, elle devrait maintenant au moins en connaître une : pour avoir un projet sentimental solide et satisfaisant, il faut le vouloir à deux.

Au bout du compte, faut-il donc avoir peur des excès ? Je ne le pense pas. Il faut en voir les aspects positifs, car la passion est le moteur de la vie et constitue sans nul doute un dépassement. C'est en ce sens que Joyce McDougall [20] peut parler de la valeur positive d'une certaine forme d'« anormalité ». Dans le même temps, il faut éviter que ces excès baroques ne mènent à la décadence. C'est là toute la difficulté.

CHAPITRE VIII

Face à l'absence

« Ma mère est morte lors de ma naissance, et ainsi, pendant toute ma vie, il n'y a jamais rien eu entre moi et l'éternité. » Ainsi commence, avec la description de l'absence la plus dévastatrice, celle des bras maternels, le livre de l'écrivain antillaise Jamaica Kincaid intitulé *Autobiographie de ma mère*[1]. C'est précisément ce « vent noir et désolé » qui souffle sur le désert de l'absence – absence de chaleur, d'affection, d'étreintes, de désir et, même, tout simplement d'une personne à qui parler dans les moments de désespoir, qu'il s'agisse d'un parent, d'un enseignant, d'un ami, d'un fiancé. Telle est la maladie dont souffrent les jeunes gens d'aujourd'hui, comme le souligne le psychiatre italien Paolo Crepet[2]. Celui-ci raconte quatre histoires de souffrance quotidienne : celle d'une jeune anorexique ; celle d'une mère qui perd une fille de maladie et son mari de désespoir ; celle d'une femme qui a connu beaucoup d'hommes sans en aimer aucun ; et celle d'un garçon qui ne réussit à communiquer que sur Internet. Ce sont quatre histoires de grande solitude, d'incapacité de communiquer, quatre histoires d'absence.

Mais que se passe-t-il quand le désir est absent ? Comme nous l'avons vu, les excès peuvent conduire en enfer ou au paradis, alors que le lieu de l'absence est le purgatoire, terre de transition d'où est banni tout désir, et donc, aussi, toute activité sexuelle. C'est l'espace du silence du désir. Peut-être parce que aujourd'hui, il semble absolument nécessaire de parler de ses expériences sexuelles, qu'il faut les exhiber, les mettre en vitrine comme des trophées, il est bien plus honteux de raconter et de dévoiler le phénomène inverse, celui de l'absence. Hormis dans les milieux religieux ou inspirés par la philosophie orientale, où la chasteté est valorisée comme un triomphe sur l'instinct, l'absence de désir est, pour la plupart, un événement négatif, qui doit être caché, passé sous silence.

Pourtant, divers indicateurs sociaux confirment que l'absence du désir érotique présente de nombreux aspects positifs. Bien des personnes décident de vivre, de façon temporaire, pendant quelques mois ou quelques années, une vie sans sexe pour faire taire leur corps et donner la parole à leur âme. Le silence du désir devient alors la zone d'ombre du cœur, un point de stabilité dans le chaos de l'érotisme exhibé, une voie de pureté qui éloigne des lieux communs du sexe.

UNE ZONE TEMPÉRÉE DU CŒUR

Prenons le film *Leçons de séduction*[3]. Réalisateur et acteur principal, Barbra Streisand incarne Rose, un genre de femme que je rencontre fréquemment lors de mes consultations cliniques. Autrefois, on aurait parlé de « vieille fille » ; aujourd'hui, on utilise une expression « politiquement correcte » et on parle de célibataire « involontaire ». Elle a renoncé au sexe parce que cela la mettrait en compétition avec sa sœur, femme affirmée et mondaine, et que cela gênerait sa mère. Cette dernière, tout en disant à sa fille qu'elle doit se marier, espère en réalité qu'elle lui restera fidèle, qu'elle sera son bâton de vieillesse. Pour Rose, la chasteté devient donc une façon de ne pas rivaliser avec sa sœur et de rester à la disposition de sa mère.

Un jour apparaît un autre personnage qui a renoncé au

désir pour avoir été régulièrement abandonné par ses précédentes compagnes. Ce professeur de maths, joué par Jeff Bridges, décide de passer une annonce dans un journal pour chercher une femme intelligente et sympathique qui soit d'accord pour éliminer le sexe de leur vie. Au début, Rose accepte le compromis, dans le secret espoir que leur relation évolue vers un lien plus complet. Le professeur de maths apprend peu à peu, grâce à elle, à être plus spontané, et ses cours à l'université sont également suivis par des étudiants plus passionnés. Dans le même temps, Rose fait des efforts sur le plan esthétique, soigne son apparence et devient plus attrayante pour les hommes (ce qui lui vaut même de susciter l'intérêt du mari de sa sœur, un Pierce Brosnan séduisant et fascinant, mais plutôt infidèle). Après diverses crises, face au risque de perdre Rose, le professeur réussit à exprimer ses sentiments profonds : il lui crie son amour par la fenêtre et parvient à abattre le mur d'un rationalisme excessif, conjuguant enfin tendresse et érotisme.

Bref, c'est comme si le fait d'avoir muselé la sexualité, de s'être accordé une trêve avait laissé place à une « zone tempérée » où peut naître le sentiment amoureux. La chasteté temporaire entraîne, paradoxalement, la création d'un espace interstitiel, intermédiaire, une sorte de purgatoire dans lequel les personnes ont le temps de se rencontrer, de s'apprivoiser, de se connaître et de trouver une manière de retenir et de canaliser le désir.

Le même subterfuge, l'annonce pour trouver un partenaire chaste, est à la base de l'amusant roman *Cherche homme impuissant pour relation longue durée* [4]. L'auteur, Gaby Hauptmann, révèle progressivement les avantages et l'économie psychologique de l'absence. Ici, il ne s'agit pas d'absence de désir, mais d'absence de virilité. En effet, le personnage principal, Carmen, passe une annonce dans un journal afin de trouver un « homme impuissant pour cohabitation sereine » avec lequel elle pourra vivre une relation amoureuse dont le sexe sera exclu. Cette rousse sans scrupules en amour et au travail en a assez des hommes et de leur excitation. Elle se plaint de ce que les femmes pensent avec leur tête et « les hommes avec leur oiseau » et souhaiterait qu'ils mettent en cage leur instinct prédateur. Fatiguée des narcisses qui veulent faire l'amour pour satisfaire leurs besoins, elle cherche donc un homme qui ne soit pas amoureux de son pénis, mais d'elle.

Les réponses ne tardent pas à arriver. Carmen fixe des rendez-vous et l'on assiste à un amusant défilé d'hommes impuissants. Il y a le jeune homme séduisant mais traumatisé qui joue au gamin pour éveiller l'instinct maternel; le macho abandonné par son épouse qui souhaite seulement une bonne petite épouse; le célibataire attirant, mais virtuellement dangereux, parce qu'il a en lui une charge de sadisme qui pourrait exploser au moindre moment d'abandon. Dans tous les cas, et selon des mécanismes différents, le « pouvoir de l'impuissance » est révélé.

Après diverses rencontres parfaitement chastes, Carmen finit par tomber amoureuse de David, un architecte très doux et extraordinairement gentil dont l'impuissance se confirme malheureusement le jour où, amoureuse, elle sent renaître en elle le désir. L'homme lui raconte alors qu'il ne parvient plus à avoir des rapports sexuels depuis un grave accident de moto où il a été blessé aux jambes et aux organes génitaux. Carmen, de plus en plus amoureuse, lui mitonne un petit dîner aphrodisiaque (sans succès) et, après diverses tentatives, l'emmène chez un psychanalyste, qui réalise le miracle en un temps record en levant simplement le malentendu entre eux : David n'est pas impuissant; il a inventé cet accident parce qu'il était lui aussi secrètement amoureux de Carmen mais craignait qu'elle ne le quitte s'il lui dévoilait sa virilité et son désir.

Cette comédie confirme le principe selon lequel l'impuissance est parfois très puissante. Elle montre aussi que l'absence n'est pas seulement un vide, mais un temps intermédiaire pendant lequel l'attente et le désir peuvent de nouveau surgir.

QUAND L'ABSTINENCE EST UN MOINDRE MAL

Il existe un troisième indice de l'intérêt qu'éprouve notre société pour l'élimination de l'éros : le livre de Susanna Schimperna sur les gens ayant choisi de mener une vie sans sexe [5]. Dix-huit personnes, jeunes ou vieilles, hommes ou femmes, se sont confiées à l'auteur. Les raisons de leur chasteté varient beaucoup et ne semblent pas toutes innocentes au psychiatre que je suis. Certains renoncent au sexe par choix ; d'autres par force, par peur, par « overdose », ou pour ne pas tromper un partenaire aimé et disparu... Au-delà de ces différentes motivations, toutes exposées avec délicatesse et sensibilité, ce livre montre que l'absence est une dimension indispensable et complémentaire de la présence. C'est comme si, en musique, il n'y avait pas de pause entre un son et le suivant. Sans les respirations de l'absence, il n'y aurait pas de notes et il n'existerait donc pas de musique de l'amour.

L'absence peut donc être un contrepoint à la présence, dans la recherche d'un rythme de nos sentiments profonds. Parfois, au contraire, l'absence est le moindre mal dans un monde où l'éros est tellement bouleversant et envahissant qu'il nous complique la vie, et pas seulement sur le plan sentimental. Ainsi, Mireille, jeune femme qui fait carrière et a choisi de renoncer au sexe : « J'y accorde trop d'importance, explique-t-elle. La montée du plaisir, l'émotion me font peur. Et puis les hommes excités vous font l'amour comme s'ils voulaient vous vampiriser. »

PERTE DE TEMPS OU STRATÉGIE COMMERCIALE ?

Pour les personnes plus désenchantées, le sexe est un élément perturbateur qu'il vaut donc mieux éviter. C'est ce que fait la brillante écrivain Carmen Covito, devenue célèbre il y a quelques années avec son roman *Tout pour plaire* : « À l'heure actuelle, a-t-elle récemment déclaré dans une interview, je suis dans une période de chasteté, parce que j'écris un nouveau roman, et les hommes font bien souvent perdre trop de temps et d'énergie [6]. » C'est aussi le cas de Sonia, qui m'a écrit une longue lettre dans laquelle elle déclare que le sexe l'ennuie et lui fait perdre son temps. Elle poursuit en avouant qu'elle n'a jamais éprouvé les sensations ou le désir que son mari ressent, au contraire, pour elle.

Une fois que le voile a été levé, ce tabou, ce honteux secret qu'il fallait cacher, est rapidement devenu une stratégie commerciale. Ainsi, aux États-Unis, Tara McCarthy a été obligée par son éditeur de rester chaste jusqu'à la sortie de son livre autobiographique intitulé *A Virgin's Memoirs* [7] (« Mémoires d'une vierge »). Dans un registre beaucoup plus ingénu, on trouve la quête de Liliane, étudiante de vingt-trois ans, qui a passé une annonce vidéo sur une des chaînes les plus appréciées des jeunes afin de trouver son prince charmant : « Blond, mince, éduqué, type anglais », et surtout, et c'est là l'exigence essentielle, « vierge ». Mais oui, sans expérience sexuelle [8]. Nous sommes là face à une situation de grande illusion et d'idéalisation qui réactualise, en inversant les rôles, l'ancien stéréotype de l'homme à la recherche d'une femme pure et intacte. Autrefois, ce « certificat » de pureté et de soumission, ce besoin de garantie, était justifié par la crainte d'avoir des enfants illégitimes. Aujourd'hui, cette pureté semble avoir des raisons moins romantiques et davantage liées à des problèmes de santé, et surtout au risque de sida. Il ne faut cependant pas oublier que chasteté et virginité ne vont pas toujours ensemble. Liliane recherche un homme « angélique », ignorant peut-être que, même si l'on n'a pas eu de rapports sexuels complets, on peut avoir déjà exploré l'éros avec son corps et son imagination.

On peut donc conclure qu'il existe sans aucun doute un nouveau phénomène social, celui de la chasteté. Cette absence de sexe (qui réduit le désir au silence) présente des avantages ou, du moins, une réduction des risques. Elle peut être vécue de façon utilitaire, comme un bienfait psychologique et sanitaire, une protection contre les dangers du sexe. Elle peut aussi être considérée comme une transgression, attendu qu'aujourd'hui, à une époque de liberté sexuelle (au point que le sexe est quasiment une obligation, un nouveau devoir social), la chasteté finit par représenter l'ultime frontière de la transgression. Outre ces deux représentations, il en existe une troisième, fondamentale, qui nous a été transmise par la religion catholique, par le bouddhisme et par divers autres mouvements spirituels : la chasteté comme valeur en soi.

Le regard du psychiatre doit cependant s'efforcer de saisir ce qui se cache derrière les phénomènes de mode et les tendances culturelles. C'est pourquoi nous allons aborder la question de l'absence de désir dans deux perspectives différentes : celle du manque et celle du choix.

LA CHASTETÉ SUBIE

« Mon oreiller me regarde la nuit / avec la dureté d'une pierre tombale / je n'avais jamais imaginé qu'il pût y avoir un tel amour / être seul et ne pas être étendu dans tes cheveux... » C'est à cinquante-deux ans que Hermann Hesse [9] a écrit ces vers superbes et tristes. Je les ai choisis pour illustrer l'absence subie, mais surtout pour leur beauté et parce que, comme toujours, les poètes sont bien plus synthétiques et plus expressifs que les psychologues. Ces quelques vers traduisent bien la souffrance de l'âme lorsque l'être aimé est absent. Le sémiologue Roland Barthes [10] rappelle d'ailleurs que les Grecs avaient donné un nom à ce désir : *pothos*, pour le distinguer de *himeros*, le désir de l'être aimé et présent. L'amertume de l'absence, le désir frustré de l'autre, de sa chaleur, peuvent être dus tant à des facteurs extérieurs qu'à des facteurs internes.

En cas de refus

La chasteté peut être forcée, causée par des facteurs contingents. Des études à l'étranger, une mutation professionnelle qui sépare un couple pendant six mois ou un an, peuvent provoquer des bouleversements inattendus chez des personnes qui pensaient supporter aisément une chasteté provisoire, sans avoir pris en compte non seulement les kilomètres, mais aussi les mystérieuses lois du désir.

Il y a aussi les cas où la chasteté est imposée par un partenaire qui se refuse. C'est ce qui arrive, par exemple, à Noémie, étudiante de vingt-deux ans amoureuse d'un jeune homme du même âge sans expérience, vierge mais aussi un peu avare de tendresse : « Paul n'aime pas m'embrasser ou me caresser. Il a très peu d'élans, alors que moi, j'aurais besoin de chaleur, d'intimité et aussi de sexe. Je me réfrène parce que je vois bien qu'il n'a pas envie d'aller plus loin. Je sais que pour lui, ce serait la première fois, et je ne veux pas le forcer. Une chose m'inquiète, pourtant : il est d'une radinerie à faire peur, alors qu'il vient d'une famille aisée et n'a pas de problèmes d'argent. Pourtant, il ne m'a jamais fait de cadeau, et quand nous sortons, il n'offre même pas l'apéritif ; nous devons toujours diviser l'addition. Nous en sommes arrivés au point où si, le soir, il me raccompagne chez moi en voiture, je sais que je devrai faire le plein d'essence ! J'ai peur que derrière cette avarice ne se cache en fait un manque de générosité affective, ce qui me mettrait encore plus mal à l'aise. »

Noémie a raison de s'inquiéter. Son petit ami est aussi un avare sentimental, qui n'ouvre ni son portefeuille, ni son cœur, et encore moins sa braguette... La chasteté sexuelle que cette jeune fille subit est, en réalité, un désert affectif. Je lui ai conseillé de ne pas se faire d'illusions et de prendre ses jambes à son cou. Il est rare qu'un avare change, alors qu'il est bien plus probable qu'il continue de vampiriser l'énergie de l'autre, sans jamais se donner et en laissant son partenaire frustré.

Noémie est jeune, elle peut encore expérimenter, s'expérimenter et sortir de l'impasse de la chasteté subie. Les choses sont bien différentes pour cette trentenaire qui me raconte que son mariage est en train d'éteindre deux désirs en même temps : le désir érotique et le désir d'enfant. Voici son histoire : « Nous sommes mariés depuis près de huit ans, mais nous sommes ensemble depuis treize ans. Depuis toujours, pratiquement ! À dix-sept ans, j'ai découvert que je ne pourrais pas avoir d'enfants, ce que je lui ai tout de suite dit et qu'il a accepté. Il y a un an, pourtant, après ma proposition d'adopter un enfant, nous avons traversé une crise aiguë. Au début, Jean aussi était content mais, ensuite, les doutes, les craintes, la perspective des différents obstacles à surmonter l'ont fait capituler. Je me suis sentie trahie ; lui s'est senti exclu. C'est vrai que notre histoire est née et s'est développée comme un rapport à deux...

« Nous savons que nous nous aimons encore, mais nous ne réussissons plus à nous le dire ni à nous le montrer. Nous avons même envisagé le divorce. Aujourd'hui, après un an et une thérapie de couple, la crise est passée. La patience et l'affection nous ont permis de nous maintenir à flot. Oui, l'affection... nous n'en manquons pas. Mais le sexe a disparu. Jean semble avoir perdu tout désir physique. Nous ne faisons l'amour (de plus en plus rarement) que si c'est moi qui prends l'initiative. Je me sens rejetée et humiliée par ce manque de contact, par cette absence de désir. Je lui en parle tout le temps, mais Jean me répète qu'il m'aime et qu'il est seulement absorbé par mille pensées (son travail, ses responsabilités, qui l'occupent douze heures par jour). Je comprends, mais j'ai peur qu'il ne cherche des justifications, y compris à ses propres yeux. »

Cette histoire tourmentée laisse de grandes zones d'ombre sur lesquelles la thérapie n'a, de toute évidence, pas réussi à faire la lumière. Pourquoi cet homme a-t-il été tellement blessé par la proposition d'adopter un enfant ? Sa réaction négative cache-t-elle un secret ? Ce secret serait-il une autre femme ? Le doute est plus que légitime. Quand un partenaire prétexte une baisse de désir due à un surcroît de travail ou à des préoccupations extérieures à son couple, il est fréquent qu'il cache en fait une relation extra-conjugale. Quoi qu'il en soit, les deux désirs de cette femme « fragile », l'éros et la maternité, qui sont deux désirs de vie, ne sont pas partagés par son compagnon et lui sont même brutalement refusés.

Toutefois, les chastetés subies les plus douloureuses et les plus destructrices sont celles liées au décès du partenaire ou à un divorce non choisi. Quand le lien matrimonial est brisé, les femmes sont les plus exposées. Les études sur les remariages sont claires sur ce point : un homme voit s'ouvrir un vaste « marché » devant lui, alors qu'une femme seule, veuve ou divorcée, se remarie plus rarement après quarante ans. La chasteté peut alors se muer en une angoissante solitude.

Enfin, n'oublions pas la chasteté forcée des marins, des militaires ou des détenus. Ou encore de ceux qui ont eu un accident ou une maladie invalidante. On peut rappeler à ce sujet l'histoire « extraordinaire » de Larry Flynt, pornographe et inventeur du magazine *Hustler* qui, à la suite d'un attentat, est resté paralysé et condamné à la chasteté [11].

Lorsque l'amour se change en devoir

Revenons maintenant à certaines formes de psychopathologie dans lesquelles les dispositions psychiques, liées au présent ou à des événements plus anciens, interfèrent avec l'alchimie mystérieuse du désir amoureux.

Prenons l'exemple de Manuela, vingt-cinq ans, très préoccupée par son absence de désir. C'est une jeune fille comme tant d'autres. Comme tant d'autres, elle a eu des flirts d'adolescente, puis des histoires plus sérieuses, qui ont duré plusieurs mois. « Je vis seule depuis deux ans maintenant, raconte Manuela. Et je m'en porte plutôt bien. Je suis libérée de toutes les obligations que comporte la vie de couple, et surtout de la corvée des rapports sexuels. Attention! Je trouve tout à fait normal que deux personnes qui sont bien ensemble et qui ont envie de faire l'amour aient des rapports sexuels fréquents. Mais moi... Tous mes anciens petits amis m'ont désirée, mais moi, je n'ai jamais, je dis bien jamais, eu envie de faire l'amour. Et je n'en éprouve pas davantage l'envie aujourd'hui. Chaque fois que j'ai cédé, je l'ai fait pour faire plaisir à mes partenaires. Manque d'ardeur? Préliminaires trop rapides? Je ne le crois pas, parce que ces garçons étaient pleins de fougue et d'attentions. Bien entendu, puisque je n'éprouvais pas de désir, je n'étais pas excitée et les rapports sexuels n'étaient pas faciles... Je n'ai aucune idée de ce qu'est l'orgasme. Je ne connais le plaisir que par la masturbation, que je pratique depuis l'âge de trois ans. Mais alors, où est le problème? Je ne suis pas une lesbienne refoulée, je n'ai pas subi de violence ou de traumatisme, je ne suis pas stressée. Je mène une vie tranquille, sans problème, avec mes parents et mes amis. Mais plus le temps passe, plus je me sens différente. La plupart des filles que je connais sont fiancées, font des projets de mariage ou sont déjà mariées et mères de famille. Est-ce que je réussirai, un jour, à fonder un foyer, à trouver un homme qui m'aime et m'accepte telle que je suis? Suis-je anormale? »

Les questions de Manuela appellent une réponse qu'elle ne pourra trouver qu'en explorant son passé à travers une psychothérapie. Le problème de cette jeune fille n'est pas tant l'impulsion érotique – qu'elle connaît et à laquelle elle répond par la masturbation – que le désir. Manuela n'a pas d'élan vers l'autre; elle se suffit à elle-même. Dans le même temps, elle se montre insatisfaite, s'interroge sur son avenir et ses capacités à aimer. Il faudrait analyser sa pratique masturbatoire et les fantasmes qui l'accompagnent. Peut-être a-t-elle un secret enfoui qu'elle n'avoue pas, ou qu'elle-même a oublié, mais qui doit réémerger pour qu'elle puisse sortir de cette chasteté forcée et, enfin, libérer son désir. Dans son cas, le désir existe en tant que pulsion fondamentale, mais il s'éteint dès qu'il doit se synchroniser avec les rythmes et le comportement de son partenaire. Ce n'est donc pas l'éros qui fait défaut, mais la possibilité d'établir une relation. Elle admet qu'il est normal de faire l'amour et d'éprouver du désir, mais elle vit celui de ses partenaires comme une obligation. C'est là une histoire emblématique, qui confirme ce que je constate chez de nombreux célibataires qui, ayant pris l'habitude de vivre seuls, ne parviennent plus à tolérer une autre personne chez eux, à accorder leurs habitudes et leurs désirs avec ceux d'un partenaire.

Les personnes déprimées, comme nous l'avons vu dans le chapitre sur les ennemis du désir, se trouvent elles aussi souvent en situation de chasteté forcée. Leur envie de faire l'amour disparaît, tout comme le plaisir de manger, de voir des amis, ou même l'énergie pour sortir le matin. Qui dit dépression dit apathie, pessimisme, inhibition, absence d'imaginaire, et pas seulement érotique. La dépression est un puits obscur et l'absence de désir sexuel se noie malheureusement dans une absence plus générale, celle du goût de vivre.

LA CHASTETÉ VOLONTAIRE

Voyons maintenant comment la chasteté peut constituer un choix, qui ne présente pas, comme chez les mystiques, le caractère paradisiaque de la purification ou de l'ascèse, mais qui devient un purgatoire ou tout au moins des limbes, l'attente de jours meilleurs. Nombreux sont les jeunes gens qui plaisent et réussissent dans la vie mais avouent, pourtant, avoir choisi, au moins à titre provisoire, la chasteté. Ils font une pause, prennent des « vacances », s'affranchissent des jeux de la séduction et de la cour qui leur paraissent, tout à coup, dénués de sens. C'est une période de jeûne, après les orgies érotiques, ou bien une pause affective et sexuelle après une histoire d'amour particulièrement forte.

Fidélité ou punition

On peut décider d'être chaste par fidélité à la mémoire de quelqu'un qui n'est plus. Comme dans l'histoire violente et émouvante de Pierre-Marie qui veut rester fidèle à la seule femme qu'il a aimée [12]. « Oui, j'avais des désirs sexuels, raconte celui-ci, mais j'étais tellement lié à mon épouse qu'ils se confondaient avec le désir de mort, avec un spasme terrible qui me plongeait directement dans l'angoisse. » Pierre-Marie, porteur de ce deuil non surmonté, a choisi la fidélité pour se consacrer au souvenir de celle qui n'est plus là. Tout comme d'autres personnes se consacrent, par exemple après un divorce, à un autre amour, celui de leurs enfants, et renoncent à avoir une vie sexuelle.

On peut aussi rencontrer d'autres choix unilatéraux, comme quand un partenaire « décide », de manière parfois inconsciente, de devenir chaste pour punir l'autre. Prenons le cas de Laurette et Pierre, couple de commerçants quadragénaires. Leur affaire marche bien ; ils ont deux beaux enfants et une maison avec jardin, symbole de la réussite de leur ménage. Tout va donc pour le mieux dans le meilleur des mondes possible. C'est, du moins, ce que doivent se dire les habitants de la petite ville de province où ils habitent. Car rien ne va plus une fois qu'on pénètre dans la chambre du couple. En effet, Laurette, qui souffre de dyspareunie (coït douloureux), ne veut plus faire l'amour avec son mari. Un jour, n'en pouvant plus, Pierre va trouver le médecin de famille et lui demande conseil, pensant qu'il y a peut-être une raison physique, une infection. Il espère qu'il suffira d'un examen clinique ou d'un traitement médicamenteux pour sortir de cette situation. Malheureusement, le trouble dont souffre Laurette a une origine plus profonde. Ses problèmes sexuels sont en fait dus à une crise de couple qui dure, invisible et irrésolue, depuis des années.

Laurette se dit très déçue par son mariage. Elle est surtout déçue par Pierre, qu'elle juge sexiste et peu présent. Son mari, m'explique-t-elle exaspérée, n'a jamais débarrassé la table de sa vie ou fait tourner une machine à laver! En revanche, tous les dimanches, il s'éclipse pour assouvir sa passion de la pêche ou s'amuser avec ses amis. Jamais un cadeau inattendu, jamais de vacances, jamais un geste sortant de l'ordinaire pour elle ou pour les enfants, soupire-t-elle... Laurette a bien essayé de lui parler, elle lui a même fixé des ultimatums. Rien à faire. À chaque fois, Pierre l'accusait d'être une rêveuse, au lieu de penser à la maison et aux enfants. Il sortait en claquant la porte, et Laurette restait devant la télévision à regarder un film américain, pleurant devant le romantisme bon marché qui faisait tant défaut à sa vie. Progressivement, la résignation et le désintérêt se sont transformés en dyspareunie, rendant la pénétration impossible. Pour Laurette, c'est sans nul doute un moyen de refuser son corps à son mari, pour qu'il n'ait pas de plaisir sexuel, puisqu'il n'existe pas d'autres plaisirs communs.

Cette forme de chasteté punitive se rencontre aussi chez les hommes. Je pense notamment à Marcel, avocat. Sa femme, Virginie, qui exerce le même métier dans un cabinet réputé, a récemment réussi à décrocher le statut d'associé. Depuis, elle est toujours très prise. Efficace, organisée, elle voudrait programmer jusqu'à leur vie sexuelle, dont Marcel s'écarte peu à peu. Cette mise à distance est une forme de protestation contre une compagne vue comme une rivale agressive et dirigiste, y compris au lit. Une belle dispute ou une franche discussion, même douloureuse, pourrait servir d'avertissement, mais à l'instar de tant d'hommes, Marcel ne parvient pas à parler de sentiments et d'émotions. Il se contente, au lit, de « ne pas être là », prétextant la fatigue ou les soucis professionnels et passe tout son temps libre à jouer au tennis avec ses amis. En attendant le jour où, peut-être, Virginie commencera à s'interroger sur son inexplicable chasteté.

Le sida

Il y a aussi la chasteté liée au sida, qui a réduit non seulement le nombre d'aventures extra-conjugales, mais aussi des rapports conjugaux. Je connais ainsi plusieurs personnes qui avaient des liaisons éphémères pour nourrir leur imaginaire érotique, ce qui leur servait ensuite, comme un plein d'essence, à nourrir leur vie de couple jusqu'à la prochaine rencontre.

C'est le cas, par exemple, de Bernard, chef d'entreprise couronné de succès, qui s'offrait une accompagnatrice tous les mois lors du voyage professionnel qu'il effectuait aux États-Unis. Cette « expérience » lui donnait un coup de fouet et ravivait son désir pour sa femme. Lorsque l'épidémie de sida s'est propagée, cet homme soucieux de sa santé et très scrupuleux, qui ne se fiait pas au préservatif, a renoncé à ces escapades érotiques. Résultat ? Sa femme est venue se plaindre auprès de moi, me disant que son mari était devenu un « pantouflard de l'éros », qui passait toutes ses soirées devant la télévision et n'avait plus aucune initiative sexuelle. Je me suis alors demandé si je devais lui révéler l'ancien « mécanisme » de son mari, qu'elle ignorait totalement. J'ai préféré ne pas le faire, pour ne pas provoquer d'autre bouleversement.

Pour comprendre comment le sida influe sur le choix de la chasteté, on peut également s'appuyer sur l'étude [13] menée à Genève auprès de 129 couples que nous appelons « discordants », autrement dit où l'un des membres est séropositif. Ce travail visait à déterminer le type d'intimité, verbale, affective ou sexuelle, qui unissait les deux partenaires. Il en ressort que la présence de la maladie réduit fortement le désir, en raison du danger de mort, c'est-à-dire de la crainte que l'état du séropositif ne se dégrade définitivement, et aussi du risque de contamination. Le spectre de Thanatos s'insinuant dans le monde d'Éros, il en résulte une chasteté en partie subie, en partie choisie. Souvent, pour éviter la contagion, les personnes finissent par décider de renoncer au sexe et de vivre d'autres formes d'intimité affective.

Une bouée de sauvetage pour le couple

Le choix de la chasteté peut être plus difficile à comprendre lorsqu'il est le fait du couple. L'absence de relation sexuelle paraît peut-être plus naturelle quand elle est due à la décision d'un individu vivant seul ou ne trouvant pas à accorder ses rythmes et ses besoins avec ceux de son partenaire. Mais lorsque l'on est deux et que l'on a un projet commun, pourquoi geler le désir et se priver de sexe ?

De ce point de vue, le cas de Jean-François et Maryse est exemplaire. Ce couple de quinquagénaires a vécu sans infidélité une période d'amour exclusif, puis ils ont décidé de s'accorder une certaine liberté sexuelle, pour échapper à l'ennui d'une relation qu'ils jugeaient étriquée et routinière. Passée la phase d'excitation, leurs trahisons autoprescrites et « thérapeutiques » sont devenues une source de grande souffrance, au lieu de renforcer la cohésion de leur couple. Ainsi, Jean-François et Maryse ont successivement refusé le sexe monogame, qui avait tourné à l'ennui, puis la licence sexuelle, peu satisfaisante pour l'un et pour l'autre. Ils ont alors décidé, d'un commun accord, de s'en tenir aux limbes de la chasteté. En fin de compte, c'est une situation de *stand-by*, une absence provisoire pour redonner du sens et consolider un couple auquel ils croient malgré tout, après un accès de transgression et d'éros à tout prix.

CHAPITRE IX

L'alchimie du couple

Un couple qui dure, au sein duquel le désir est continuellement renouvelé, peut être comparé à un galet au fond d'un fleuve, poli par les eaux et qui, selon les reflets du soleil et les marques du temps, prend une forme différente et de nouvelles teintes.

Cette comparaison est poétique à une époque où l'institution du mariage manque singulièrement de poésie, mais aussi de confiance, tant de la part des individus que de la société. En effet, on s'épouse par amour, et pour être heureux mais, au premier signe d'instabilité ou de baisse du désir, on pense séparation ou bien on se résigne. D'ailleurs, le mariage n'est-il pas « le tombeau de l'amour » ? Les répliques pleines d'esprit sur ce sujet sont nombreuses, et certaines d'entre elles sont devenues célèbres. Pour Ambrose Bierce, le mariage est ainsi une communauté de deux personnes, formée d'un patron, une patronne et deux esclaves... Quant à l'humoriste italien Ennio Flaiano, il prétend non sans cynisme qu'en amour, il ne faut respecter personne et être capable, le cas échéant, d'aller au lit avec son épouse [1] !

On pourrait objecter que ce sont des aphorismes d'un autre temps. Pourtant, même dans la société actuelle, sans nul doute plus libérale, beaucoup de jeunes couples préfèrent vivre en concubinage (quitte à se marier lorsqu'ils auront des enfants), comme si, en évitant le « oui » à la mairie ou à l'église, ils garantissaient la survie du désir.

Dans ce chapitre, je voudrais justement parler du flux et du reflux du désir au sein du couple, de ses inévitables périodes creuses, mais aussi des sables mouvants dans lesquels il peut s'enliser à tout jamais. Jusqu'ici, nous avons vu que le désir faisait partie de l'énergie vitale d'un individu, qu'il pouvait naître ou disparaître du fait de facteurs extérieurs ou pour des raisons liées viscéralement à l'intimité d'un être. Il faut maintenant étudier l'influence que peut avoir le couple sur l'univers érotique.

À entendre la plupart des gens mariés, la vie de couple ferait courir les plus grands risques au désir. Mon ami Roland dit souvent que désirer son épouse au bout d'un an de mariage est presque un acte incestueux. Sans doute est-ce exagéré, mais cela me rappelle l'attitude de Jean-Charles qui, après douze ans de mariage et trois beaux enfants, préférait son voilier à sa femme, à laquelle il faisait très peu l'amour, et toujours en évitant de la regarder en face.

Les histoires de ce genre semblent corroborer l'idée que la vie à deux mène inévitablement à l'usure et à l'extinction du désir. Autrefois, d'ailleurs, le couple *devait* nécessairement s'élargir à la famille : en tant que cellule de l'organisation sociale, sa fonction éducative était jugée plus importante que sa dimension érotique. En outre, comme nous l'avons vu, pendant des siècles, les hommes ont détenu le monopole du désir et ont donc eu la liberté de gérer leurs pulsions érotiques hors du mariage.

Si l'on analyse la structure d'un couple, on se rend compte que celui-ci est fondé sur l'intériorisation de la démocratie à deux. Les ingrédients fondamentaux en sont donc la réciprocité, la tolérance et la confiance. Or le désir repose, par nature, sur un rapport de forces permanent, sur le besoin de transgresser, de dépasser les limites et, dans certains types de perversions, sur la domination ou la soumission.

On peut donc légitimement se demander s'il est possible d'allier des caractéristiques comme la stabilité, l'estime et la tendresse, avec des sentiments qualitativement différents tels que l'érotisme et le désir, qui sont discontinus, « centrifuges » et fondés sur la transgression. Je cherche encore la réponse à cette question. Je pense cependant que la séparation historique de l'éros et du mariage montre en partie que le couple est une zone à risque pour le désir. Le pari de la réconciliation est néanmoins ouvert, puisque aujourd'hui, entre autres changements, le droit de désirer est aussi entre les mains des femmes. En tout cas, il est difficile d'affirmer que le couple est le tabernacle du désir, le lieu où il naît, où il continue ensuite de se développer et où il se conserve. Sauf, peut-être, dans le cas des unions manquant de sécurité, pour lesquelles l'éros est « légaliste », c'est-à-dire se légitimise avec l'officialisation de la relation.

Une chose est sûre : au sein d'un rapport de couple, le désir doit être nourri en permanence. On pourrait comparer le couple à une automobile, dans laquelle il est indispensable de mettre de l'essence, de temps à autre, si l'on ne veut pas se retrouver sur le bord de la chaussée. De même, pour la vie à deux, il faudrait un « plein » d'énergie, comprenant tous les ingrédients de la séduction, mais qui sache surtout répondre à des besoins et des attentes non explicités et non satisfaits.

LE DÉSIR ET SES CYCLES

L'intensité et les besoins varient, dans les cycles du désir, en fonction de l'âge. En effet, si la façon de vivre l'intimité change suivant la culture et la personnalité de chacun des partenaires, statistiquement, elle suit néanmoins un mouvement en trois temps.

1. *À vingt ans*, les amoureux voudraient rester ensemble pour toujours. Ils se téléphonent à l'autre bout du monde, se querellent pour se réconcilier, expérimentent une grande proximité physique et perçoivent l'indépendance vis-à-vis de l'autre comme un douloureux détachement.

2. *À quarante ans*, le couple vit (ou survit) en instaurant

une séparation qui, parfois, est une juste autonomie. Passé les temps forts du coup de foudre et du parfait amour, il persiste des complicités et des intérêts communs, mais des goûts différents apparaissent aussi, ainsi que des évolutions « asymétriques » qui provoquent une expansion de l'espace personnel de chacun.

3. *Chez les soixante ans et plus*, un besoin de proximité semblable à celui des jeunes se fait souvent de nouveau sentir. Les enfants qui quittent la maison, mais aussi les ennuis de santé ou la peur de la solitude incitent à des rapprochements qui, pour certains, sont bénéfiques, parce qu'ils permettent de retrouver les vraies valeurs de la vie, mais qui, en cas de proximité forcée, peuvent déboucher au contraire sur une cohabitation houleuse.

Au fil du temps

Abstraction faite de la question de l'âge, il n'est bien souvent pas dans les objectifs essentiels du couple de maintenir le désir. La lettre de cette jeune fille de vingt-six ans nous le confirme : « Quand je l'ai connu, j'avais à peine seize ans. Il n'était pas libre, mais trompait sans cesse sa petite amie de l'époque, avec moi ou avec d'autres filles. Depuis trois ans, il est amoureux de moi comme j'aurais toujours voulu qu'il le soit, et notre relation a pris un tour plus sérieux. Il ne me trompe plus, dit désirer avoir une maison, fonder une famille avec la femme qu'il aime et qui, chose incroyable, serait moi. Évidemment, moi, j'ai un peu changé après toutes ces années... Du coup, il me reproche d'être froide, de ne plus avoir autant envie de faire l'amour, d'avoir perdu l'énergie que j'avais avant. Il me dit qu'il préférerait que tout s'arrête ; que si les choses sont finies pour l'un d'entre nous (pour moi, en l'occurrence), il vaut mieux affronter la réalité, si douloureuse soit-elle. Ce genre de phrases me fait totalement paniquer. Je l'ai supplié de ne pas me quitter, je lui ai promis d'être plus attentive et moins nonchalante, parce que je l'aime vraiment. Parfois, pourtant, je suis attirée par d'autres hommes, qui me font fantasmer. Je fais souvent des rêves érotiques dans lesquels je me retrouve avec des garçons que je connais ou avec des célébrités. Qu'est-ce qui m'arrive ? »

Pour cette jeune fille, la nécessité la plus forte est de ne pas rester seule. Elle ne veut pas renoncer à son couple, même si elle n'éprouve plus de désir sexuel pour son partenaire. Nombreuses sont les personnes qui, comme elle, ont mis l'éros entre parenthèses et qui nous demandent comment survivre sans, parce que ce n'est pas un objectif prioritaire pour elles. Cette jeune fille, qui n'a que vingt-six ans, a encore du temps devant elle pour essayer de comprendre ce qu'elle veut vraiment et pour se construire une vie sexuelle heureuse. Elle doit d'abord satisfaire ce qui, pour elle, constitue une priorité, au même titre que le besoin de manger ou de dormir : l'affection et la chaleur. En revanche, le désir érotique reste secondaire chez elle.

Beaucoup de gens préfèrent satisfaire en premier lieu des besoins d'intimité et de stabilité affective. Y compris avec un amant. C'est le cas de Marceline, qui trompe son mari, par désir de tendresse. « J'ai quarante ans, et je suis mariée depuis dix-sept ans. J'ai deux fils et un mari inexistant, avec lequel je n'ai plus de rapports sexuels depuis deux ans. Une chose a totalement bouleversé ma vie récemment : il y a un an de cela, j'ai revu, après une séparation de vingt années, mon premier amour. C'est lui qui m'a cherchée, et j'ai eu beaucoup de plaisir à le revoir. Il était, et il est encore, très affectueux, très tendre. Nous avons retrouvé notre affection d'autrefois. Et au bout de quelques mois, ça s'est terminé au lit. Quelle déception ! Aucun de nous deux n'a été particulièrement satisfait, en dépit d'une longue abstinence (car il se trouvait à peu près dans la même situation conjugale que moi). Pourtant, même si je ne ressens pas de désir physique, j'ai besoin de lui. La tendresse de ses étreintes me fait beaucoup de bien, tout comme la douceur de ses caresses et les longs coups de téléphone où nous parlons de tout. Je ne suis pas amoureuse de lui, et je ne crois pas qu'il le soit de moi. Alors, pourquoi avons-nous tant besoin l'un de l'autre ? Il nous arrive de faire quarante kilomètres juste pour prendre un café ensemble et nous saluer d'une caresse, d'un baiser sur la joue. Ce sentiment étrange a modifié ma vie. Après nos rencontres, même si nous n'avons pas fait l'amour, je suis plus belle, plus lumineuse, plus calme, et je dors mieux. Si je ne le vois pas pendant deux jours et que je n'entends pas sa voix au téléphone, je me sens mal. Je n'y comprends rien... »

Beaucoup de femmes, à l'instar de Marceline, trompent leur mari non pas pour satisfaire un besoin sexuel impérieux ou inassouvi, mais par soif de tendresse. Elles racontent elles-mêmes que ce n'est pas dans leur chambre à coucher qu'elles s'ennuient, mais dans les autres lieux de l'appartement conjugal, où manquent l'intimité, la communication, le plaisir de partager la joie des petites choses. Certaines résolvent ce problème grâce à l'affection qu'elles portent à d'autres personnes : une amie, une belle-sœur ou un frère. Peut-être Marceline a-t-elle commis une erreur en choisissant un homme (et de surcroît, cédant à son romantisme, en revoyant son ancien amour) pour répondre à son désir d'intimité, sans vraiment mesurer les complications que crée le sexe.

En tout cas, son histoire nous montre comment le désir érotique peut s'effacer sans que disparaisse nécessairement l'envie de préserver l'intimité du couple. Nombreuses sont les personnes qui réussissent à avoir des rapports sexuels en dehors du mariage ; elles agissent *sans* leur partenaire, mais pas *contre* lui. C'est lorsqu'il manque l'intimité que tout l'échafaudage conjugal s'écroule.

Le couple est donc très sensible aux marées où le désir vient échouer. Un cas emblématique, et peut-être un peu précoce, est celui d'Amanda : « Mon histoire avec Fabrice a perdu tout relief. Comme si toute notre ardeur, notre envie de nous toucher, de faire l'amour à tout moment, s'étaient affaiblies et disparaissaient. Au début, nous voulions toujours faire l'amour de façon extravagante et dans les lieux les plus saugrenus. Aujourd'hui, je n'ai plus d'élan vers lui, ni lui vers moi. Nous nous entendons bien, nous nous câlinons, nous sommes toujours ensemble. Peut-être est-ce cela qui ne va pas : nous nous sommes trop habitués l'un à l'autre, et nos sens se sont comme endormis. Je n'ai même plus tellement envie de me masturber. Comment tout cela est-il possible ? Nous sommes jeunes, puisque j'ai vingt et un ans et lui vingt-trois. Pourtant maintenant, quand nous faisons l'amour, c'est toujours à la va-vite, et je n'atteins plus l'orgasme. Fabrice prétend que je dois arrêter de me masturber ; je lui rétorque qu'il devrait avoir plus d'attentions à mon égard. Nous voudrions nous marier dès que notre situation financière nous le permettra. Mais si le mariage est bien le tombeau de l'amour, combien de temps tiendrons-nous encore ? J'en ai parlé à Fabrice. Il soutient qu'à la belle saison, tout recommencera comme avant. Nous avons pourtant passé une semaine entière à la montagne, sans jamais faire l'amour... »

Cette lettre fait bien comprendre le déroulement des cycles du désir. Après la passion, l'exploration des corps, vient une période de calme relatif, de ralenti. C'est un phénomène physiologique chez un couple qui cherche son harmonie, car la passion effrénée ne peut durer. Amanda souligne cependant, avec justesse, que leur désir est un peu trop endormi. Cela n'a rien à voir avec la masturbation, comme le soutient son fiancé – la masturbation permet en fait, à travers l'apprentissage de son propre corps, d'identifier ses zones érogènes. J'ai conseillé à Amanda de se fier à la lecture « météorologique » de son fiancé, pour qui leur désir, figé par le froid, se réveillera à la belle saison. En attendant, Amanda pourrait essayer de le tenir « au chaud », même en hiver, par exemple en répandant des parfums dans leur chambre à coucher, en y mettant des fleurs, en allumant la lumière, en chauffant la pièce le plus possible et, pourquoi pas, en passant de la musique des Caraïbes. Bref, en se servant de tous les ingrédients qui évoquent les saisons chaudes...

Les « vieux » couples

Il me semble intéressant, dans cette analyse des cycles du désir, d'examiner plus en détail les « vieux » couples. Bien sûr, les partenaires n'ont pas toujours vécu ensemble les trente dernières années de leur vie et ils ont parfois eu d'autres relations. La longévité peut en effet caractériser soit le couple lui-même, soit les individus qui le composent, lesquels auront alors déjà d'autres expériences de vie à deux. Dans ce dernier cas, la précédente histoire peut servir d'élément de comparaison, comme le dit clairement Oscar : « Mon ex-femme était une Anglaise, froide et presque dédaigneuse. En comparaison, mon épouse actuelle, qui est une Parisienne toute gentille, me fait l'effet d'être une bonne fée. » Parfois, au contraire, l'ex-conjoint devient une sorte de modèle nostalgique, d'idéal qu'on ne peut plus atteindre, surtout dans les cas de veuvage. Les membres du couple nouvellement formé sont alors confrontés non seulement aux valeurs des familles d'origine, mais aussi aux systèmes et aux habitudes conjugales d'avant.

Si l'on analyse les caractéristiques transversales de ce type de couples, on se rend compte que parfois, ils ne se forment pas sur la base de mécanismes progressifs (être mieux ensemble ; progresser individuellement) mais, au contraire, sur des mécanismes régressifs, par exemple pour prévenir une insupportable solitude. En outre, le vieux couple d'aujourd'hui souffre souvent du syndrome du « nid plein », contrairement à celui de la génération précédente qui souffrait du syndrome du « nid vide ». Il y a trente ans en effet, on disait qu'une femme de cinquante ans sombrait dans la dépression parce que ses parents décédaient, que ses enfants quittaient la maison et que son mari était déjà parti, au moins mentalement, séduit par d'autres sollicitations, amoureuses ou non. Aujourd'hui, c'est totalement différent : les parents peuvent être mal portants, mais ils sont vivants et nécessitent des soins; quant aux enfants, même s'ils ont des histoires sentimentales et des relations sexuelles, ils restent souvent plus longtemps au foyer.

Les vieux couples peuvent également se trouver confrontés à des événements extérieurs, comme une perte d'emploi qui, déjà mal supportée à trente ou quarante ans, devient dramatique à cinquante ou soixante. Les départs en retraite anticipée créent également des problèmes, souvent à cause de la présence soudaine à la maison d'hommes qui, durant leur vie active, étaient des maris acceptables tant qu'ils ne se faisaient pas trop voir. Enfin, il y a des couples qui subissent le contrecoup de difficultés financières et qui, désireux de se séparer, ne peuvent le faire parce qu'ils ne sont pas en mesure d'avoir deux appartements ou de vivre avec une seule retraite. La pire situation est précisément celle des « séparés ensemble ».

Ces nombreuses difficultés peuvent-elles se résoudre? Le plus sûr moyen consiste à essayer d'éviter que le couple ne s'enlise et, à la longue, ne se pétrifie. Il faut réussir à maintenir une certaine souplesse permettant de se « re-choisir », définir de temps à autre de nouvelles règles conjugales qui offrent une plus grande autonomie et renégocier ses droits et devoirs dans le cadre du rapport à deux. Il est donc vivement conseillé d'abandonner les sarcasmes, les « mots qui tuent », ou les formules figées au profit d'un peu de joie et d'humour. Certains suivent même le cycle du désir à travers un mécanisme paradoxal, le remariage! Ce phénomène, rare en France, est assez fréquent aux États-Unis et au sein de la *jet set*.

COMMENT PRÉSERVER LE DÉSIR ?

Comment séduire une personne qui nous plaît? Et surtout, comment continuer à séduire la personne avec qui nous avons choisi de vivre? C'est là une des questions qui m'est le plus fréquemment posée. Beaucoup de femmes et de plus en plus d'hommes, désespérés par une situation conjugale détériorée, ou par la découverte d'un rival, demandent une consultation d'urgence, au cours de laquelle revient, comme un leitmotiv, cette interrogation : comment activer, ou réactiver, le désir à l'intérieur du couple ?

Il faut bien dire que certains, en ce domaine, se montrent extrêmement maladroits ou désinvoltes, et ne songent même pas à mettre en œuvre les tactiques les plus habituelles (voir le chapitre sur les complices du désir). D'autres s'y sont employés, mais sans grande « diplomatie », oubliant de prêter attention aux besoins de leur partenaire. Nombreux sont les maris qui achètent des cassettes de films pornographiques alors que leurs femmes préféreraient un tendre massage érotique ; de même, beaucoup de femmes se font refaire les seins alors que leur compagnon ne supporte justement pas les cicatrices. Or, dans ces situations, il est absolument vital de communiquer, de comprendre ce qu'attend l'autre ou bien ce qui l'excite.

Ainsi, la tentative désespérée d'Olivia, mariée depuis vingt ans et mère de deux enfants, vient-elle peut-être trop tard. « Il y a un an, écrit cette femme, j'ai découvert que mon mari avait une relation avec une autre femme, elle aussi mariée et mère de plusieurs enfants. Le ciel m'est tombé sur la tête, d'autant que je faisais une entière confiance à David. Maintenant, je n'arrive plus du tout à le croire...

« La vie conjugale n'a jamais été facile. Quand nous avions un problème, David refusait de l'affronter. Il disait qu'il était fatigué, qu'il ne servait à rien de se disputer. Parfois, nous finissions par nous quereller pour trois fois rien ; il me répondait mal, m'insultait. Le soir venu, pourtant, il voulait faire l'amour comme si de rien n'était. Moi, je ne pouvais pas, et petit à petit, nous nous sommes éloignés. La routine quotidienne n'a évidemment pas aidé. Et puis, un jour, j'ai compris qu'il y avait une autre femme. Je m'en suis douté à cause du téléphone qui sonnait toujours à la même heure, sans personne au bout du fil quand je répondais. Il y avait aussi tous ces objets qui arrivaient à la maison, des romans que David n'aurait jamais achetés, des livres de poésie... Quand je posais des questions, mon mari répondait qu'ils venaient du bureau ou qu'ils appartenaient à un collègue... Quelques jours après son anniversaire, il est même rentré avec la cassette vidéo de *Sur la route de Madison*, ce film déchirant avec Meryl Streep et Clint Eastwood. Le doute a grandi. David rentrait de plus en plus tard le soir... N'y tenant plus, j'ai attaqué.

« Mon mari a avoué sans avouer vraiment, se contentant de me faire comprendre qu'elle lui plaisait, mais qu'il n'en était pas amoureux. J'ai aussitôt essayé de le reconquérir et, maintenant, nous faisons l'amour comme jamais pendant tout notre mariage. Je me suis efforcée de donner le meilleur de moi-même, y compris sur le plan érotique, abandonnant cette pudeur qui me freinait parfois. Nous avons tenté de raccommoder notre couple, mais je continue d'avoir peur que cette histoire ne soit pas finie, qu'il veuille me garder et, aussi, garder cette femme. David prétend que tout est terminé, mais, dans le même temps, il multiplie les déplacements professionnels... Les coups de téléphone mystérieux à heure fixe ont disparu, mais mon mari s'est acheté un portable... Le soir, au lit, nous nous cherchons avec une frénésie qui n'existait pas auparavant. Pourtant, après, je me sens mal, je pleure, je me dégoûte. Je me sens humiliée. Je voudrais un rapport clair, fondé sur le respect, et non sur le sexe et les mensonges. »

La triste histoire d'Olivia est malheureusement très fréquente. Le désir sexuel a été en partie retrouvé, dans des conditions dramatiques, mais les mensonges ou les malentendus non levés jettent des ombres qu'il sera difficile d'éliminer. Peut-être aurait-il mieux valu qu'Olivia, au lieu d'accepter passivement les humiliations et les silences devenus habituels, essaie de réintroduire une note de séduction dans leur couple.

FACE À UN PARTENAIRE TROP ARDENT

S'il est vrai que la plupart des couples sont à la recherche du désir, tout comme les chevaliers de la Table ronde étaient en quête du Saint Graal, le phénomène opposé peut aussi exister dans l'alchimie conjugale. En effet, il y a des époux ennuyés ou angoissés par un partenaire qu'ils trouvent affamé de sexe.

Cela arrive souvent au sein de couples dont les membres ont des impulsions sexuelles difficiles à concilier : l'un a une forte libido et voudrait faire l'amour souvent, alors que l'autre se contenterait volontiers d'une fois par mois et se sent gêné ou envahi par l'insistance de son compagnon. Parfois, ces asymétries du désir prennent un tour sensationnel et nous sont relatées dans la presse. C'est ce qui s'est passé pour cette femme de chambre qui, lasse de subir l'exubérance sexuelle de son mari de quarante-quatre ans, avait fixé des limites claires : une fois par semaine en été, et trois fois en hiver. Toutefois, comme l'homme cherchait régulièrement à transgresser ces règles, pour se protéger, son épouse prit l'habitude de lui verser des gouttes de Valium dans sa soupe ou sa bière. En dépit de ce stratagème pharmaceutique, les ardeurs du mari persistèrent, et l'affaire finit devant un tribunal [2]. Le juge a statué en faveur de la femme, rappelant que le sexe n'est pas un devoir auquel on doit se soumettre, mais résulte d'un libre choix, sans quoi il se transforme en violence.

On peut aussi citer le cas de Rebecca, qui se plaint d'être trop sollicitée par son mari, lequel a un appétit sexuel que l'âge n'a pas entamé. Ses amies lui répètent qu'elle a de la chance, qu'il n'existe pas beaucoup d'hommes de ce genre et qu'il y a bien longtemps, en ce qui les concerne, que le désir de leur mari s'est éteint. Mais Rebecca n'a jamais fait de l'éros une priorité. Pour elle, cela a toujours été plutôt une corvée. Elle vient donc me demander comment éteindre, ou au moins calmer, la fougue de son mari.

Vanessa se plaint elle aussi de la libido excessive de son mari, alors qu'elle n'a presque jamais envie de faire l'amour : « Sexuellement, Benoît ne m'attire pas. Il ne le sait pas, et jamais je ne pourrai lui avouer une chose pareille. Entre autres, parce que nous avons des rapports très fréquents, même si je ne ressens rien. J'ai cru un temps que j'étais frigide, mais je ne le crois plus. Si je regarde un film érotique, cela m'excite, et je réussis à jouir en me masturbant. J'ai été suivie pendant trois ans pour mes crises de panique. J'ai aussi abordé la question sexuelle avec un psychothérapeute. Je lui ai raconté beaucoup de choses, mais pas tout. Quant à mon mari, je ne sais plus quoi lui dire. Je prétexte que je suis fatiguée ou que j'ai trop chaud (en été, mon intolérance augmente, alors que lui a encore plus envie de faire l'amour). Je sais que beaucoup de femmes voudraient être à ma place, mais ce qui m'angoisse encore plus, c'est que je ne voudrais pas le perdre... »

En fait, Vanessa n'a pas de problème de couple. Ce sont ses crises de panique qui l'amènent à redouter l'irruption brutale du désir ou de toute émotion. En effet, les personnes comme Vanessa éprouvent un « rush » émotionnel, une accélération plus angoissante qu'excitante. Face à ce danger, elles préfèrent se tenir à distance du cœur du réacteur, de peur qu'il n'explose. Seule une thérapie individuelle, pharmacologique ou psychothérapeutique, pourra aider cette femme à maîtriser la panique qu'elle éprouve devant son désir. Une fois ses crises traitées, elle devra consulter un spécialiste pour ses problèmes plus spécifiquement sexuels.

Enfin, parlons d'une amusante stratégie d'extinction du désir, celle adoptée par une épouse qui avait découvert que son mari fréquentait une femme de sa connaissance, connue pour son raffinement et son bon goût. Au lieu de faire des scènes inutiles, l'épouse a gardé la tête froide et adopté un plan astucieux, qui faisait un curieux emploi du parmesan. Se doutant qu'un rendez-vous galant se préparait, elle a glissé du fromage râpé dans les chaussettes de son mari ! La transpiration a alors transformé le fromage en une pâte diabolique, et la dame raffinée, dégoûtée par l'odeur pestilentielle des pieds de son nouvel amant, a rapidement renoncé.

Tout autre est la question des éventuelles stratégies d'annulation du désir en cas d'abus au travail ou en famille. Il s'agit d'un genre de problème différent, beaucoup plus complexe, que nous n'aborderons pas ici parce qu'il sort des limites du couple. Rappelons seulement que ceux qui ont beaucoup de mal à dire non ont des troubles psychologiques particuliers. Ce qui est, nous l'avons vu, souvent le cas des femmes qui ont appris qu'elles devaient obéir et chercher à satisfaire le désir de l'autre. Il est alors difficile de faire marche arrière et de s'opposer au désir d'un mari ou d'un séducteur occasionnel insistant. D'autant que face aux femmes trop soumises, il existe souvent des hommes qui vivent le corps féminin comme un territoire à conquérir. Ils ont cette même attitude « militaire » dans la vie, depuis la gestion de leur compte en banque jusqu'à leurs pensées les plus secrètes.

VIVENT LES SCÈNES DE MÉNAGE !

Comme je le répète souvent, la bonne gestion d'une dispute est pour un couple le meilleur des aphrodisiaques. En effet, les conflits non résolus, les déceptions ou les rancœurs non explicitées resurgissent et deviennent de terribles adversaires du désir.

Il est essentiel que les partenaires se parlent, surtout quand une crise se produit. « Les couples meurent de leur silence », écrit Alexandre Jardin dans son roman *Le Petit Sauvage* [3]. Ce principe a été récemment confirmé par une importante étude effectuée par le professeur Clifford Notarius, de Washington, qui a suivi pendant vingt ans des centaines de couples [4]. Avec son collègue Gottman, le professeur Notarius a pu déterminer les éléments qui permettent à un couple marié de durer ou ceux qui le mènent au divorce. Leurs résultats sont riches de surprises, car les facteurs de « santé conjugale » ne sont liés ni à la fréquence des relations sexuelles, ni au degré de passion au cours des premières années de mariage, ni même au penchant à l'infidélité, mais plutôt à la façon de gérer les conflits. Les couples qui se séparent ont tendance à discuter à coups de grandes généralités et à substituer la querelle, avec force cris et gesticulations, au dialogue. Un autre facteur de risque réside dans la propension de l'un des partenaires à fuir toute confrontation ouverte. À l'inverse, les couples susceptibles de durer sont ceux qui réussissent à cerner la cause de mésentente et à affronter le problème pour réussir, ensuite, à sortir du tunnel. Ce comportement permet d'éviter les dangers inhérents aux conflits chroniques : critiques acerbes, mépris, repli silencieux sur soi.

La conflictualité au sein du couple est parfois de type existentiel. C'est alors toute la vie de l'autre qui est en cause. Dans d'autres cas, en revanche, elle se limite à la sphère érotique, du moins en apparence.

C'est notamment le cas de Viviane, trente ans, et André, trente-huit ans, qui se sont mariés jeunes (elle avait à peine vingt ans) et qui ont déjà trois enfants. Depuis quelques années, Viviane accuse une forte baisse de son désir et n'accepte de faire l'amour qu'une fois par mois, avec le sentiment d'accomplir son devoir d'épouse. Pourtant, au début de leur mariage, les choses étaient bien différentes, et le rythme d'une fois par jour. Après la naissance de leurs deux premiers enfants, la fréquence de leurs rapports est passée à une fois par semaine. Et depuis l'arrivée du troisième (une grossesse purement « accidentelle »), Viviane n'a pratiquement plus de désir. De son côté, André continue d'avoir des besoins sexuels impérieux, et s'il n'a pas sa « dose » bihebdomadaire, il devient nerveux et despotique.

L'analyse des aspects biologiques ou psychologiques du désir fait souvent apparaître un problème caché. Dans le cas de ce couple, la crise concerne en réalité les rapports oraux.

Si Viviane n'éprouve pas de gêne particulière à stimuler son partenaire buccalement, André, lui, court se laver les dents dès qu'il lui rend la pareille ! Ce comportement systématique a fini par bloquer Viviane, qui se sent « sale ». La véritable raison de la baisse de son désir n'est donc pas la naissance de ses trois enfants, mais la déception engendrée par une sexualité stéréotypée. Si André a assisté sans problème aux trois accouchements, en revanche, il a toujours été dégoûté par l'odeur et l'apparence des muqueuses génitales.

C'est d'ailleurs un homme plutôt difficile dans l'ensemble. À table, il n'aime que les pâtes à base de blé complet et refuse la béchamel, la mayonnaise ou toute sauce compliquée. Il déteste manger au restaurant et évite les cuisines exotiques ou épicées. Comme c'est souvent le cas, l'origine de cette attitude remonte à son enfance. André, qui a trois sœurs, a vécu dans un univers sensoriel féminin, riche en odeurs et en sensations, notamment pendant le cycle. Cela n'a pas inhibé sa sexualité, mais l'a rendue hygiénique, aseptisée. Depuis, il se tient délibérément à l'écart des odeurs et des parfums. Dans le monde mystérieux du désir, certains hommes sont séduits, y compris sur le plan gustatif, par l'intimité féminine et n'hésitent pas à comparer l'humeur vaginale aux délices d'un plat d'huîtres. À l'inverse, d'autres hommes, comme André, sont gênés par cette approche « animale » du sexe. D'ailleurs, la frontière entre l'odeur désagréable et le parfum suave fluctue suivant les individus et dépend de préférences strictement personnelles, tant au niveau alimentaire que sexuel.

Que faire dans de tels cas ? Il est regrettable qu'André et Viviane viennent demander de l'aide après dix ans de mariage, dont neuf au moins d'insatisfactions cachées : les habitudes se changent difficilement après une si longue attente. L'attitude rigide et catégorique d'André, tout comme la profonde déception de Viviane, n'aident évidemment pas. L'un ne veut pas changer sa manière de faire l'amour tandis que l'autre ne désire plus avoir ce genre de rapport sexuel. La solution ne peut donc résider dans quelque recette érotique rapide ; elle passe par la gestion du rapport de pouvoir. Pour ce couple, il ne faut pas tant une sexothérapie qu'une thérapie de communication dans le cadre du conflit conjugal.

Dans les rapports de force conjugaux, il est fréquent que la pomme de discorde ne soit pas le sexe, mais un secret qui provoque le déséquilibre du couple. À cet égard, un cas particulièrement emblématique a récemment scandalisé la Suisse. Un membre du tribunal de Lausanne était en effet battu par sa femme depuis plusieurs années. Résultat ? Œil au beurre noir, tympan crevé, lèvres tuméfiées, et quelques blessures aux parties génitales... L'épouse irascible a été arrêtée et a passé neuf mois en détention préventive, accusée d'avoir causé des lésions corporelles graves. Le procès a réservé quelques surprises : le mari battu n'ayant pas osé dénoncer sa femme de peur d'éventuelles représailles, c'est donc la mère qui a traduit sa bru en justice. Après cela, l'homme a demandé la séparation, déclarant que son épouse était méchante. Et il lui a même envoyé des lettres d'amour en prison. À ce stade, l'avocat de la mère a demandé une expertise psychiatrique, afin de savoir si le couple n'avait pas adopté, d'un commun accord, un comportement sadomasochiste. Il est apparu que la victime était terrorisée par sa femme et ne réussissait à se confier à personne, de peur qu'elle ne se venge. En l'espace de quatre ans, il avait néanmoins consulté une bonne dizaine de médecins en raison des blessures subies.

Cet homme était surveillé de près par son épouse, qui était aussi son ex-secrétaire. Elle l'avait ainsi obligé à transférer son bureau dans leur appartement et lui infligeait des punitions lorsqu'il rentrait en retard du tribunal. Ainsi, il devait recopier cinquante fois une phrase dans laquelle il reconnaissait son homosexualité. Depuis seize ans, le couple n'avait plus aucun rapport sexuel. On ne sait toutefois pas si la cause en est l'attitude agressive de la femme, ou si l'hostilité de cette dernière s'explique par l'abstinence forcée due à l'identité sexuelle ambiguë du magistrat.

Cette histoire a fait grand bruit en Suisse et a mis au jour le comportement secret de certains couples. Pourtant, quand des relations paraissent incompréhensibles, injustes ou trop asymétriques, et que les raisons qui amènent la « victime » à supporter pareil traitement semblent incompréhensibles, il faut toujours se poser les deux questions suivantes :

a) la victime est-elle vraiment victime, ou est-elle la complice d'un rapport sadomasochiste, du moins sur le plan psychologique ?

b) la victime cache-t-elle quelque secret inavouable, que le partenaire dominant exploite pour l'humilier ou la maintenir en position de soumission ?

Dans l'affaire en question, la seconde hypothèse est la plus probable et on peut penser qu'il existait dans ce couple quelque secret dont l'épouse possessive et querelleuse a abondamment tiré parti. D'autres conjoints suivent la même « procédure », mais sont suffisamment habiles pour ne pas adopter un mode de vie pénalement répréhensible. Ce qui est caché reste alors un secret d'alcôve ou n'est dévoilé qu'entre les quatre murs d'un cabinet de sexologie.

Les couples qui fondent leur union sur des rapports de force n'ont cependant pas toujours besoin d'atteindre un niveau de destruction sadomasochiste. Certains ont simplement besoin de hurler ou d'en venir aux mains pour mieux se réconcilier au lit. Il y a une explication biochimique à ce type de comportement : le centre de l'excitation et celui de l'agressivité sont tous deux situés dans la partie la plus archaïque du cerveau, dans des zones limitrophes. Un tel mécanisme est d'ailleurs parfois employé en thérapie pour faire monter le degré d'excitation chez des couples trop tranquilles et trop diplomates, qui approchent dangereusement de la léthargie des sens. Le thérapeute met alors en œuvre une « sismologie volontaire », une stratégie de provocation spécialement conçue à cet effet. De la même façon, lors de leurs interrogatoires, les magistrats savent engendrer des tensions qui font tomber les arguments de la partie adverse. De toute évidence, certains individus n'ont pas besoin d'un environnement thérapeutique pour produire ce genre de secousses : ils savent que la tension ou la dispute, parfois due à un verre de trop, a le pouvoir de lever les inhibitions sexuelles. Le risque, dans ces cas-là, est de ne pas savoir s'arrêter à temps et de se retrouver le nez par terre plutôt qu'au septième ciel...

DE LA COMPLICITÉ À LA COLLUSION

En psychologie, le terme de collusion renvoie à la « complicité inconsciente », à ce lien subtil que l'on rencontre chez certains couples fortement unis et en même temps victimes d'une grave crise du désir, qui les conduit à solliciter de l'aide. La collusion est-elle donc l'amie ou l'ennemie du désir ? En général, c'est la facette négative de la complicité. Le système mis en place tend à bloquer l'évolution du couple, lequel reste prisonnier de forces contraires paralysant son devenir. Dans ce genre de cas, la collusion, bien décrite par Jurg Willi [5], est un phénomène pathologique très différent des mécanismes de complicité grâce auxquels certains couples réussissent, de façon apparemment étrange mais efficace, à relancer périodiquement leur désir.

Un modèle amusant, mais aussi douloureux, de collusion est évoqué par le psychanalyste anglais Darian Leader [6]. Il s'agit de l'union de femmes hystériques et d'hommes obsessionnels. Ces derniers font tout leur possible pour « se transformer en cadavre », tandis que leurs compagnes s'ingénient à trouver les moyens de les ressusciter. Un exemple ? Tandis que l'homme essaie de lire son journal suivant un rituel quotidien, la femme va essayer de briser cette routine, en parlant ou en faisant autre chose, bref de se libérer de la tyrannie du journal. C'est elle qui, alors, approche le plus de la vérité, parce que l'homme, en réduisant le champ de sa vie, s'efforce d'oublier qu'il est vivant. D'où les tourments infligés par l'hystérique pleine de vie qui répète tout le temps : « Allez ! Fais un effort ; arrête d'être aussi sinistre ! » ou qui, en soirée, réclame que son partenaire vienne danser. Au fond, toutes ces formules peuvent se traduire par : « Prouve-moi que tu n'es pas mort. »

Aussi difficile que puisse être une telle union, l'hystérique et l'obsessionnel sont parfaitement adaptés l'un à l'autre. En effet, la collusion peut être la seule modalité de survie d'un couple, voire la raison même pour laquelle les partenaires se sont choisis. C'est notamment le cas d'Olivier et Élisabeth, mariés depuis dix-huit ans et parents de trois enfants. Malheureusement, leur vie conjugale est polluée par le fait qu'Olivier a presque une double personnalité. Tout en étant un dirigeant de multinationale apprécié, un bon père et un mari prévenant, cet homme ne peut s'empêcher, lorsqu'il est en déplacement, de passer ses soirées dans les bars et les discothèques en compagnie de quelque jeune fille. Et il se montre particulièrement généreux : il paie à boire à qui s'assoit avec lui, offre des repas coûteux, fait des cadeaux à ses compagnes de passage. Sur le point de rentrer chez lui, il n'oublie cependant jamais de rapporter un bijou ou un vêtement de marque à son épouse. Même s'il gagne bien sa vie, Olivier dépense trop. Sa femme a ainsi découvert qu'il avait plus de trois cent mille francs de dettes. Après avoir nié l'évidence, il a avoué et, maintenant, se sent plus léger. Il jure qu'il ne recommencera pas, tout en sachant pertinemment que ce n'est pas vrai. En effet, Olivier se comporte comme certains alcooliques qui ont besoin de la boisson mais aussi des rencontres chaleureuses et superficielles que l'on fait dans un bar. Comme lui, ils ont une attitude fanfaronne et séduisante et n'hésitent pas, pour se faire aimer même de personnes de rencontre, à dépenser plus qu'ils ne le peuvent. Élisabeth, qui ne supporte plus ce mari irresponsable, n'a cependant aucune intention de divorcer : elle a trop peur de la solitude et craint pour ses trois enfants encore petits.

Olivier est issu d'une famille très stricte où le père allait jusqu'à user du bâton à des fins « éducatives ». Cette sévérité excessive, qui n'était jamais assortie de manifestations de chaleur ou de sympathie, a fini par miner le sentiment de sécurité d'Olivier qui est devenu un panier percé. De son côté, Élisabeth, qui vient également d'une famille rigide, a longtemps souffert de problèmes intestinaux. Peu avant de se marier, elle a d'ailleurs perdu un poids considérable. Ces deux personnes se sont choisies davantage avec leur tête qu'avec leur cœur, faisant un mariage de raison d'où la passion a rapidement disparu. Plus qu'un problème sexuel, Olivier et Élisabeth ont un problème de complicité inconsciente, c'est-à-dire de collusion. Analysons de plus près leur situation.

Olivier, fanfaron un peu infantile, sujet aux excès et aux « débordements », notamment sur le plan financier, a opté pour une épouse stricte, un peu obsessionnelle, capable d'assumer le rôle qu'il ne sait pas endosser. De son côté, Élisabeth, qui a vécu dans un environnement familial très contrôlé, recherche à travers son mari, tout en le critiquant, l'insouciance périlleuse qu'elle ne s'autorise pas. Dans ces cas de collusion conjugale, chacun délègue à l'autre la possibilité de faire vivre une part de soi, absente ou réprimée, qu'il peut ensuite critiquer.

Un bon thérapeute ne peut prendre au sérieux le projet de séparation de ce couple, car aucun des deux époux n'a envie de quitter l'autre. Élisabeth a peur de la solitude et Olivier, tout en continuant à jouer les play-boys du dimanche, a encore davantage besoin, fragile et inquiet comme il est, de la sécurité d'un foyer. À l'heure actuelle, on peut toutefois craindre qu'il n'ait contracté une maladie vénérienne lors de ses vagabondages sexuels et que ses dettes n'aient dépassé la cote d'alerte, mettant en péril le budget familial. Que faire, alors ? Plutôt que d'agir sur la personnalité des deux époux dans l'espoir d'un improbable changement, il vaut sans doute mieux les aider à se fixer des objectifs limités mais circonscrits : établir des contraintes précises, éventuellement juridiques, concernant les prodigalités d'Olivier ; faire un bilan de santé ; réévaluer les aspects positifs de leur couple. Enfin, il faut admettre qu'après dix-huit années de vie commune, ils ne peuvent être ensemble uniquement du fait d'une complicité pathologique. C'est plutôt un véritable choix de vie, auquel ils doivent divers moments de bonheur.

Un autre cas de collusion relativement grave nous est

offert par Marine et Nicolas. Cette femme décidée, qui est venue à la consultation avec son mari, prend d'autorité la parole. Elle avoue gagner plus que son mari et s'absenter souvent de la maison pour des raisons professionnelles, ce qui l'empêche de s'occuper de leur petite fille de deux ans et demi. Nicolas, lui, après s'être disputé avec un chef autoritaire, a été licencié et est actuellement sans emploi. Après cette crise d'agressivité volcanique, il a sombré dans la passivité et ne peut même pas prendre soin de sa fille. Il pourrait s'agir d'un banal conflit de compétences, si n'émergeait pas une rivalité imprévue. En effet, Nicolas a eu un enfant de sa première épouse, qui vit uniquement de la pension qu'il lui verse. Depuis qu'il est chômeur, c'est sur le salaire de Marine que la pension est prélevée, ce qui fait enrager cette dernière. Nicolas est totalement bouleversé par les événements et, chose rare pour un homme, pleure pendant la séance. Incapable de faire face aux accusations de sa femme, il se lève peu après et quitte la pièce.

J'ai peu de marge d'intervention, car Marine est aussi catégorique – « Nicolas doit changer » – que son mari est passif – il attend que l'orage passe. Chaque fois qu'ils se disputent, elle le critique et il se sent « castré ». Bien entendu, leur désir décline à vue d'œil. C'est une histoire de collusion assez fréquente : Marine a choisi un homme faible et s'en plaint, alors que Nicolas, pour ne pas décider, préfère que sa partenaire commande. Mais c'est surtout le conflit entre les deux femmes qui, à l'heure actuelle, provoque les plus gros problèmes. En effet, toutes deux exercent leur pouvoir, quoique selon des modalités différentes. La première épouse ne fait qu'appliquer la loi, tandis que la seconde, invoquant des critères moraux, exprime des frustrations qui sont en fait liées à son rôle de mère : elle doit renoncer à s'occuper de sa fille pour entretenir « l'ex » de son mari.

La complicité à l'intérieur d'un couple ne crée pas toujours d'équilibre même instable. Il arrive qu'elle se solde par un échec et entraîne la mort du désir. C'est ce qui est arrivé à Sophie et Ali, qui ne font plus l'amour depuis près d'un an.

Cette femme, pourtant jeune, a déjà été mariée à un petit délinquant, arrêté pour trafic de drogue, qui avait utilisé de faux papiers pour leur mariage. Par contraste, Ali, qui est d'origine égyptienne, lui est apparu comme un prince charmant. Après une première rencontre « magique », le jour de la Saint-Valentin, le mariage a été rapidement décidé et vécu dans l'émerveillement du rêve. Pourtant, au bout d'un an à peine, Ali a commencé à déchanter. Déçu, il s'est mis à sortir de plus en plus souvent avec ses amis.

Pendant la consultation, l'un et l'autre se lancent des critiques acerbes, lui parce qu'elle mange en cachette et grossit, elle parce qu'il fume. Ali soutient que Sophie l'a choisi uniquement parce qu'elle voulait un enfant – ce qui est aussi un moyen, selon lui, de « se remplir » et de se sentir « pleine ». Maintenant, elle ne fait plus aucun effort pour éviter de manger. Pourtant, au début de leur mariage, il y a eu une période d'harmonie où elle s'est occupée avec amour de son nouvel époux. Elle pesait aussi vingt kilos de moins, ce qui la rendait plus attirante sur le plan sexuel. Ali s'était presque convaincu que cette femme rondelette voulait prendre soin de lui et le « nourrir », lui, le jeune émigrant sinistré qui cherchait désespérément à s'en sortir. Or, en réalité, Sophie était « pleine » au-dehors, mais « vide » au-dedans. Passé leur lune de miel, le réservoir d'énergies dont elle disposait s'est épuisé, et elle a commencé à demander à être aimée et aidée. Elle a donc créé une spirale négative qui l'a rendue moins généreuse. Depuis, Ali se sent floué et va chercher du réconfort auprès de ses amis.

Au fond, Sophie a besoin que sa part d'enfant soit acceptée, même s'il s'agit bien entendu d'un désir anachronique puisqu'elle n'est plus une enfant. Ce couple s'est constitué sur une collusion orale, de remplissage réciproque, puis a sombré dans la crise – Sophie est une femme plantureuse mais vide, et Ali n'est pas assez « nourrissant » pour satisfaire d'immenses besoins affectifs. En outre, au comportement agressif passif de l'un répond, chez l'autre, une tendance prononcée à la fuite.

Il faut donc trouver un prétexte médical honorable pour convaincre cette jeune femme de suivre un régime. En effet, dans un cadre médical, Sophie retrouvera un contenant affectif qui lui permettra à la fois de maigrir et de se sentir aimée et acceptée. Une fois qu'elle aura été « remplie », elle pourra rediriger son énergie vers Ali. Malheureusement, ce type de mécanisme ne saurait être durable. Le seul espoir pour ce couple est que chacun trouve finalement en lui-même les forces suffisantes pour assumer seul ses manques et ses insuffisances et cesse de demander une compensation à l'autre, quitte ensuite à se sentir déçu si celle-ci ne lui est pas apportée.

CHAPITRE X

Les thérapies du désir

Nous voici presque au terme de notre long voyage dans le monde du désir. À ce stade, nous pouvons apporter un début de réponse à la question fondamentale qui ouvrait ce livre. Est-il possible, pour un individu ou un couple, de retrouver le désir? La réponse est oui. C'est non seulement possible mais nécessaire, car sans désir, il n'y a pas de vie. D'ailleurs, même dans les cas les plus graves, le désir n'est jamais totalement absent; il est seulement bloqué ou endormi.

Mireille m'écrit ainsi une longue lettre empreinte de tristesse : « J'ai trente-deux ans, et ma vie n'a pas été facile. J'ai énormément souffert des problèmes de santé de mes parents, qu'il me fallait aider même sur le plan financier. Je leur ai consacré toute ma jeunesse, et j'ai totalement négligé ma vie sentimentale. Aujourd'hui, je suis seule, mais assez sereine.

« Ces derniers mois, j'ai commencé à faire le bilan de ma vie, et j'ai réalisé, tout à coup, qu'à trente-deux ans, j'étais encore vierge. Seigneur, aucun homme ne m'a jamais touchée ni embrassée! Sortant d'une profonde léthargie, je me suis regardée dans la glace. Et j'ai découvert que, tout compte fait, j'étais belle et plutôt bien faite. Je me suis alors mise à explorer mon corps et à éprouver des sensations que j'ignorais. Je n'aurais jamais pensé en venir à me masturber... Et pourtant, depuis, je me sens physiquement mieux et, avec les autres, je suis plus détendue. »

Tout se passe comme si le temps s'était arrêté pour Mireille. Elle connaît des troubles et des sensations typiques de l'adolescence : se regarder dans le miroir ; découvrir son corps et ses zones érogènes ; expérimenter le plaisir de la masturbation. Après une longue période de sommeil, cette femme va devoir apprendre à s'aimer, à reconnaître et à accepter son désir avant de le partager avec quelqu'un d'autre. J'espère qu'elle réussira à le faire seule, sans avoir à recourir à une thérapie.

Le cas de Mireille montre aussi à quel point il est important de *comprendre* avant même de traiter, afin de déterminer le niveau exact du problème. En d'autres termes, et pour filer une métaphore « volcanique », il faut comprendre à quelle profondeur s'est arrêtée la coulée de lave et mesurer à quel point la masse accumulée crée une tension explosive.

Comment faire, ensuite, pour débloquer le désir et l'aider à reprendre son cours ? Nous avons déjà parlé de l'action possible des médicaments ou des aliments aphrodisiaques. Nous avons aussi vu qu'il importe de transformer les émotions qui peuvent paralyser le désir – l'anxiété, la dépression, l'hostilité ou la colère. Pour finir, nous avons montré combien il était essentiel de savoir modifier l'état d'esprit de l'autre à travers des stratégies de charme et de séduction.

Mais quand le désir est pétrifié ou bien totalement incontrôlable, seule une thérapie individuelle ou une thérapie de couple peut aider. Je voudrais cependant faire d'emblée une distinction. Il existe, selon moi, deux types de psychologues : les « activistes » et les « attentistes ». Les premiers ont une vision pédagogique de leur action thérapeutique et se comportent comme des professeurs de morale. Ils pensent détenir la vérité sur le désir, et être habilités à la prescrire. Au fond, ils ressemblent à des gourous qui diraient : « Faites comme moi, et vous trouverez l'élixir du désir éternel. » Parmi eux, certains, plus médiatiques que d'autres, ont la prétention de donner des règles qui se révèlent au bout du compte illusoires ou trop générales.

Dans le cas de l'« activisme », le désir reste donc du côté du thérapeute. Or il est essentiel que celui-ci soit conscient de ses intentions et des besoins dont il parle quand il prescrit la réactivation du désir de son patient. Autrement, risque d'apparaître une pathologie iatrogène, causée par des prescriptions pharmacologiques ou des stratégies comportementales inadaptées. Pour faire bref, disons qu'un thérapeute peut pécher par ses pensées, ses paroles, ses actes ou ses omissions.

Je parle de pensées erronées quand le sentiment de toute-puissance du thérapeute l'amène à adopter une attitude trop pédagogique et à s'ériger en modèle à copier (ou même à expérimenter). Les mots néfastes sont ceux qui servent à prescrire la même stratégie à tous, au détriment d'interventions sur mesure. Signalons aussi combien il est nuisible d'employer des termes trop techniques, que seuls les spécialistes comprendront. Les actes inappropriés, eux, peuvent être des prescriptions pharmacologiques inadaptées ou excessives. Enfin, en ce qui concerne les omissions, la plus grave est sans doute celle qui consiste à ne pas avertir les patients des effets négatifs possibles que peuvent avoir certains médicaments sur le désir.

Il importe donc que le thérapeute fasse le point sur ses intentions et ses désirs, faute de quoi le *furor sanandi*, ou besoin compulsif de guérir, ne servira qu'à satisfaire l'ego du praticien au lieu d'aider le patient. Vous l'aurez sans doute compris, je me sens plus proche des « attentistes ». Je considère en effet qu'il faut donner au patient le temps de formuler sa véritable demande, souvent cachée derrière le motif apparent de sa requête, et qu'il faut prendre le temps d'évaluer le désir de changer et de participer au changement. Beaucoup de patients voudraient évoluer sans rien faire. C'est pourquoi il me paraît bon de prévoir trois séances diagnostiques, afin de choisir entre une thérapie individuelle ou une thérapie de couple.

LES THÉRAPIES INDIVIDUELLES

La thérapie individuelle peut aider des personnes, même très jeunes, à recouvrer leur droit au désir avant que la situation ne devienne pathologique. C'est ce qui est arrivé à Marielle, dix-sept ans. Elle vient consulter en compagnie d'un jeune homme de dix-huit ans avec qui elle a eu un rapport sexuel vécu comme une violence psychologique. Enceinte, elle désire bénéficier d'une interruption de grossesse.

Marielle a un passé difficile, qu'elle cache derrière une façade très comme il faut. Elle se plaint de sa mère qui la dévalorise sans arrêt et l'accuse d'être mythomane. En fait, la situation familiale de Marielle s'est dégradée quand elle avait à peine dix ans. Son père est parti avec une femme plus riche, laissant sa mère dans une situation d'insécurité catastrophique. Marielle s'est sentie obligée de l'aider et de la protéger. Du coup, elle a grandi trop vite. À seize ans, elle a voulu se libérer de ce rôle pesant et se comporter, enfin, en adolescente. Au lieu de lui être reconnaissante pour ce qu'elle avait déjà fait, sa mère s'est de nouveau sentie abandonnée et l'a traitée de « fille facile » quand elle a commencé à sortir avec des garçons.

Après son interruption de grossesse et après avoir mieux défini sa sphère d'autonomie par rapport à sa mère, Marielle a réussi, grâce à un soutien psychologique, à évoquer plus librement les difficultés qu'elle a jusqu'à présent dissimulées. Elle parle d'un cauchemar récurrent dans lequel elle est agressée par un homme. Dans la journée, elle souffre de vertiges, d'évanouissements et de crises de larmes même au lycée.

Lors des entretiens suivants, Marielle raconte qu'elle est somnambule. En vacances, il lui est arrivé plusieurs fois de se réveiller ailleurs que là où elle s'était endormie. Nous nous efforçons, grâce à la psychothérapie, d'interpréter ces épisodes nocturnes à la lumière de son histoire personnelle. En effet, en général, on peut trouver deux pulsions opposées dans l'inconscient des somnambules : il y a ceux qui cherchent quelque chose ou quelqu'un d'inaccessible dans la réalité et ceux qui, comme Marielle, essaient de fuir une situation dangereuse ou angoissante, comme une atmosphère familiale pénible ou la crainte d'une agression sexuelle. Fort heureusement, la thérapie a été entreprise tôt, ce qui permet de penser que l'on pourra aider cette jeune femme à recomposer sa vie et à se libérer de ses craintes avant qu'elles n'influent négativement sur sa capacité d'aimer et de désirer.

Dans d'autres cas, la psychothérapie individuelle peut aider à comprendre que le désir meurt parce que l'on n'a pas choisi le bon partenaire. Telle est l'histoire de Carmen, fille d'un homme politique étranger connu, dont elle a appris à dix-huit ans seulement qu'il n'était pas son géniteur. Elle a donc vécu dans une famille-théâtre, où régnait la loi du « comme si ». Aujourd'hui, Carmen a trente ans et attend un enfant d'un homme marié. C'est le dernier acte d'une vie sentimentale tumultueuse, marquée par des sabotages successifs. À vingt-deux ans, cette jeune femme s'est enfuie avec un homme dont elle a été enceinte. Au cours de sa grossesse, elle a découvert que celui-ci avait déjà une famille... Sa vie, ensuite, est un naufrage. Carmen a connu le grand amour et est devenue la maîtresse d'un homme marié et plus âgé qu'elle. Aujourd'hui, elle se retrouve de nouveau enceinte et déprimée. Son envie de faire l'amour diminue, parce qu'elle commence à se rendre compte des mécanismes de sabotage qu'elle a toujours mis en œuvre.

En fait, les difficultés de Carmen avec les hommes résultent du lien équivoque qu'elle a établi avec sa mère qu'elle a même accepté d'entretenir financièrement depuis son dernier divorce. C'est une femme fragile qui se complaît dans un univers luxueux qui n'est pas le sien et qui multiplie depuis longtemps les relations sentimentales ambiguës.

Carmen semble prolonger involontairement l'ambiguïté de cette situation en continuant d'avoir des rapports mensongers avec des personnes mal choisies, comme si elle ne réussissait pas à s'écarter du modèle maternel. Dans de tels cas, de bons conseils ne suffisent pas et une psychothérapie est nécessaire, car les mécanismes de sabotage répété sont en grande partie inconscients.

Dans le cas de Joséphine aussi, le désir a été plus que bloqué par une relation mère-fille difficile. Cette femme de trente ans, mariée à un homme un peu plus jeune, est enceinte et sa grossesse fait resurgir d'anciens problèmes. La mère de Joséphine est en crise depuis que son mari l'a quittée pour une « jeunette ». Son père, sorte d'adolescent sympathique mais un peu immature, a passé deux ans à voyager sur un voilier à bord duquel il retrouvait sa maîtresse. Lorsque la mère de Joséphine a découvert cette trahison, elle a tenté de se suicider. Joséphine l'a retrouvée et sauvée *in extremis*. Depuis, ce mécanisme s'active de façon répétitive, et Joséphine s'est transformée en une sorte de secouriste.

Son rapport avec son mari l'a cependant beaucoup aidée. Patrice est disponible, gentil, différent de ses hommes précédents, qui étaient des vagabonds instables comme son père. Lorsqu'elle s'est trouvée enceinte, Joséphine l'a annoncé avec enthousiasme à sa mère, mais celle-ci a mal réagi. Elle lui a dit qu'elle était triste, parce que le fait qu'elle ait un partenaire plus jeune lui rappelait son mari, qui l'avait abandonnée, et allait lui aussi avoir un enfant de sa maîtresse. Joséphine s'est sentie comme intoxiquée par ces pensées négatives et, depuis, elle n'arrive plus à vivre avec joie une grossesse pourtant désirée. Son désir sexuel a lui aussi été entamé. C'est comme si sa mère lui avait ôté tout plaisir de vivre.

Attendre un enfant relance très souvent le processus d'identification ou d'opposition avec sa propre mère. Fort heureusement, la grossesse n'est pas toujours vécue de façon aussi angoissante que dans le cas de Joséphine [1]. Dans la vie de toute femme, la relation mère-fille est primordiale, et c'est précisément pour cela qu'elle est aussi la plus difficile et la plus conflictuelle. Du dépassement des anciennes rancœurs peut toutefois naître une nouvelle femme, puis une nouvelle mère, prête à condenser les aspects les plus positifs de ce premier lien et à en faire profiter son enfant. C'est comme si la maternité était une deuxième chance, permettant de solder positivement les dettes contractées dans la petite enfance. Espérons que Joséphine saura faire ce chemin, elle qui cherche, grâce à la thérapie, à retrouver le droit de vivre avec plaisir.

L'histoire de Farah et de sa mère est peut-être plus grave encore. Farah est une jeune fille nord-africaine de dix-sept ans et demi dont l'absence prolongée inquiétait ses professeurs. Lors d'une visite médicale obligatoire, le médecin scolaire s'est aperçu qu'elle était enceinte de quatre mois. Paniquée par cette grossesse, Farah évitait en fait de se rendre au lycée de peur qu'on ne découvre son état.

Luc, l'ami de Farah, est un gentil Marseillais de dix-huit ans qui voudrait, lui aussi, garder l'enfant. Malheureusement, c'est impossible car leurs familles ne sont pas en mesure de les aider. La mère de Farah a perdu son mari il y a quelques années dans un accident de voiture. Elle s'est alors retrouvée seule avec deux enfants et enceinte d'un troisième, ce qui, dans son pays, est synonyme de misère assurée. Dans un premier temps, elle a réussi à élever ses enfants en faisant de nombreux petits travaux. Mais face aux difficultés persistantes, elle a décidé de se marier par correspondance.

Cette femme marquée par la vie voit la grossesse de sa fille comme une véritable catastrophe et refuse de lui apporter la moindre assistance. Elle avait d'ailleurs interdit à Farah de voir Luc avant même de savoir qu'elle était enceinte – ce qui explique que la jeune fille, qui a continué à le rencontrer en cachette, soit terrorisée. De son côté, Luc a été élevé par ses grands-parents et ne supporte pas le caractère irascible de sa mère.

Farah voudrait garder cet enfant, qui s'inscrit dans son projet de vie. Luc, lui, espère qu'il pourra éloigner le spectre hostile de sa mère en fondant une nouvelle famille. Malheureusement, aucune protection sociale ne permet à ce jeune couple de poursuivre son dessein – ce qui signifie qu'il faut au moins l'aider à préserver le lien qui l'unit, car c'est un soutien essentiel. En outre, il faudrait aussi convoquer la mère de Farah pour qu'elle adopte une attitude moins autoritaire et qu'elle cesse de craindre que sa fille ne connaisse la misère par laquelle elle est passée. Dans ce genre de cas, la solution idéale consiste à éloigner la mère de la fille car, en se projetant, elle vit ses désirs et ses difficultés « par procuration ».

Les thérapies ne doivent cependant pas toujours être de type purement verbal. Certes, les origines passées du malaise sont de nature psychodynamique, mais il arrive que le blocage se fasse à l'intérieur du corps. La solution réside alors dans une approche corporelle. La valeur et l'espace particuliers donnés au corps permettent alors de dépasser la sexualité et d'enrichir l'expérience purement verbale [2]. On peut recourir à des massages, à des exercices de psychomotricité ou encore à des techniques empruntées à la thérapie de la *Gestalt* et à la bioénergie, deux disciplines qui appartiennent au vaste domaine de la psychologie humaniste.

C'est là une méthode qui peut donner de bons résultats, comme dans le cas de Juliette qui, à dix-huit ans, ne pèse plus que quarante-sept kilos. Depuis longtemps, elle enchaîne les périodes d'anorexie, ce qui lui a valu d'être hospitalisée à plusieurs reprises. Son refus de manger a commencé quand ses parents ont décidé de se séparer, mais la gravité de la situation a nettement dépassé la crise d'adolescence normale. Sa vie affective aussi s'en est ressentie, car lors d'une de ses hospitalisations dans une clinique privée, elle a été harcelée par un soignant.

Depuis, Juliette s'est refermée sur elle-même. Elle n'a plus de désir sexuel et refuse même l'idée de partager un jour l'intimité d'un homme. Dans le même temps, elle a commencé à remplacer les crises d'anorexie par des périodes boulimiques qui l'amènent à « vider » le réfrigérateur. Juliette a aussi tenté plusieurs fois de se suicider en se taillant les veines des poignets, avant de finir par venir demander de l'aide.

Cette adolescente a une personnalité perturbée, presque *borderline*. Sans doute cache-t-elle, derrière ses problèmes alimentaires, un trouble d'identité, voire une composante perverse masochiste. En effet, son sentiment de vide intérieur n'est même pas calmé par la nourriture. Il lui arrive de ne plus sentir son corps et de se blesser, afin de retrouver une limite dans la douleur physique à laquelle elle attribue une fonction thérapeutique.

Dans de tels cas, au-delà de la psychologie verbale, il importe aussi de pouvoir vivre des expériences positives dans le cadre protégé d'une thérapie. Il y a de grandes chances que l'approche corporelle soit utile, car à travers les massages ou les exercices de psychomotricité, Juliette pourrait retrouver une certaine image de soi. En outre, elle éprouverait des sensations agréables avec ce corps qui l'a trahie et qu'elle a utilisé, à partir d'un certain point, pour se punir.

Souvent, il faut soigner le moi corporel, qui est la base concrète du moi psychique et, donc, de toute la personnalité. C'est le cas pour Nicole, dix-neuf ans et enceinte de deux mois. Elle vit dans la panique la décision qu'elle doit prendre concernant cet accident et voit déjà avec angoisse son corps se transformer – un corps en pleine effervescence qu'elle ne s'est jamais vraiment approprié.

Nicole a eu ses règles très tôt, vers neuf ans, alors qu'elle ne pouvait encore assimiler le fait de devenir femme. À dix ans, elle subissait déjà le regard des hommes. Depuis, elle a toujours eu le sentiment d'être anormale, d'avoir grandi trop vite. Elle a découvert le sexe en cachette à quinze ans et n'a jamais eu de contraception régulière. Aujourd'hui, elle se retrouve enceinte, effrayée par une grossesse qu'elle vit comme étrangère. Le seul point positif dans cette histoire est que Nicole semble rassurée sur sa fertilité.

Au terme d'un long entretien, cette jeune fille opte pour l'avortement mais refuse toute assistance psychosociale. Elle veut, comme par un tour de passe-passe, cacher cette intervention, de même qu'elle a caché et nié son corps. En tant que psychiatre, il nous incombe d'évaluer si la panique qui la paralyse est due uniquement à cette grossesse imprévue ou si elle exprime une inquiétante destructuration de la personnalité. L'étrange gestion que Nicole fait de son corps laisse en effet redouter une décompensation psychiatrique plus grave. À l'heure actuelle, cette jeune femme a d'autres préoccupations, comme de devoir faire une prise de sang. Or elle a horreur des piqûres depuis qu'elle a quinze ans, époque où son père a fait piquer son hamster parce qu'il avait mordu sa sœur. La jeune fille n'a donc jamais travaillé sur le deuil consécutif à la perte de son animal chéri, traumatisme qui, dans son cœur, semble encore plus important que son interruption de grossesse. Nous espérons qu'une fois le plus fort de la crise passé, nous pourrons envisager un projet de psychothérapie à médiation corporelle, afin de l'aider à se réapproprier son corps, qu'elle vit encore en grande partie comme un étranger.

LES THÉRAPIES DE COUPLE

Lorsque les pathologies ayant des origines lointaines le permettent, et surtout s'il y a un partenaire, il est possible de recourir à une thérapie relationnelle du désir, en faisant varier suivant les cas le degré d'intervention. La forme la plus légère repose sur des conseils pédagogiques et relationnels. À un niveau supérieur, on peut émettre des prescriptions afin de favoriser la gestion de l'intimité selon le modèle proposé par Helen Kaplan[3]. Enfin, nous disposons d'autres modalités thérapeutiques fondées sur l'approche corporelle. Voyons, dans l'ordre, ces différentes méthodes.

L'importance de la communication

De nombreux troubles du désir tiennent davantage à des malentendus qu'à de véritables désaccords, comme dans le cas d'Alain et Clémentine. Ce couple marié depuis vingt-cinq ans a trois enfants, une belle maison et un magasin de vêtements de sport qui lui assure une certaine tranquillité matérielle. Le seul point noir est une évidente difficulté à communiquer, qui provoque fréquemment des litiges, des dépits et des malentendus. Il n'y a pas de véritable désaccord, mais plutôt une lutte continue pour imposer sa volonté à l'autre, surtout sur les petites choses. S'accumulant au fil du temps, ces rivalités ont produit des crises d'animosité. Voici l'épisode que nous avons analysé ensemble.

Alain est rentré chez lui après une longue journée de travail. Comme d'habitude, il s'est fait couler un bain chaud et parfumé, dans lequel il s'est plongé avec deux ou trois journaux à portée de main. Clémentine a profité de ce moment de liberté pour appeler sa meilleure amie, connue pour passer des heures au téléphone. Alain, l'entendant bavarder, a prolongé la lecture des journaux, tandis que Clémentine, le voyant s'attarder dans son bain, a poursuivi sa conversation. L'heure prévue pour le repas a ainsi été largement dépassée, jusqu'au moment où Alain est sorti de l'eau en tempêtant contre les coups de fil inutiles. Clémentine a vertement répliqué qu'avec l'âge, il devait voir moins bien, puisqu'il passait de plus en plus de temps dans son bain à lire le journal.

Cette dispute s'est prolongée par des reproches et le rappel de précédentes frustrations. Il a fallu toute une séance thérapeutique pour faire admettre un manque de communication évident.

Il existe pourtant des règles simples et efficaces qui permettent de rendre la vie peut-être pas enthousiasmante mais agréable. En voici quelques-unes.

1. Ne pas généraliser et ne pas faire allusion à des événe-

ments passés analogues ; savoir limiter le conflit à un fait précis.

2. Expliciter les pensées positives et ne pas croire qu'elles vont de soi. Quand je travaillais en Californie, j'ai appris que nous avons besoin d'au moins trois messages positifs par jour pour, ensuite, accepter plus facilement les critiques.

3. Prendre le temps d'écouter l'avis de l'autre et ne pas se concentrer uniquement sur la thèse que l'on défend. Il faudrait, en fait, pouvoir chronométrer le temps imparti à chacun, comme pour les débats politiques.

4. Ne pas parler au nom de l'autre en utilisant un « nous » abusif.

5. Éviter le « tu » projectif (« c'est toi qui... ») et atténuer (« je pense que tu... »).

6. En cas de malentendu, admettre avec bienveillance la thèse la plus favorable au partenaire.

À ce propos, je voudrais citer l'expérience menée par quatre chercheurs de l'Ohio et publiée dans la revue *Memory*. On a demandé à quarante-huit sujets, répartis en couples, de parler pendant un quart d'heure d'un même sujet. Il est alors apparu que les gens se souvenaient mieux de leur propre opinion que de celle de leur interlocuteur – l'inverse se produisant uniquement lorsque le point de vue du partenaire est jugé important. En outre, on a pu constater que les personnes détendues avaient une capacité mnésique supérieure aux anxieux ou aux timides. Malheureusement, les sujets ne se souvenaient que d'environ 20 % des idées échangées et dans 25 % des cas, de faux souvenirs étaient également mentionnés. Ces données sont plus que suffisantes pour expliquer les nombreux malentendus qui surgissent dans les relations de couple.

La pédagogie active

Outre qu'il peut réactiver la communication, un thérapeute doit aussi savoir conseiller les couples qui s'y prennent mal. C'est le cas de Paul, âgé de soixante-six ans, d'origine américaine, et de son épouse Gerda, qui vient d'Islande, où la vie suit un rythme beaucoup plus lent. L'un et l'autre ont des caractères très différents et, à vrai dire, on ne comprend pas bien pourquoi ils se sont mis ensemble après leurs divorces respectifs. En effet, leur couple s'est vite retrouvé en crise, chacun voulant imposer à l'autre ses règles et son style de vie. Gerda a des journées bien organisées entre le golf, les promenades, les concerts et les amies. Elle s'occupe méthodiquement de leur maison et accepte mal de modifier ses habitudes. Paul, lui, est coléreux et impatient. Quand il rentre du travail, il décharge tout son stress sur sa femme, croyant pouvoir l'utiliser, puisqu'il l'entretient, comme « corbeille à papiers ». Or Gerda pense, à juste titre, qu'elle a droit à son autonomie.

Ainsi ce couple gâche son automne conjugal dans une succession continue d'explosions de colère et de manifestations de dépit. Leur envie de faire l'amour a totalement disparu. Gerda voudrait des fleurs et de l'affection, alors que Paul lui apporte la sécurité financière et l'entretient de choses qui ne l'intéressent pas. Pourtant, pour être plus proche de son mari, Gerda a quitté son travail, qui lui conférait une certaine indépendance.. Mais Paul se montre toujours plus impatient et Gerda, confinée entre quatre murs, se sent esclave de la situation.

Les couples anciens et reconstitués ont un double héritage à assumer : le modèle de leurs familles d'origine et le poids de leurs précédents mariages. C'est pourquoi dans cette thérapie, nous sommes partis de l'analyse du passé afin de revaloriser la décision prise par Paul et Gerda de vivre ensemble. Le fait que Gerda ait beaucoup souffert au cours de son premier mariage a fait comprendre à Paul que son épouse n'était pas « mauvaise » mais seulement blessée, qu'elle avait besoin de recevoir l'affection nécessaire pour compenser celle que ne lui a pas donnée son précédent époux. Ainsi investi d'un rôle satisfaisant par rapport au premier mari de sa femme, Paul a commencé à être plus tendre et plus disponible, attitude que Gerda a tout de suite appréciée. Leur rapport de couple a facilement retrouvé le cap, et ma fonction s'est limitée à remettre à flot la barque de ce couple, qui avait provisoirement échoué sur le sable. J'ai facilité leur communication, qui s'est améliorée. En revanche, l'érotisme est encore à la traîne, mais peut-être renaîtra-t-il au prochain bouquet de fleurs...

Outre les conseils, il importe parfois aussi de prescrire un style de vie, ou des rituels, comme il m'est arrivé de le faire pour Ariel et Maya. Ils ont tous deux quarante-quatre ans et quatre enfants, dont le dernier, âgé de deux ans, est né assez tardivement. Après un premier temps d'hésitation, Maya a accepté de mener cette grossesse à terme parce que son mari le désirait. Malheureusement, l'année suivante, Ariel a sombré dans la dépression à la suite de la mort de sa grand-mère, qui avait été le véritable point d'ancrage de son enfance, car sa mère était alcoolique et son père inexistant.

Avec la mort de sa grand-mère, Ariel a perdu son principal « conteneur affectif », ce qui a aussi ébranlé son couple. Peu avant le raz de marée dépressif, il s'est mis à boire assidûment. Un soir, en état d'ébriété, il a eu une relation fugace avec une femme qu'il connaissait à peine. Mû par un sentiment de culpabilité, il en a imprudemment parlé à Maya, qui n'a pas compris le sens de cet incident. Cette aventure a failli détruire le second pôle de sécurité qui dominait la vie affective d'Ariel et briser son foyer. Toutefois, Maya a elle aussi besoin de soutien, et son mari doit absolument rester, pour elle, un rempart contre la solitude. Il s'agit sans aucun doute d'une relation de double protection où les besoins affectifs l'emportent sur le désir sexuel.

Considérant qu'un couple aussi fragile n'avait guère d'autre choix que de rester uni, j'ai décidé d'adopter une attitude autoritaire et j'ai exclu, pour le moment, toute forme de séparation. À l'heure actuelle, Maya et Ariel ont à la fois envie et peur de se rapprocher. La crise a fait apparaître de dangereuses analogies avec leur passé familial. Ces similitudes devraient, en théorie, les inciter à une plus grande autonomie. Or, ils ne réussissent pas à s'éloigner l'un de l'autre plus d'une heure par jour. Ma proposition initiale a donc été de réévaluer l'importance du couple, en rétablissant non pas tant des rapports authentiques (impossibles, pour l'heure) qu'en instaurant des rituels leur permettant de se retrouver. Toute activité sexuelle a été prohibée, et des massages réciproques leur ont été prescrits, dans le but de les amener ensuite à décrire les émotions ressenties.

Maya et Ariel sont revenus dix jours plus tard. Ils m'ont raconté que pendant deux jours, ils avaient respecté strictement les consignes prescrites mais qu'à la fin, ils avaient désobéi et fait l'amour. Le week-end suivant, ils ont réussi à dormir dans des lits séparés – ce qui est un progrès pour ce couple menacé simultanément par une solitude et une fusion excessives. Ensuite, il leur a été formulé une autre prescription dont l'objet était de définir, pour chacun d'eux, des espaces d'autonomie dans le cadre de la vie quotidienne. Le thérapeute qui les a suivis au cours de cette période a choisi pour Maya et Ariel quelques activités qu'ils devaient effectuer séparément, mais toujours à la maison.

Cette stratégie, en apparence rigide, semble particulièrement adaptée aux couples qui ne supportent pas la trop grande intimité mais qui, dans le même temps, vivent la séparation comme une réalité insoutenable. C'est pourquoi nous avons recouru au respect de certains rituels (anniversaires, fêtes, Noël en famille, Saint-Valentin), qui sont superflus lorsque les partenaires sont créatifs, spontanés et savent se surprendre, mais sont indispensables pour retrouver la saveur perdue des moments les plus positifs de la vie à deux.

La pédagogie active sert aussi à surmonter les moments de crise chez des couples plus âgés qui, après avoir longuement navigué ensemble, connaissent une panne passagère. C'est ce qui est arrivé à Maurice et Amélie, âgés respectivement de soixante-quatre et de soixante ans. Ce couple sympathique et intelligent possède de grandes capacités artistiques. Maurice, parti de rien, est un couturier réputé. Il voyage souvent et, bien que soumis à des tentations faciles, a toujours placé sa femme au-dessus de tout. De son côté, Amélie s'est spécialisée dans la peinture sur porcelaine. Elle crée de superbes faïences mais qui rapportent peu.

Bien que très uni, ce couple marié depuis quarante ans traverse depuis une crise profonde. Il y a une quinzaine d'années, Maurice a eu une aventure, très brève, avec une femme plus jeune. La même chose s'est reproduite l'année passée. Quand il est parti en vacances avec cette autre femme, Amélie a compris qu'il ne s'agissait pas cette fois d'une passade. Maurice lui a dit qu'il voulait continuer à veiller au bien-être de sa famille mais qu'il n'était plus disponible sexuellement...

Amélie souffre de leur manque d'intimité, car la jalousie qu'elle éprouve à l'égard de sa rivale a ravivé son propre désir. Quand son mari, au retour de vacances, a loué une mansarde pour y habiter, elle a cherché et trouvé un partenaire « de vérification », qui lui a procuré une surprenante satisfaction sexuelle. Elle voulait seulement se prouver qu'elle était encore séduisante, capable de faire naître le désir. Le résultat a dépassé ses espérances. Elle en a parlé à son mari, peut-être par souci de sincérité, mais aussi en partie dans l'idée de se venger de lui. Curieusement, il lui a alors reproché d'avoir « sali » leur amour...

J'ai alors analysé leur crise conjugale du point de vue de la qualité du désir érotique.

1. Amélie affirme avoir vécu pendant des années avec un inconnu. Maurice, lui, trouve sa femme indispensable, mais juge naturel d'aller chercher l'érotisme ailleurs, arguant du fait qu'il a besoin de nouvelles stimulations – très importantes, selon lui, dans un travail créatif comme le sien. Il n'en est pas moins étonnant qu'un homme aussi intelligent ne soit pas plus mûr sur le plan émotionnel, puisqu'il n'accepte pas de la part de sa femme une trahison qu'il lui a déjà fait subir par deux fois. Autrement dit, ce couple manque de réciprocité affective.

2. Pour Amélie, la vie de couple doit aussi inclure l'érotisme. Comme beaucoup de femmes, à moins d'y être

contrainte, elle est moins prête qu'un homme à accepter le compromis, alors que Maurice aurait volontiers combiné une relation conjugale profonde et un désir extra-conjugal. Aujourd'hui, pourtant, après leurs trahisons respectives, Amélie est toujours disposée à transférer sur son mari l'expérience vécue à l'extérieur, alors que Maurice dit ne plus éprouver d'attirance pour elle.

3. Si ce couple veut essayer de réactiver son érotisme, il devra d'abord procéder à un certain nombre de changements :

a) alléger la routine quotidienne ;

b) partager davantage leurs expériences personnelles (Maurice, qui voyage beaucoup pour son travail, n'a presque jamais emmené son épouse avec lui) ;

c) définir de nouvelles règles conjugales allant dans le sens d'une plus grande réciprocité.

Le couple a accepté ce projet, qui a été contrôlé au cours d'une brève thérapie. Au début, la résistance au changement a été très forte du côté du mari, qui avait trouvé un bon compromis entre la stabilité du foyer et l'érotisme au-dehors. Dans un second temps, Maurice a accepté une plus grande réciprocité et renoncé à toute attitude belliqueuse concernant les histoires parallèles engagées de part et d'autre. Petit à petit, ce couple a retrouvé le désir et s'est remis à faire l'amour.

Les vertus de l'optimisme

Il nous arrive souvent d'être entourés de personnes pessimistes, irritables, contrariantes, toujours prêtes à rappeler les aspects les plus sombres de l'existence. Aussi nous sentons-nous plus « légers » face à des personnes qui ont développé la faculté de voir le bon côté des choses sans pour autant devenir des spectateurs naïfs et se bercer de douces illusions sur le monde.

Cela se produit aussi en thérapie. En effet, certaines stratégies d'intervention sont fondées sur l'attribution d'un sens différent, moins catastrophique et moins noir, aux événements survenus dans la vie de couple, notamment aux adultères – qui peuvent souvent être interprétés *a posteriori* comme les moments d'une crise évolutive.

Ce type de thérapie convient bien au cas de Lucie et Gaétan, un couple de quinquagénaires. Lui est dirigeant d'entreprise, alors qu'elle a renoncé à son travail pour s'occuper de la maison et des enfants. Pendant vingt ans, leur relation a été harmonieuse et même enrichie par la naissance des trois enfants. La seule ombre au tableau pourrait être un comportement un peu rigide et conventionnel : Lucie et Gaétan ont utilisé toutes leurs économies pour acheter une maison, payer les études des enfants et se constituer une bonne retraite pour leurs vieux jours.

La première vraie crise chez ce couple a été déclenchée par le soudain infarctus de Gaétan lors d'une partie de tennis. L'homme a été sauvé *in extremis* et le pronostic est resté incertain pendant plusieurs semaines. Lucie a alors sombré dans le désespoir le plus total. Mentalement perturbée, elle a accepté les avances d'un jeune voisin qui l'a emmenée au cinéma pour la distraire, avant de l'inviter chez lui. Ils ont fait l'amour. Quelques heures plus tard, Lucie a eu le sentiment d'émerger d'un mauvais rêve et s'est demandée avec angoisse comment elle avait pu faire une chose pareille. Pleine de remords, elle a fini par tout avouer à son mari, qui a manqué de peu de faire un nouvel infarctus. Plus tard, Gaétan lui en a beaucoup voulu, lui reprochant cette trahison déplacée alors qu'il était encore en réanimation.

En thérapie, je me suis efforcé de « cicatriser » le stress post-traumatique qu'ont subi tant Lucie, très « embarrassée » par sa défaillance sentimentale, que Gaétan, qui s'est senti trahi à un moment particulièrement vulnérable de sa vie. Il a aussi mal digéré que son épouse n'ait pas coupé les ponts avec leur jeune voisin et continue d'avoir des rapports formels et polis qu'il interprète comme le signe d'un intérêt résiduel.

L'intervention thérapeutique a donc consisté à montrer

à Gaétan que l'attitude de sa femme n'était pas le fait d'une ambivalence mais d'une incompétence : si Lucie avait été une séductrice en série, habituée aux aventures, elle aurait su mieux gérer cet accident. Elle n'a pas mis brutalement un terme à cette relation, parce qu'elle n'était pas en mesure de comprendre cet événement totalement insolite, qui a été pour elle une sorte de tourbillon émotionnel à un moment très particulier de sa vie. Ce que Lucie a confirmé, en disant que l'infarctus de son mari avait aussi provoqué en elle une tempête hormonale et l'arrêt temporaire de ses règles. L'accent mis sur l'*incompétence* plus que sur l'*ambivalence* dans l'interprétation de cet événement a beaucoup contribué à rassurer Gaétan, permettant ainsi à ces deux personnes, unies par un lien très fort, de fermer toutes les blessures du cœur.

L'expression corporelle

Comme nous l'avons déjà vu pour la thérapie individuelle, les thérapies corporelles peuvent aussi permettre de retrouver le chemin de l'éros et du désir à travers l'intimité des sens. C'est ce qui est arrivé à Rita, qui a trente ans et une petite fille de quatre ans. Elle vient me consulter parce qu'elle n'éprouve plus de désir pour son mari Léonard, avec lequel elle n'envisage de rester que si sa libido s'améliore. Malheureusement, ils font peu et mal l'amour. Lors de leur tout premier rendez-vous, Rita s'est déshabillée, et Léonard n'a pas eu la réaction qu'elle escomptait. Il m'a avoué plus tard, lors d'un entretien, qu'il avait été surpris et troublé par le fait que la femme qu'il idéalisait prenne l'initiative et se dénude avant même qu'il ait le temps de la désirer. Leur vie sexuelle s'est ensuite poursuivie de la même façon, sans grand enthousiasme de la part de Rita, de plus en plus déçue par le manque d'impulsion de son partenaire.

Pendant longtemps, Rita a cru que le problème tenait à ce que Léonard ne se trouvait pas assez séduisant et désirable. Elle a alors demandé et obtenu qu'il lui accorde une plus grande autonomie. Depuis, elle a pris de l'assurance, au point qu'elle peut rencontrer régulièrement son amant sans que Léonard ne se doute de rien. Car Rita voit depuis près de deux ans un autre homme, avec lequel elle a redécouvert le feu de la passion. Cet amant est d'ailleurs tombé amoureux et voudrait qu'elle quitte son mari pour vivre avec lui.

J'ai accepté de m'occuper de sa situation conjugale complexe à condition qu'elle suspende sa relation avec son amant. Après une brève réflexion, elle s'est sentie presque soulagée par mon intervention un peu autoritaire, et a décidé de ne plus le fréquenter, même si cela lui coûte, ne serait-ce que sur le plan sexuel.

Avant de commencer la thérapie de couple, j'ai aussi demandé à avoir quelques entretiens avec Léonard, homme brillant et sympathique. Il me confirme les difficultés sexuelles rencontrées au sein de leur union, par ailleurs très satisfaisante, et fait apparaître, avec beaucoup d'intelligence, une symétrie entre sa propre histoire et celle de son épouse.

Pendant son enfance, Rita a souffert de solitude affective et de la peur de ne pas être aimée. Le même gel émotionnel a marqué la vie de son mari : sa mère ne s'est occupée ni de lui ni de son frère, qui ont été « rangés » chez une gouvernante. Léonard s'est efforcé de compenser cette carence en vivant des émotions intenses. À dix-sept ans, il a eu une histoire avec une femme adulte, sensuelle et ardente, qui lui a fait vivre une passion renversante, mais aussi néfaste, puisque du jour au lendemain, sans qu'il en comprenne la raison, elle a refusé de le revoir, passant de la boulimie à l'anorexie sexuelle. Depuis, Léonard a adopté un mode de vie plus rationnel. Craignant tout nouveau lien, il a eu de nombreuses aventures sans grand engagement émotionnel, mais avec une sexualité tout à fait normale. Lorsqu'il a rencontré Rita, sa vie était vide sur le plan affectif. Leur relation n'a donc pas commencé dans la frénésie, mais avec une tension affective qui s'est prolongée dans le temps. Léonard est très content de sa vie conjugale mais insatisfait, tout comme sa femme, par leur sexualité qu'il trouve un peu trop mécanique.

Nous sommes là devant un couple symétrique, puisque les deux partenaires partagent une grande intimité intellectuelle et affective, tout en se plaignant l'un et l'autre de leur sexualité. Le problème est de retrouver une plus grande proximité physique après cinq ans de mariage. Je leur ai conseillé de ne plus faire l'amour et de développer plutôt leur intimité corporelle. Lors d'un séjour dans un centre thermal, Rita et Léonard ont découvert séparément les bienfaits des soins du corps. Le mois suivant, ils se sont inscrits à un stage de massage californien qui, comme le savent bien les adeptes de cette technique, donne beaucoup d'énergie et, surtout, est pratiqué réciproquement par les deux membres du couple. Le choix de cette stratégie intermédiaire, celle de l'intimité corporelle, s'est révélé gagnant, et au terme de quatre mois, ce couple peut être considéré comme « guéri ». Rita ne s'offre plus nue à son mari, mais se laisse désormais découvrir à travers de malicieuses transparences.

Conclusion

Comment évoluera la sexualité au troisième millénaire ? Sans doute la place du toucher diminuera-t-elle encore : le télésexe et les diverses formes d'érotisme à distance seront de plus en plus répandus, tandis que les nouvelles technologies permettront de développer les phéromones, les aphrodisiaques chimiques, et d'accentuer l'hyperolfaction. En outre, les progrès dans le domaine des neurosciences permettront sans doute de déterminer avec une plus grande précision les zones érogènes. Le plaisir pourra être provoqué par des stimuli localisés, ce qui donnera à chacun la liberté de choisir entre un orgasme en couleurs ou en noir et blanc. On peut espérer une réduction de la période réfractaire et, ainsi, la disparition du handicap qui a, jusqu'à présent, pénalisé la sexualité masculine. Et le désir ne sera plus lié à de mystérieuses et impalpables « affinités électives » mais à des conditions programmées de façon infaillible.

Mis à part ces changements dus au progrès scientifique, au troisième millénaire, la sexualité dépendra aussi de plus en plus étroitement de l'évolution politique de la société. Dans un système démocratique, elle sera libre et relativement hétérogène ; dans un système totalitaire, elle sera contrôlée et davantage orientée vers la satisfaction d'impératifs sociaux, comme la procréation. En attendant l'an 2001, vous pouvez dès à présent vous demander à quel régime politique ressemble votre vie de couple : a) à une monarchie absolue, dans laquelle un des deux partenaires a tous les droits et tous les pouvoirs ? ; b) à une fédération, où les décisions les plus importantes – avoir un enfant, acheter une maison, etc. – sont prises ensemble ? ; c) à une république bananière, dont le président fantoche est manipulé par ses administrés, qui préfèrent peut-être se tenir dans l'ombre mais tiennent fermement les rênes du pouvoir ? Quel que soit le modèle adopté, il sera toujours difficile de trouver la recette permettant de faire durer le désir au sein du couple, comme un élixir de longue vie. Pour ma part, je suis de l'avis du psychologue Guy Bodenmann [1], pour qui les cours de préparation au mariage devraient avoir lieu après la cérémonie, et non avant !

L'image que l'on a du désir oscille toujours entre une représentation solaire et vitale et une vision énigmatique et maléfique – pensons aux titres de quelques films connus : *Un tramway nommé désir*, *Proposition indécente*, ou encore *Fatal Attraction*. La littérature balance elle aussi, des « romans à l'eau de rose » de Barbara Cartland à la noirceur du *Professeur de désir* de Philip Roth. Il y a aussi des désirs dont l'issue est dramatique, comme l'illustrent le destin de Don Juan ou l'épopée de *L'Iliade*. Car, après tout, si Pâris n'avait pas désiré la femme d'un autre, la guerre de Troie n'aurait pas eu lieu !

L'opéra atteint lui aussi des sommets d'émotion en exploitant le désir comme force vitale. Rappelons seulement la soif de pouvoir immodérée et fatale dans le *Macbeth* de Verdi ou le *Faust* de Gounod, l'irrépressible attirance sexuelle de Turiddu pour Lola dans la *Cavalleria rusticana* de Mascagni, du conte de Luna pour Leonora dans *Le Trouvère* de Verdi et de Scarpia pour Tosca, l'héroïne de l'opéra éponyme de Puccini.

Pour ma part, je suis moins pessimiste quant à la nature et aux conséquences du désir. À condition, toutefois, de prendre les précautions suivantes :

1. *Éduquer au désir.* Les enfants doivent apprendre la curiosité et le plaisir de désirer, tout comme on leur enseigne

l'hygiène ou le respect de l'altérité. Ce programme préventif et pédagogique pourrait éviter des dépressions ultérieures et les thérapies qui s'ensuivent.

2. *S'éduquer au désir.* Apprendre à écouter le désir, en lui donnant le temps de se manifester sans en perturber les rythmes.

3. *Écouter le désir.* Dans la vie de couple, dans les relations avec autrui, il faut savoir écouter et respecter les désirs qui ne sont pas les siens. Malheureusement, il y a encore beaucoup de postes émetteurs et très peu de postes récepteurs...

4. *Faire durer le désir.* Se rappeler que l'appétit vient en mangeant. La politique de la persévérance peut se révéler précieuse lorsque le désir s'étiole.

Le dernier mot sur le désir, je voudrais le laisser aux poètes, qui l'ont compris et sondé mieux que quiconque. Sans préjudice des immortels comme Sapho, Catulle, Leopardi et les autres, je préfère conclure sur ces vers de Baudelaire :

Tu contiens dans ton œil le couchant et l'aurore;
Tu répands des parfums comme un soir orageux;
Tes baisers sont un philtre et ta bouche une amphore;
Qui font le héros lâche et l'enfant courageux [2].

Notes et références bibliographiques

CHAPITRE PREMIER

Petite histoire du désir

1. *Il Sole – 24 Ore*, 24 mars 1997.
2. D. de Rougemont, *L'Amour et l'Occident*, Union générale d'édition, 1996.
3. N. Wolf, *Promiscuities*, New York, Random House, 1997.
4. P. Brenot, *Les Mots du sexe*, Bordeaux, L'Esprit du temps, 1993.
5. S. Tisdale, *Parlons cul : contre l'hypocrisie puritaine*, Dagorno, 1997.
6. G. Duby, *Mâle Moyen Âge : de l'amour et autres essais*, Paris, Flammarion, 1990.
7. (À titre indicatif) Régine Deforges, *L'Orage*, Paris, Éditions Blanche, 1996 ; *Lola et quelques autres*, Paris, Éditions Blanche, 1997 ; Françoise Rey, *La Femme de papier*, Paris, Éditions Blanche, 1997 ; *Extases anonymes* (avec H. Amiard), Paris, Éditions Blanche, 1998 ; Alina Reyes, *Le Boucher*, Paris, Le Seuil, 1988 ; *Derrière la porte*, Paris, Robert Laffont, 1994.
8. F. Martinson, The Sexual Life of Children, Londres, Bergin et Garvey, 1994.
9. M. Maschino, *Mensonges à deux*, Paris, Calmann-Lévy, 1995.
10. R. Eisler, *Le Calice et l'Épée*, Paris, Robert Laffont, 1989.
11. N. Wolf, *op. cit.*
12. O. Hufton, *Destini femminili*, Milan, Mondadori, 1996.
13. W. Pasini, *Éloge de l'intimité : le couple et sa sexualité*, Paris, Payot, 1996.
14. D. Stern, *Journal d'un bébé*, Paris, Calmann-Lévy, 1992 ; Pocket, 1993.
15. B. Cramer, *Secrets de femme : de mère à fille*, Paris, Calmann-Lévy, 1996.
16. F. Alberoni, *Le Choc amoureux*, Paris, Pocket, 1993.
17. C. Vergani, *La nuova longevità*, Milan, Mondadori, 1997.
18. C. Dowling, *Le Complexe de Cendrillon*, Paris, Grasset, 1982 ; *Red hot Mamas*, New York, Bantam Books, 1996.

19. *Grumpy old men*, D. Petrie, États-Unis, 1993 ; *Grumpier old men*, Howard Deutch, États-Unis, 1995.

20. E. Mernissi, « La terra del tramonto », in *D di Repubblica*, 52, juin 1997. Le livre *Rêves de femme. Une enfance au harem*, a été publié en France chez Albin Michel en 1996.

CHAPITRE II

La chimie du désir

1. D. Morris, *Le Singe nu*, Paris, Le Livre de Poche, 1970 ; Grasset, 1988.

2. I. Lattes Coifmann, « Il naso come bussola », in *La Stampa*, 7 février 1996.

3. J. H. Gagnon et W. Simon, *Sexual Conduct*, Chicago, 1973.

4. J. D. Vincent, *Biologie des passions*, Paris, Odile Jacob, 1986 ; U. et C. Scapagnini, *La manutenzione della vita*, Milan, Mondadori, 1997 ; C. Abraham, P. Marrama, C. Carani, J.-M. Gaillard, *Psychoneuro endocrinologie du plaisir*, Lyon, SIMEP, 1985.

5. Cf. D. Dettore, J. M. Friedman, J. Lo Piccolo, F. Veglia, *La depressione di Eros*, Milan, Franco Angeli, 1990 ; H.S. Kaplan, *L'Éjaculation précoce, comment y remédier ?*, Saint Jean Guy, 1994.

6. J. Belaisch, « La libido du côté des androgènes », in *Gyn-Obs*, 15 avril 1996.

7. U. et G. Scapagnini, *op. cit.*

8. Cf. W. Pasini, *Nourriture et amour*, Paris, Payot, 1995.

9. C. Mervis Watson et A. Hynes, *Love Potions*, Putnam Books, 1993.

10. A. Mastretta, *L'Histoire très ordinaire de la générale Ascensio*, Paris, Gallimard, 1989.

11. *Le cose che non ti ho mai detto*, Isabel Coixet, États-Unis-Espagne, 1996.

12. W. Pasini, *Nourriture et amour, op. cit.*

13. J.-M. Bourre, *La Diététique de la performance*, Paris, Odile Jacob, 1995.

14. C. Bolognesi, *Le ricette della seduzione. Viaggio dalla cucina al letto (e viceversa)*, photographies de Franco Fontana, Bologne, Grafis Edizioni, 1995.

15. C. Mervis Watson et A. Hynes, *op. cit.*

16. F. G. Calvert, *Il libro delle fatture d'amore*, Rome, Edizioni Mediterranée, 1994.

CHAPITRE III

Au cœur du réacteur

1. G. Persico, *I segreti della sessualità ed i misteri del desiderio*, Milan, Franco Angeli, 1997.

2. W. Pasini, *La Qualité des sentiments*, Paris, Payot, 1992.

3. W. Pasini, *Nourriture et amour, op. cit.*.

4. A. Imbasciati, « L'ambiguo linguaggio dell'eros », in *Rivista di sessuologia*, 1987, 11 (2).

5. P. D. Mac Lean, *Una mente formata da 3 menti*, in A. Oliverio (sous la dir. de), *Cervello e comportamento*, Rome, Newton Compton, 1981.

6. D. M. Buss, *Les Stratégies de l'amour. Comment hommes et femmes se trouvent, s'aiment et se quittent depuis quatre millions d'années*, Paris, Interéditions, 1994.

7. V. Zucconi, « Il segreto del gorilla », in *D di Repubblica*, 25 février 1997.

8. N. Hikmet, *Autres poèmes d'amour*, Paris, 1997.

9. P. Schellenbaum, *La ferita dei non amati*, trad it., Côme, Red, 1997.

10. B. Papazian, J. Manzano, E. Palacio, « Les syndromes dépressifs chez l'enfant (fonction de la source d'informations et du mode d'investigations) », in *Neuropsychiatrie de l'enfance et de l'adolescence*, 40 (1), 1992, p. 1-12.

11. P.-C. Racamier, *L'Inceste et l'Incestuel*, Paris, Aprygée, 1995.

CHAPITRE IV

Les complices du désir

1. C. Schine, *La Lettre d'amour*, Paris, NIL, 1998.

2. J. Baudrillard, *De la séduction*, Paris, Galilée, 1979 ; « Folio », 1988.

3. W. Pasini, *La Qualité des sentiments*, Paris, Payot, 1992.

4. E. Fein et S. Schneider, *Les Règles : secrets pour capturer l'homme idéal*, Paris, Albin Michel, 1997.

5. N. Penn et L. LaRose, *The Code*, New York, Simon & Schuster, 1997.

6. *Romeo et Juliette*, Baz Luhrmann, États-Unis, 1997 ; *Anna Karénine*, Bernard Rose, production internationale, 1997 ; *Lolita*, Adrian Lyne, États-Unis, 1997.

7. J. Guillebaud, *La Tyrannie du plaisir*, Paris, Le Seuil, 1998.

8. *Herald Tribune*, 4 avril 1997.

9. A. Phillips, *Monogamie*, Paris, Bayard Éditions, 1997.

10. P. Neruda, *20 poèmes d'amour et une chanson désespérée/Les Vers du capitaine*, Paris, Gallimard, 1998.

11. E. S. Ferrero, *Les cinq sens d'Éros*, Paris, Solar, 1988.

12. B. Cyrulnik, *L'Ensorcellement du monde*, Paris, Odile Jacob, 1997.

13. B. Severgnini, « Io ti sedurrò », in « Io donna », *Corriere della Sera*, 2, 1997.

14. *The Pillow Book*, Peter Greenaway, Grande-Bretagne, 1995.

15. A. Montagu, *La Peau et le Toucher, un premier langage*, Paris, Le Seuil, 1979.

16. W. Pasini et A. Andreoli (sous la dir. de), *Le Corps en psychothérapie*, Paris, Payot, 1993.

17. L. N. Tolstoï, *Guerre et Paix*, Paris, Gallimard, coll. « Folio », 2 t., 1973.

18. *Il ciclone*, Leonardo Pieraccioni, Italie, 1996.

19. *L'Espresso*, 31 juillet 1997.
20. *Un poisson nommé Wanda*, Charles Crichton, Grande-Bretagne, 1988.
21. Voir notamment B. Keesling, *Oser parler sexe avec son partenaire : tous les secrets de la communication érotique*, Paris, Albin Michel, 1997.
22. F. García Lorca, *Poésies*, Paris, Gallimard, coll. « Poésie », 1984.
23. W. Pasini, *Nourriture et amour, op. cit.*
24. P. Süskind, *Le Parfum*, Paris, Fayard, 1991.
25. I. Maury, « Libérez l'Animal en nous », in *Marie-Claire*, août 1997.
26. *Focus*, juin 1997.
27. K. Kraus, *Dits et contredits*, Paris, Ivréa, 1975.
28. N. Hornby, *Haute fidélité*, Paris, Plon, 1997.
29. *Officier et gentleman*, Taylor Hackford, États-Unis, 1981.
30. D. Leader, *À quoi penses-tu ? Les Incertitudes de l'amour*, Paris, Odile Jacob, 1996.
31. J. Kincaid, *Autobiographie de ma mère*, Paris, Albin Michel, 1997.
32. W. Pasini, C. Crépault et U. Galimberti, *L'Imaginaire en sexologie clinique*, Paris, PUF, 1997.
33. N. Friday, *Mon jardin secret*, Paris, Balland, 1976.
34. N. Friday, *L'Empire des femmes*, Paris, Albin Michel, 1993.
35. R. Gary, *Passé cette limite, votre ticket n'est plus valable*, Paris, Gallimard, 1981.
36. « Il fascino discreto dell'oscenità », entretien avec Nancy Friday, in *L'Espresso*, 10 juillet 1997.

CHAPITRE V

Les ennemis du désir

1. *Corriere della Sera*, 10 mars 1997.
2. W. Pasini, *À quoi sert le couple ?*, Paris, Odile Jacob, 1996.
3. C. P. et P. A. Cowan, *1 + 1 = 3*, Paris, Flammarion, coll. « J'ai lu , 1994.
4. G. Corneau, *N'y a-t-il pas d'amours heureux ?*, Paris, Robert Laffont, 1997.

CHAPITRE VI

De nouveaux adversaires

1. Rev. W. Cooper (pseud.), *Sesso estremo. Pratiche senza limiti nell'epoca cyber*, Rome, Castelvecchi, 1995 ; *Sesso estremo*, t. 2, Rome, Castelvecchi, 1996.
2. *Crash*, David Cronenberg, États-Unis, 1996.
3. S. Tisdale, *op. cit.*
4. A. Spira et N. Bajos, *Comportements sexuels en France*, Paris, La Documentation française, 1993.

5. R. Porto, « Rapports d'experts sur les pratiques de sexualité anale », in *Médecine et Hygiène*, Genève, mars 1994.

6. R. Stoller, *La Perversion, forme érotique de la haine*, Paris, Payot, 1978.

7. *Kissed*, Lynne Stopkewich, Canada, 1997.

8 H. S. Kaplan, *op. cit.*

9. S. Berglas et R. F. Baumeister, *Your Own Worst Ennemy*, New York, Basic Books, 1993.

10. L. J. Kaplan, *Female perversions*, Paperback, 1997.

11. D. Miller, *Donne che si fanno male*, Milan, Feltrinelli, 1997.

12. A. Salvo, *Perversioni al femminile*, Milan, Mondadori,1997.

13. W. Pasini, *Éloge de l'intimité : le couple et sa sexualité*, Paris, Payot, 1996.

14. W. Pasini, *La Méchanceté*, Paris, Payot, 1993.

15. M. Valentis et A. Devane, *Female Rage*, 1994. Voir aussi C. Pinkola Estès, *Femmes qui courent avec les loups*, Paris, Grasset, 1996.

CHAPITRE VII

Excès en tous genres

1. *Actes des apôtres*, X,10 et XI,5.

2. M. de Montaigne, *Essais*, Paris, Hatier, 1993.

3 J.-J. Rousseau, *Discours sur l'origine et le fondement de l'inégalité parmi les hommes*, Paris, Presses-Pocket, coll. « Agora », 1990.

4. C. Baudelaire, *Au-delà du romantisme. Écrits sur l'art*, Paris, Garnier-Flammarion, 1958.

5. G. Garcìa Márquez, *Scritti Costieri*, Milan, 1997.

6. *Corriere della Sera*, 28 mai 1997.

7. M. Jeanneret, « Débordements rabelaisiens », in *L'Excès*, ouvrage coll., Paris, Gallimard, 1991, p. 105-120.

8. E. Fromm, *Avoir ou être ?*, Paris, Robert Laffont, 1978 ; Marabout, 1996.

9. A. Salvo, *op. cit.*

10. « Se le donne parlano di sesso come lui », in *Grazia*, 28 mars 1997.

11. A. Bianchi Rizzi, *Le padrone del vapore*, Milan, Marco Tropea Editore, 1997.

12 E. Berselli, « Piacere, il paradiso nascosto », in *La Stampa*, 20 mai 1997.

13. M. N. De Luca, *Le tribù dell'ecstasy*, Rome, Theoria, 1997.

14. S. Tisdale, *op. cit.*

15. *Corriere della Sera*, 15 mai 1997.

16. *Carmina Priapea*, sous la dir. de Ettore Barelli, Parme, Pratiche Editrice, 1997.

17. R. Stoller, « XSM », in *L'Excès*, *op. cit.*

18. L. J. Kaplan, *op.cit.* ; *Female trouble*, Susan Streitfeld, États-Unis, 1996.

19. R. Norwood, *Ces femmes qui aiment trop*, Paris, Flammarion, coll. « J'ai Lu », 1993 ; *Ces femmes qui aiment trop*, t. 2, Paris, Flammarion, coll. « J'ai Lu », 1995.

20. J. McDougall, *Plaidoyer pour une certaine anormalité*, Paris, Gallimard, 1978.

CHAPITRE VIII

Face à l'absence

1. J. Kincaid, *op. cit.*
2. P. Crepet, *Solitudini*, Milan, Feltrinelli, 1997.
3. *Leçons de séduction*, Barbra Streisand, États-Unis, 1997.
4. G. Hauptmann, *Cherche homme impuissant pour relation longue durée*, Paris, Calmann-Lévy, 1997.
5. S. Schimperna, *Castità*, Rome, Castelvecchi, 1997.
6. N. Aspesi, « Addio al sesso libero : trionfa la castità », in *La Repubblica*, 19 février 1997.
7. P. Floridi, *L'editore mi vuole vergine*, in *La Repubblica*, 6 février 1997.
8. C. Covito, *Tout pour plaire*, Paris, Grasset, 1996 ; *La Stampa*, 30 janvier 1997.
9. H. Hesse, *Fiançailles*, Paris, Gallimard, coll. « Folio », 1995.
10. R. Barthes, *Fragments d'un discours amoureux*, Paris, Le Seuil, 1977.
11. *Larry Flynt*, Milos Forman, États-Unis, 1996.
12. S. Schimperna, *op. cit.*
13. L. Jelk, B. Hirschel, W. Pasini, « Les Couples discordants face au sida », in *Médecine et Hygiène*, 51, 1994, p. 705-710.

CHAPITRE IX

L'alchimie du couple

1. O. Fenghe dir., *Il secondo errore di Dio. Aforismi sulle donne*, Milan, Mondadori, 1994.
2. *Corriere della Sera*, 23 mai 1997.
3. A. Jardin, *Le Petit Sauvage*, Paris, Gallimard, 1992.
4. J. Gottman, *Why People divorce ?*, New York, 1993.
5. J. Willi, *La Collusion de couple*, Lausanne, Delachaux et Niestlé, 1997.
6. D. Leader, *op. cit.*

CHAPITRE X

Les thérapies du désir

1. D. Stern et N. Bruschweiler-Stern, *La Naissance d'une mère*, Paris, Odile Jacob, 1998.

2. W. Pasini et A. Andreoli dir., *Le Corps en psychothérapie*, Paris, Payot, 1993.

3. H. S. Kaplan, *op. cit.*

Conclusion

1. G. Bodenmann, *Le Stress et le Couple*, Fribourg, Universitas Friburgensis, février 1995.

2. C. Baudelaire, *Les Fleurs du mal*, Paris, Le Livre de Poche, 1961.

Table

TABLE • 269

Cet ouvrage a été réalisé par la
SOCIÉTÉ NOUVELLE FIRMIN-DIDOT
Mesnil-sur-l'Estrée
pour le compte des Éditions Odile Jacob
en janvier 1999

Imprimé en France
Dépôt légal : janvier 1999
N° d'édition : 7381-0670-X – N° d'impression : 45243